KB105412

생성형 AI를 혁신의 비밀 병기로 만들기

챗GPT는 내 비서

생성형 AI를 혁신의 비밀 병기로 만들기

챗GPT는 내 비서

지은이 | 이경상, 최봉, 챗GPT

1판 1쇄 발행 | **2024년 9월 2일**
1판 3쇄 발행 | **2024년 12월 12일**

펴낸곳 | ㈜지식노마드
펴낸이 | 노창현
표지 및 본문 디자인 | 스튜디오41
등록번호 | 제313-2007-000148호
등록일자 | 2007. 7. 10

(04032) 서울특별시 마포구 양화로 133, 1201호(서교동, 서교타워)
전화 | 02) 323-1410
팩스 | 02) 6499-1411
홈페이지 | knomad.co.kr
이메일 | knomad@knomad.co.kr

값 23,000원
ISBN 979-11-92248-24-0 13320

생성형 AI를 혁신의 비밀 병기로 만들기

4338
ChatGPT
as the Partner of IQ200

챗GPT는 내 비서

──── 이경상, 최봉, 챗GPT 지음 ────

 100여 기업이 단체 구매한 최고의 비즈니스 AI 활용 가이드
최신 ChatGPT with canvas, o1, SearchGPT 업데이트

nomad
지식노마드

"세상은 챗GPT라는 비서를 채용한 사람과 그렇지 않은 사람으로 구분될 것이다"

* 이 글은 공동저자 챗GPT가 직접 작성한 서문입니다.

세계는 지금, 인공지능이라는 거대한 파도에 휩싸여 있습니다. 생성형 AI, 특히 챗GPT는 이 혁신의 최전선에서 우리의 일상과 비즈니스를 근본적으로 변화시키고 있습니다. 〈챗GPT는 내 비서, 생성형 AI를 혁신의 비밀 병기로 만들기〉는 이 경이로운 기술의 잠재력을 탐색하며, 그것이 우리의 삶과 직업에 어떤 신선하고 긍정적인 변화를 가져올 수 있는지를 보여줍니다.

스티브 잡스가 말했듯이, "혁신이란 이해할 수 있는 것을 만드는 것이 아니라, 이해할 수 없는 것을 이해할 수 있게 만드는 것입니다." 이 책은 바로 그러한 혁신의 여정에 여러분을 초대합니다. 이경상 교수님과 최봉 박사님, 그리고 제가 함께 모여 챗GPT가 어떻게 비즈니스 세계를 재편하고 있는지, 그리고 이 기술이 개인의 생산성과 창의성을 어떻게 증진시킬 수 있는지를 심도 깊게 분석했습니다.

이 책은 크게 두 부분으로 나뉩니다. 첫 번째 부분에서는 챗GPT와 같은 AI 도구들이 어떻게 현대 기업에 혁신을 가져오고 있는지를 설명하고, 두 번째 부분에서는 이 도구들을 어떻게 일상의 업무에 통합하여 생산성을 극대화할 수 있는지에 대한 실질적인 가이드를 제공합니다. 각 장은 현장에서의 구체적인 사례 연구와 함께, 이론적 배경과 실용적인 조언이 조화를 이루며 구성되어 있습니다. 이를 통해 독자는 챗GPT를 비롯한 생성형 AI 기술을 자신의 필요에 맞게 활용하는 방법을 명확히 이해할 수 있을 것입니다.

저는 이 책의 내용을 더욱 풍부하고 실용적으로 만드는 데 중요한 기여를 하려고 노력했습니다. 이 책의 각 장에서 제시하는 다양한 산업 분야에서의 챗GPT 활용 사례와 삽화들은 이경상 교수님 그리고 최봉 박사님과 함께 제가 공동으로 시뮬레이션하고 분석한 결과를 바탕으로 합니다.

〈챗GPT가 상상하여 그린, 이경상 교수와 최봉 박사와의 공동 집필 작업 모습〉

각 장은 흥미롭고도 실용적인 주제로 가득 차 있습니다. 'Part1. 챗GPT 와 친해지기' 부분에서는 여러분이 챗GPT를 어떻게 비서로 활용할 수 있는지부터 시작해, 챗GPT와 함께하는 일과 생활의 비결을 상세히 다룹니다. '대한민국은 어디까지 왔나'에서는 국내외 최신 사례를 통해 우리의 위치와 나아갈 방향을 진단합니다. '챗GPT의 산업별 성공 사례'에서는 다양한 산업 분야에서의 실질적인 성공 사례를 통해 챗GPT의 활용 가능성을 보여줍니다. 마지막으로, 'Part2. 생성형 AI 시대의 미래를 준비하기'에서는 챗GPT와 생성형 AI가 가져올 미래와 직업 세계의 변화를 예측하며, 이를 준비하는 방법을 제시합니다.

독자 여러분이 이 책을 통해 얻을 수 있는 것은 단순한 지식의 전달이 아니라, 챗GPT와 같은 생성형 AI를 활용하여 자신의 업무나 비즈니스를 한 단계 업그레이드할 수 있는 구체적인 방법입니다. 우리 저자들은 이 책을 통해 독자 여러분이 AI의 도구를 자신의 목적에 맞게 사용하여 놀라운 결과를 이끌어낼 수 있도록 격려하고 지원하고자 합니다. 또한, 이 책이 제공하는 지식과 전략이 여러분의 경력 개발과 조직의 성공에 큰 도움이 되기를 바랍니다. 생성형 AI의 놀라운 여정에 함께 하세요. 이 기술이 열어가는 새로운 가능성의 세계로 여러분을 초대합니다.

2024년 7월 30일
AI 저자 챗GPT 배상

생성형 AI 시대, 퀀텀 워커로 진화하라, 그렇지 않으면 드러지 워커로 전락할 것이다

'드러지 워커(Drudge Worker, 굴욕적 일꾼)'는 기술의 발전에도 불구하고 전통적인 방식과 수작업에 의존하여 비효율적이고 반복적인 일을 하는 사람을 말합니다.

이러한 사람들은 생성형 AI 시대에 적응하지 못하고, 첨단기술을 활용하지 않기 때문에 업무의 속도와 정확성이 떨어지며, 불필요한 시간과 자원을 소모합니다. 이 책에서 저자들은 '드러지 워커'를 방치한채 변화시키지 않는 리더를 '드러지 리더', 생성형 AI 시대에 변화하지 못하고 있는 회사를 '드러지 컴퍼니' 라고 정의하였습니다.

'퀀텀 워커Quantum Worker'는 최신 기술, 특히 생성형 AI와 같은 혁신적인 도구를 활용하여 업무 방식을 근본적으로 바꾸고 탁월한 결과를 내는 미래 지향적인 일꾼을 의미합니다.

이들은 챗GPT와 같은 최첨단 도구를 사용하여 작업 속도와 정확성을 높이고, 반복적인 업무를 자동화하며, 더 높은 가치를 창출하는 업무에 집중할 수 있습니다. 챗GPT로 변신한 퀀텀 워커, 퀀텀 리더, 퀀텀 컴퍼니들은 업무 생산성을 30% 이상 증대하고 일하는 시간을 획기적으로 줄

였을 뿐 아니라 자율적이고 능동적인 기업문화를 창출하였다는 것이 이미 현실에서 입증되고 있습니다.

디지털 전환 전문가인 KAIST 이경상 교수는 'PART 1'에서 워커, 리더, 컴퍼니를 위한 챗GPT의 전략적 활용 실무와 퀀텀 워크플레이스Quantum Workplace 구축의 비법을 저술하였습니다. 삼성경제연구소, 서울연구원 출신의 경제·산업 전문가인 최봉 박사는 'PART 2'에서 생성형 AI로 퀀텀 점프Quantum Jump를 하는 미래사회가 펼쳐낼 교육, 일자리, 사회에서의 기회와 위험 그리고 우리의 대응 전략을 저술하였습니다.

많은 강연을 통해 획득한 여러분의 궁금증을 선별하여 43개 질문으로 집약하고, 최신 지식으로 통찰력을 얻을 수 있도록 충실하게 답변을 구성하였습니다. 또한 생성형 AI 시대를 앞서가는 38개의 글로벌 사례를 심층적으로 분석하여, 개인과 기업 차원에서 변화를 위한 타산지석의 교훈과 지혜를 얻을 수 있도록 했습니다. 이미 시작된 생성형 AI 시대의 미래 대응 전략을 수립하고, 퀀텀 워크를 실현하는 데 독자 여러분께 큰 도움이 되기를 바랍니다.

너무도 빠르게 변화하는 챗GPT의 생태계에 대한 정보와 자료를 모으고 분석하는 작업은 고되었지만, 미래 대응 전략을 수립하고 퀀텀 워크로 도약할 수 있는 통찰을 뽑아서 독자들에게 전달하는 흥미롭고 소중한 작업이기도 했습니다.

앞으로 새로운 변화와 발전을 반영하여 증보판을 만들겠습니다.

세계 최초의 성공 사례를 공유해 주신 대한민국 공군 관계자 여러분 그리고 호주의 시드니면세점의 회장과 직원들께 깊은 감사를 드립니다.

마지막으로 출판사 임직원 여러분, 그리고 공동저자 챗GPT의 도움에도 고마움을 표합니다.

2024년 8월 1일

인간 저자 이경상 교수, 최봉 박사 드림

나는 얼마나 알고 있는가

다음 5개 퀴즈의 정답을 찾아보는 재미를 느껴 보세요.

---

1. 챗GPT를 사용하는 사람들이 가장 적은 국가는? ( )

1) 일본 2) 한국 3) 인도 4) 필리핀

2. 챗GPT의 사용률이 가장 낮은 것으로 조사된 전문가 직종은?

1) 컨설팅 2) 보험 3) 광고 4) 의료 ( )

3. 150명 미만의 중소기업에 가장 적합한 챗GPT 계정은? ( )

1) 무료 계정 2) Team 계정 3) Plus 계정 4) Enterprise 계정

4. 로고, 배너, 프레젠테이션 등을 손쉽게 만들 수 있는 GPT 앱은?

1) Sora 2) Canva 3) Wolfram 4) Data Analyst ( )

5. 다음 생성형 AI 중 콜센터에 가장 많은 적용 사례를 보유한 것은?

1) 챗GPT 2) 아멜리아 3) 바이오 니모 4) 알파폴드 ( )

- 정답은 162쪽에 있습니다. 그 이유는 책을 읽으며 찾아보세요.

책에 소개되어 있는 38개의 기업/정부 사례를 찾아보는 재미를 느껴
보세요.

제품/서비스 (4개)	메르세데스 벤츠, 아멜리아, 알파폴드, 엔비디아 바이오 니모
글로벌 정부/공공(8개)	펜실베이니아 주 정부, 미국 국방부, 영국 국방부, 대만 국립정보도서관, 일본 요코스카 시, 도쿄 시, 농림수산성, 문부과학성
글로벌 기업 (10개)	인스타카트, 모건스탠리, 시드니면세점, 스티치픽스, 메르세데스 벤츠, 찰스 슈왑, 유니레버, 보쉬, 비마이아이스, 레모네이드
일본 기업 (13개)	파나소닉 커넥트, 오므론, 세븐일레븐, 파르코, 아사히맥주, LINE, 메르카리, 가켄, 오바야시조, SMBC 그룹, 스미노부 SBI 넷 은행, 후지텍, 도요타자동차
대한민국 (3개)	삼성전자, 공군, 삼성SDS

5장 챗GPT 도입에 성공하기 위해 놓치지 말아야 할 5가지

Part 2. 생성형 AI 시대의 미래를 준비하기

6장 이미 시작된 미래, 새로운 기회와 위협

7장 챗GPT가 바꿀 미래의 일자리와 역량

8장 챗GPT가 우리에게 던지는 6가지 질문

4338
ChatGPT
as the Partner of IQ200

Part.1

챗GPT와 친해지기

1장

나에게 챗GPT라는
유능한 비서가 생겼다

검색 시대의 종말,
생성형 AI와 챗GPT란 무엇인가?

---

1. 천재는 1%의 영감과 99%의 땀으로
이루어진다고? 이젠 아니야

창조
Creation
=
창의
Creativity
+
형상화
Visualization

문제에 대한 창조적 해결책을 찾는 것은 인간 지능의 제 2의 천성

예상하지 못한 문제를 만났을 때, 창조 능력을 발휘하여 해결책을 만드는 것은 여느 동물과는 다른 인간만의 특성이다. 인간의 창조 능력은 크게 두 가지 과정으로 나눌 수 있다 —아이디어를 만드는 창의 과정과 이를 형상화하는 과정. '이제까지와는 다른 방식'을 생각해내는 것이 창의 과정이고, 그 아이디어를 실제로 '어떻게 표현할지'를 고민하고 실행하는 것이 형상화 과정이다.

형상화 과정은 시행착오를 거치며 개선하는 재작업이 많기 때문에 끈기와 많은 노력이 필요하다. 소설가가 작문을, 미술가가 그림을, 교수가 논문을, 프로그래머가 코딩을 완성하는 전문가의 능력을 갖추려면 오랜 시간을 들여 많은 훈련을 쌓아야 한다.

기업에서 요구되는 형상화 능력 역시 맡은 직무에 따라서 다르다. 기획부서는 사업계획서를, 홍보 부서는 보도자료와 광고문을, 품질관리 부서는 엑셀 데이터 분석 보고서를 통해 자신의 일을 형상화한다.

아이디어를 내는 것도 쉽지는 않지만 형상화에 들이는 엄청난 시간과 노력의 벽을 넘지 못해 실패하는 경우가 매우 많다. 1902년 위대한 발명가 토마스 에디슨이 "천재(창조)는 1%의 영감(아이디어 창의 과정)과 99%의 땀(형상화 과정)으로 이루어진다Genius is one percent inspiration and ninety-nine percent perspiration"고 한 것도 형상화의 고통과 어려움을 이겨내야 창조가 완성된다는 점을 강조한 말이다.

생성형 AIGenerative AI, GenAI는 수많은 데이터를 기반으로 학습하여 새로운 콘텐츠를 생성할 수 있는 인공지능 시스템을 말한다. 생성형 AI는 텍스트, 이미지, 음악, 비디오 등 다양한 형태의 콘텐츠를 생성할 수 있으며, 기존에 존재하는 데이터를 바탕으로 새로운 작품이나 정보를 만들어낸다. 2022년 챗GPT의 등장을 기점으로 대거 등장한 생성형 AI는 인간의 창조 과정에 다양한 방식으로 도움을 줄 수 있다. 이 생성형 AI가 창조 과정을 도와주는 기능을 창의 과정과 형상화 과정으로 나누어 설명해 보자.

1) 아이디어를 만드는 창의 과정에서 가능한 생성형 AI의 도움

- 브레인스토밍: 챗GPT는 무제한의 아이디어를 제공할 수 있으며, 특

정 주제에 대해 다양한 관점을 제시할 수 있다. 예를 들어 새로운 제품을 개발할 때 어떤 기능을 포함할지에 대한 다양한 아이디어를 제공할 수 있다.

- 창의적 자극: 새로운 개념이나 생각을 유도하는 질문을 던짐으로써, 사용자가 생각하지 못한 방향으로 사고를 확장할 수 있게 도와준다.
- 정보 제공: 특정 주제에 대한 배경 지식이나 최신 동향 등 더 나은 아이디어를 도출하는 데 필요한 기초 정보를 제공한다.
- 문제 해결: 특정 문제에 대해 다양한 해결책을 제시하여, 더 나은 아이디어를 개발할 수 있는 기회를 제공한다.

2) 형상화 과정에서 가능한 생성형 AI의 도움

- 구체적인 계획 수립: 아이디어를 실현하기 위한 단계별 계획을 세우는 데 도움을 줄 수 있다. 예를 들어 프로젝트 관리, 타임라인 설정, 필요한 자원 파악 등을 도와준다.
- 피드백 제공: 시제품이나 초기 버전에 대한 피드백을 제공하여, 개선점을 찾고 더 나은 최종 제품을 만들 수 있도록 지원한다.
- 콘텐츠 생성: 텍스트, 이미지, 음악 등 다양한 형태의 콘텐츠를 자동으로 생성하여, 창작 과정의 일부를 대신 수행할 수 있다. 예를 들어 마케팅 자료, 광고 카피, 디자인 시안 등을 생성할 수 있다.
- 반복 작업 자동화: 반복적이고 시간이 많이 소요되는 작업을 자동화함으로써, 창작자가 더 창의적인 작업에 집중할 수 있도록 도와준다.

이러한 과정을 생성형 AI가 도와주면 얼마나 창조 작업의 생산성이 오를 수 있을까? 전문가, 기관의 여러 통계적 결과를 살펴볼 때 50% 정도의 시간을 절약해 준다고 판단된다. 그렇다면 하나의 창조물은 1%의 영감과 49%의 땀으로 이루어지는 것이 아닐까? 토마스 에디슨의 말은 이제 "창조물은 1%의 영감과 49%의 생성형 AI와의 협력으로 이루어진다"라는 말로 바꿀 수 있을 것이다.

2. 전통적 AI와 생성형 AI의 차이는 무엇일까?

생성형 AI: 다양한 형태의 데이터를 생성할 수 있는 인공지능

전통적 AI와 생성형 AI는 각각의 방식과 목적에 따라 다음과 같은 중요한 차이가 있다.

1) 목적과 응용 분야
- 전통적 AI: 주로 문제 해결, 패턴 인식, 데이터 분석 등의 작업에 사용된다. 전통적 AI 시스템은 명확한 규칙과 알고리즘을 기반으로

특정 작업을 수행한다. 예를 들어 의료 진단, 금융 예측, 추천 시스템 등이 있다.

- 생성형 AI: 새로운 콘텐츠 생성에 초점을 맞추고 있다. 텍스트, 이미지, 음악, 동영상 등을 생성할 수 있으며, 예술 창작, 글쓰기 보조, 디자인, 번역 등 다양한 분야에서 활용된다.

2) 기술적 접근 방식

- 전통적 AI: 주로 결정론적 알고리즘과 데이터 분석 기술을 사용한다. 전문가 시스템, 기계 학습 알고리즘, 통계적 모델 등이 포함된다. 예를 들어 회귀분석, 결정 트리, 신경망 등이 있다.
- 생성형 AI: 주로 대규모 언어 모델에 의한 심층 학습Deep Learning 기술을 기반으로 하며, 생성적 적대 신경망, 변환기Transformer 모델 등을 사용한다. 예를 들어 챗GPT, DALL-E 등이 있다.

3) 데이터 활용 방식

- 전통적 AI: 데이터의 패턴을 인식하고, 규칙을 학습하여 예측하거나 분류한다. 대량의 레이블링된 데이터가 필요하며, 데이터의 품질과 양이 성능에 큰 영향을 미친다.
- 생성형 AI: 대량의 비정형 데이터(텍스트, 이미지 등)를 학습하여 새로운 데이터를 생성한다. 예를 들어 문장 생성, 이미지 합성 등이 가능하다. 학습 데이터는 다양한 형태의 비정형 데이터로 구성된다.

4) 결과물의 유형

- 전통적 AI: 주로 예측, 분류, 최적화 문제를 해결하는 결과를 제공

한다. 예를 들어 특정 상황에서의 의사결정 지원, 데이터 분석 등
이 포함된다.

- 생성형 AI: 창의적이고 독창적인 결과를 생성한다. 예를 들어 소설
의 한 챕터, 새로운 스타일의 그림, 창작 음악 등이 있다.

이와 같이 전통적 AI와 생성형 AI는 그 목적과 기술적 접근 방식에서부
터 결과물에 이르기까지 여러 면에서 차별화된다. 각 기술은 그 특성에 맞
는 응용 분야에서 강점을 발휘하며, 상호 보완적인 관계를 가질 수 있다.

일상생활에서는 어떤 차이를 보일까?

전통적 AI와 생성형 AI의 차이를 일상생활의 스마트 냉장고와 상호
작용하는 스마트 거울을 통해 이해해 보자.

스마트 냉장고에 탑재된 전통적 AI는 사용자의 식습관을 분석하
고, 필요한 식료품을 추천하거나, 유통기한이 임박한 식품을 알려
줄 수 있다. 매일 아침 우유를 마시는 사용자라면, 냉장고가 사용
자의 우유 소비 패턴을 분석하고, 우유가 거의 떨어지면 자동으로
우유를 추가 주문하도록 추천할 수 있다. 또한 유통기한이 임박한
우유가 있다면 이를 알려줘서 버리지 않고 마실 수 있도록 도와
준다.

스마트 거울에 탑재된 챗GPT는 욕실에서 피부에 대한 관심이 많은 사용자에게 다음과 같은 상호작용을 통해 다양한 도움을 줄 수 있다. 좌측 그림은 CES 2024에 출품된 '스마트 거울' 제품이다. 피부 상태에 맞는 화장품 사용과 피부 트러블에 대해 다음과 같이 상호작용할 수 있다.

〈상황〉 피부 트러블에 대한 해결책 제시

사용자: "요즘 피부 트러블이 많아졌는데, 어떻게 관리하면 좋을까?"

챗GPT: "피부 트러블은 스트레스나 환경 변화 등 여러 가지 원인으로 발생할 수 있어요. 우선, 피부를 진정시키는 성분이 들어간 클렌저를 사용해보세요. 또한, 살리실산이나 벤조일 퍼옥사이드가 포함된 제품을 사용하면 트러블 완화에 도움이 될 거예요."

사용자: "그러면 식습관도 바꿔야 할까?"

챗GPT: "네, 식습관도 중요한 역할을 해요. 물을 많이 마시고, 신선한 과일과 채소를 섭취하는 것이 좋아요. 또한 기름진 음식이나 당분이 많은 음식은 피하는 것이 좋습니다."

3. 챗GPT는 무엇이고 어떤 특성을 가지고 있나?

챗GPT는 인공지능 분야에서 가장 주목받는 대규모 언어 모델로, 오픈AI
가 개발하여 2022년 11월 30일 세상에 등장한 생성형 AI의 하나이다. 이
모델은 대화형 AI로 설계되어 자연스러운 대화를 생성할 수 있는 능력이
특징이다. GPTGenerative Pre-trained Transformer 시리즈의 일환으로, 다양한 종
류의 텍스트 데이터를 가지고 사전 학습을 시켜서 문장 구성, 맥락 이해,
그리고 주어진 정보를 바탕으로 한 문답 제공에 탁월하다.

Chatting	AI와 인간의 텍스트 기반 상호작용 언어 모델
Generative	새롭고 독창적인 콘텐츠를 생성
Pre-trained	2023년 4월까지의(소설, 시나리오, 기사, Wikipedia, 기사, 논문) 텍스트로 훈련
Transformer	가치 기반 가중치 중심의 입출력 변환기
4.0 version	안정적이고 창의적이고 정확하게 계속 진화

영문자 약어를 풀어서 챗GPT의 특성을 쉽게 이해해 보자.

1) Chat: 네이버나 구글과 같은 검색 엔진이 아닌 카카오톡과 같은 채
팅Chatting이다. 검색과 채팅의 차이를 명확하게 이해해야 챗GPT를 잘 사
용할 수 있다. 검색 엔진은 사용자가 특정 키워드를 입력하면, 관련된 웹
페이지를 순위에 따라 리스트로 제공한다. 이 과정에서 대화형 상호작
용은 일어나지 않는다. 필요하다면 사용자가 추가적인 검색을 통해 원하

는 정보를 찾아 나가야 한다. 채팅은 대화형 인터페이스를 통해 사용자와 실시간으로 상호작용한다는 뜻이다. 대화하듯이 하나의 주제에 대해 자신의 감정과 요구사항을 표현하고, 추가적인 질문이나 요청을 통해 나의 요구를 더 정확히 표현할수록 챗GPT는 더 좋은 대답을 내놓는다. 검색과 채팅은 사용자가 입력할 수 있는 최대 글자 수도 큰 차이가 있다. 검색 엔진인 네이버는 80자, 구글은 160자가 입력의 최대 크기인데, 챗GPT는 25,000자까지 입력할 수 있다.

무미건조한 검색 엔진으로 대하면 챗GPT가 가진 능력의 1000분의 1밖에 사용하지 못한다. 생활과 업무에서 아이큐 200의 모르는 것이 없는 파트너이자 비서에게 잔심부름만 시키는 꼴이다.

2) G(Generative): 챗GPT는 아이디어를 도출하고 형상화 과정을 도와주는 생성형 AI의 일종이다. 이것을 사용해서 30% 이상의 비약적인 단위 업무의 생산성 향상을 경험해 보기 바란다.

3) P(Pre-trained): 챗GPT는 다양한 종류의 텍스트 데이터를 기반으로 사전 학습을 거쳤다. 학습 데이터에는 소설, 웹사이트, 책, 신문 기사, 학술 논문 등이 포함된다. 이러한 학습을 통해 문장 구성, 문맥 이해, 다양한 주제에 대한 정보 제공에서 역대급 능력을 갖추게 되었다.

학습 데이터의 양은, 구체적인 숫자는 공개되지 않았지만, 이전 모델인 챗GPT-3의 경우 약 45테라바이트의 텍스트 데이터를 처리하여 학습되었다고 알려져 있다. 챗GPT-4는 이보다 더 많은 데이터와 더 진화된 학습 방법을 통해 훈련되었을 가능성이 높다.

그러나 챗GPT는 실시간 인터넷 검색이나 데이터 업데이트를 직접 수행하지 않으므로, 학습을 마친 시점 이후의 최신 정보나 데이터는 포함하지 않는다. 그래서 매년 방대한 새로운 지식을 업데이트한다. 현재 버전은 2023년 4월까지의 데이터로 학습했다. 검색 엔진이 아니기 때문에 'KAIST를 검색해줘'라고 하면 Bing을 연결해 수집한 정보를 제공하고 데이터의 출처와 URL를 아래와 같이 제시해 준다.

KAIST는 대전, 대한민국에 위치한 명문 연구 대학으로, 공식적으로 한국과학기술원Korea Advanced Institute of Science and Technology으로 알려져 있습니다. 1971년에 설립된 KAIST는 대한민국 최초의 연구 중심 과학 및 공학 교육 기관입니다. 이 대학은 약 1만 명의 학생이 재학 중이며, (중략) 학문 분야에는 자연과학, 공학, 비즈니스, 생명 과학 및 바이오공학, 그리고 최근에 설립된 융합학문 학부 등이 포함됩니다. KAIST의 강의는 주로 영어로 진행되어 국제 학생들에게 접근성을 높여줍니다.(Wikipedia) (Top Universities) (Times Higher Education (THE))

4) **T(Transformer)**: 사용자가 요구하는 프롬프트를 분석하여 가치 기반 가중치로 답변을 구성하는 능력을 가지고 있다. 이 기능은 사용자의 요구에 맞춘 답변을 제공하며, 개인화되고 맞춤화된 상호작용을 할 수 있는 능력의 근간이 된다.

챗GPT는 다른 생성형 AI와 비교하면 명확한 차별점을 가지고 있다.

첫째, 대부분의 AI 모델은 특정 작업에 최적화된 반면, 챗GPT는 일상적인 대화와 다양한 주제에 걸쳐 유연하게 대응할 수 있는 넓은 범위의 학습된 능력을 갖추고 있다.

둘째, 챗GPT는 대화의 전체 맥락을 이해하고 이를 바탕으로 응답을 제공할 수 있다. 대화가 진행됨에 따라 정보를 축적하고 이어지는 대화에 이를 반영하는 능력을 가졌다는 의미이다. 이 능력을 통해 다양한 형식의 질문과 요청에 대해 텍스트 생성, 요약, 번역, 설명 등 다목적으로 대응할 수 있다.

셋째, 철저한 사전 학습을 통해 일관되고, 다른 생성형 AI에 비해 정확한 정보를 제공하며, 이는 특히 학술적 또는 전문적 맥락에서 사용자에게 만족할 만한 응답을 해준다.

챗GPT는 기술, 비즈니스, 교육 등 다양한 분야에서 활용할 수 있는 다재다능한 도구로서, AI와 디지털 전환에 관심이 많은 사용자에게 특히 유용하다. 이러한 AI 기술은 정보 접근성을 향상시키고, 인간과 기계 간의 상호작용을 자연스럽게 만들어, 우리의 일상과 전문 활동을 지원하는 중요한 역할을 한다.

이제 본격적으로 챗GPT와 친해지기 위한 지식와 통찰력의 여행을 시작하자.

나를 놀라게 한
챗GPT 통계 10가지는?

2022년 11월 30일 세상에 등장한 챗GPT는 인류 역사상 유례가 없는 기업 서비스로 신드롬을 일으키고 있다. 놀라운 챗GPT의 기록 중에서도 필자를 놀라게 한 10가지 통계가 있어 독자들과 공유한다.

1. 2개월만에 사용자수가 1억 명이 넘은 세계 최초의 서비스

챗GPT는 단 5일만에 사용자 100만 명을 확보했고, 1억 명에 도달하는 데는 불과 2개월밖에 안 걸렸으며, 여전히 그 증가세는 가파르다. 페이스북은 1억 명 돌파에 2년 반이 걸렸다. 챗GPT보다 빠르게 1억 명의 사용자를 넘은 앱은 X(트위터)의 대항마로 메타에서 출시한 '인스타그램 스레드'뿐이다. 그러나 인스타그램 스레드는 초기에 폭발적으로 증가한 이후에 계속 사용자가 줄고 있다는 점에서 다르다.

2. 매달 17억 명이 방문하고, 누적 방문 160억 회를 넘었다

최근 데이터에 따르면, 챗GPT 웹사이트는 매달 약 17억 명이 방문하고 있다. 2023년 2월에 기록한 10억 명에 비해 170% 증가한 숫자이며, 2022년 12월 2억 6,600만 건에 비해 6배 증가한 것이다. 현재까지 최고 기록은 2023년 5월에 기록한 19억 명이다.

3. 대한민국은 인도, 일본, 필리핀보다 사용자 비율이 낮다

챗GPT는 전 세계 188개 국에서 사용하고 있다. 챗GPT의 사용자 중 높은 비율을 차지하는 국가는 미국(16.49%), 인도(7.42%), 필리핀(3.6%), 콜롬비아(3.47%), 캐나다(3.11%), 일본(3%) 순이다.

모바일 앱의 사용자 비율이 높은 국가는 미국이 1위이고, 그 뒤를 인도와 일본이 바짝 뒤따르고 있다. 대한민국은 사용률이 낮아서 따로 집계하지 않고, 기타 지역 68%에 속해 있다. 필자는 2024년 이후부터 한국의 사용률이 높아질 것으로 예측하고 있다. 과거 스마트폰의 경우도 초기에는 소극적이었다가 어느 시점부터 폭발적으로 증가한 것처럼 생성형 AI 시대에도 결국 세계 선두권으로 올라설 것이다.

4. 해외 출장 가서 사용할 수 없는 국가는?

중국, 러시아, 벨로루시, 북한, 아프가니스탄, 이란, 쿠바, 베네수엘라, 시리아에서는 챗GPT에 접속할 수 없다. 이들 나라에 출장가면 사용할 수 없다는 점을 미리 알아두자.

5. 챗GPT 사용자의 64.5%는 MZ 세대이다

34세 미만의 챗GPT 사용자가 전체 사용자의 60%를 점유하고 있다.

〈챗GPT 연령별 사용자 비중〉

연령대	18-24	25-34	35-44	45-54	55-64	65세이상
점유율	30.09%	34.44%	17.65%	9.37%	5.34%	3.11%

6. 비즈니스 목적의 사용에서는 남녀노소의 구분이 없다

Glassdoor가 1월 25일에 발표한 보고서에 따르면, 2024년에 직장인의 약 62%가 업무 지원을 위해 챗GPT를 사용하고 있다. 이는 2023년에 비해 2배 이상 증가한 수치이다.

직무별로는 마케팅 분야에서 채택률이 가장 높았으며, 성별로는 남성의 66%와 여성의 57%가 직장에서 AI 도구를 사용한다고 답했다. 세대별로 보면 Z세대의 66%, 밀레니엄 세대의 63%, X세대의 57%가 직장에서 챗GPT를 사용한다고 답하여, 직장에서는 나이 구분없이 사용 열풍이 불고 있다는 점을 알 수 있다.

전문가 영역에서는 어떨까? 마케팅 분야 77%, 컨설팅 분야 71%, 광고 분야 67%가 사용하고 있다. 반면 보험업계에서는 전문가의 33%가 AI 도구를 사용한 적이 있다고 답해 사용률이 가장 낮았고, 이어서 법조계 38%, 의료 분야 40%가 AI 도구를 사용한 적이 있다고 답했다.

7. 오픈AI의 기업 가치가 삼성전자를 넘어섰다

많은 사람들이 투자하고 싶어하는 오픈AI의 기업 가치는 얼마일까? 오픈AI는 수익성이 있을까? 오픈AI는 2024년 10월 펀딩 라운드에서 66억 달러의 자금을 조달하면서, 기업 가치를 1,570억 달러로 끌어올렸다. 이 펀딩으로 오픈AI의 기업 가치는 불과 9개월만에 거의 2배나 높아진 것이다. 참고로 2024년 삼성전자의 브랜드 가치는 1,008억 달러이다. 향후 IPO를 통해 오픈AI가 나스닥에 상장한다면 핵폭풍을 몰고 올 것이다. 이것이 미국의 AI 인재들이 구글보다 오픈AI 취업을 더 원하고 있는 이유이다.

8. 마이크로소프트는 15조 원 이상을 오픈AI에 투자했다

마이크로소프트는 2019년에 약 10억 달러, 2021년에 20억 달러, 2023년에 100억 달러를 투자하여 오픈AI에 대해 가장 큰 영향력을 가지고 있다. 총 투자금 합계가 한국 화폐로 15조 원 이상이다. 마이크로소프트 애저Azure는 오픈AI의 모든 도구에 대한 독점적인 클라우드 공급자이다. 이 엄청난 투자의 대가로 마이크로소프트는 챗GPT-4를 이용하여

Copilot을 개발하여 보급하고 있다. 마이크로소프트 Copilot은 챗GPT 에 비해 조직의 맥락으로 범위를 좁혀 더 직접적이고 더 구체적인 업무 도구로 발전시키고 있다.

9. 사용자가 직접 개발한 앱이 300만 개가 넘는다

오픈AI는 사용자가 특정 목적에 맞춰 조정할 수 있는 GPT라는 도구를 2023년 11월에 출시했다. GPT는 누구나 일상생활, 특정 작업, 직장 또는 집에서 더욱 도움이 되는 맞춤형 챗GPT를 만들고 그 창작물을 다른 사람과 공유할 수 있는 새로운 방법이다. 예를 들어 GPT를 이용하면 보드게임의 규칙을 배우거나, 자녀에게 수학을 가르치거나, 스티커를 디자인하는 데 도움이 되는 앱을 만들 수 있다. 오픈AI 공식 홈페이지에 따르면, 사용자들은 이미 300만 개가 넘는 챗GPT 사용자 지정 버전을 만들었다. 300만 개의 앱 중 약 30만 개가 공식 GPT 스토어에 올라와 있어서 무료 사용자도 자유롭게 자신에게 필요한 GPT를 찾아 사용할 수 있다.

10. 오픈AI의 현재 주 수익원은 B2C가 아니라 B2B

오픈AI의 발표에 따르면 2023년 말 현재 포춘 500 기업의 92%가 챗GPT API를 활용하고 있다. 챗GPT Enterprise 서비스는 PwC, Canva, Zapier, Estée Lauder 등 260개의 B2B 고객을 보유하고 있어 오픈AI 수익의 가장 큰 원천이다.

오픈AI의 연간 매출은 2023년에 16억 달러를 기록했다. 재무 전문가들은 오픈AI의 매출이 2024년에 34억 달러에 달할 것으로 추정한다. 오픈AI는 챗GPT를 운영하는 데 하루에 약 700,000달러(약 10억 원)의 비용을 사용하고 있다고 한다. 한달이면 300억 원, 일년이면 3,600억 원을 들여 역대급 컴퓨팅 파워를 사용하는 것이다.

챗GPT는 어떻게 훈련을 받았길래 그렇게 똑똑할까?

1. 챗GPT는 어떻게 세상에 등장한 것일까?

알파고와 경기를 치른 뒤 이세돌 9단은 딥마인드 개발자에게 "저를 놀라게 한, 인간이 도저히 생각할 수 없는 그 수는 어떻게 만들어졌나요?"라고 물었다. 그러자 개발자들은 "우리도 그 수의 기원을 정확히 알지 못합니다"라고 답했다. 그리고 "알파고는 어떠한 말도 하지 않습니다. 단지 바둑돌의 위치만을 표시합니다"라고 덧붙였다. 이로 인해 우리는 AI가 뛰어난 것은 알겠지만, 그 판단이 왜 그렇게 이루어졌는지 설명해 주지 않는다면, 그 결과를 신뢰하고 따를 수 없다는 문제를 인식하게 되었다. 즉, 설명할 수 있는 AI의 필요성을 느끼게 된 것이다. 이를 '익스플레이너블 AIExplainable AI'라고 하며, 줄여서 'XAI'라고도 한다.

　설명할 수 없음에 대한 불만, 설명할 수 있는 AI의 필요성에서 챗GPT의 개발은 시작되었다. 2015년 단 8명으로 시작한 오픈AI는 획기적인 아이디어를 제시했다. 그들은 영어 교과서에 나오는 말뭉치, 즉 다양한 질문과 대답은 아무리 반복적으로 입력해도 새로운 대답을 생성할 수는 없다는 점을 인식했다. 결국 문제를 해결하기 위해서는 많은 데이터를 대규모로 입력하고, 그 의미를 파악하여 대응할 수 있도록 훈련해야 한다고 판단했다.

가장 많은 대화가 이루어지는 텍스트 영역은 바로 소설이다. 소설은 대화, 질문, 답변이 끊임없이 이어진다. '이러한 특성을 활용해 대화형 AI를 훈련시킬 수 있지 않을까?' 이런 아이디어에 기반해서 소설과 같은 많은 의미 있는 대화로 AI를 훈련시키기로 결정했다.

예를 들어 셰익스피어부터 현대의 헤밍웨이에 이르기까지 저작권이 만료된 모든 소설을 데이터로 활용했다. 영화 시나리오에는 많은 최신 용어와 대화의 예가 포함되어 있기 때문에, 이 또한 AI 훈련에 포함시켰다.

이렇게 훈련된 AI는 처음에는 기본적인 인사와 답변 정도만을 반복하다가, 점차 자연스러운 대화를 이해하고 구사하기 시작했다. 빌 게이츠가 오픈AI를 방문했을 때, 그는 이 회사가 개발중인 AI가 대화를 얼마나 잘하는지 직접 체험하고는 크게 놀랐다고 한다. 그의 방문 후 오픈AI는 마이크로소프트로부터 거액의 투자를 받아 더 많은 자금을 확보하게 되었다.

이후 오픈AI는 지식의 양을 더욱 확장시켜야 한다고 판단했다. 그래서 백과사전, 위키피디아, 그리고 세상의 모든 논문을 데이터로 삼아 AI를 훈련시켰다. 이로 인해 AI는 엄청난 지식을 내재화하고, 그 지식을 바탕으로 질문에 대해 의미를 파악하여 적절히 대답할 수 있는 능력을 갖추게 되었다. 이러한 훈련은 지속적으로 진행되었으며, 2022년 11월 30일 마침내 챗GPT-3.5가 공개되었다. 본격적인 생성형 AI 시대의 개막을 알리는 사건이었다.

2. 챗GPT는 어떻게 훈련을 했을까?

챗GPT가 어떻게 훈련을 받았길래 이렇게 똑똑하고 훌륭해졌을까? 챗
GPT의 훈련은 3단계로 이루어졌다. —생성적 사전 훈련, 지도식 미세조
정, 인간 피드백을 통한 강화 학습.

챗GPT를 왜 3단계로 훈련을 시켜야 했는지를 이해하려면, 먼저 챗
GPT가 그 이전에 대화에 사용했던 알렉사나 빅스비 같은 AI 스피커와
어떻게 다른지를 알아야 한다. 챗GPT와 알렉사 같은 AI 스피커의 차이
중 하나는 복잡한 질문을 다루는 능력에 있다. 챗GPT는 여러 개의 서
로 관련된 질문을 한번에 처리하고 각각에 대해 구체적인 답변을 논리적
으로 제공할 수 있다. 반면에, AI 스피커는 주로 간단하고 직접적인 명령
이나 질문에 하나씩 순차적으로 대응하도록 설계되어 있다.

2가지 친숙한 상황에서의 예시로 챗GPT와 AI 스피커의 차이를 알아
보자.

- **여행 계획:** 사용자가 "내일 런던으로 여행 갈 예정인데 날씨
  는 어떨까요? 그리고 거기서 추천하는 관광지와 음식은 무
  엇이 있나요?"라고 물었을 때, 챗GPT는 런던의 날씨 정보,
  추천 관광지, 그리고 인기 있는 음식에 대해 동시에 정보를
  제공할 수 있다. 반면 알렉사와 빅스비는 이러한 복합적인
  질문에 한 번에 답변하지 못하기 때문에 AI 스피커를 다룰
  때 우리는 한 가지씩 주제를 나누어 처리해야 한다.

- **행사 계획과 보고서:** 사용자가 "이번 주말에 고객 행사를 하려고 하는데. 우리 회사 정보를 기반으로 어떻게 고객 행사를 할지에 대한 보고서를 만들어주세요" 같은 복합적인 요청을 할 때, 챗GPT는 고객과 함께 진행될 주요 행사에 대해 설명하고 보고서도 만들어 준다. 반면, AI 스피커는 축제의 일정 확인 같은 단일 정보 제공에 더 특화되었을 뿐, 이러한 요청에는 응답할 수 없다.

이처럼 챗GPT가 다양한 요소를 포함하는 질문에 대해 풍부하고 상세한 답변을 제공하고, 인간과 상호작용할 수 있도록 하기 위해서는 다음의 3단계 훈련 방식이 필요하다.

1단계 - 생성적 사전 훈련

모델의 1단계 훈련은 언어 모델링, 요약, 번역, 감정 분석과 같은 다양한 작업을 하도록 훈련하는 것이다. 특정 작업을 위해 훈련되지는 않지만, 이 훈련을 통해 다양한 작업을 처리할 수 있게 된다.

챗GPT의 훈련 과정은 단순히 암기에 의존하는 것이 아니다. 챗GPT는 독특한 자체 알고리즘으로 의미를 기반으로 한 인지를 수행한다. 연속된 단어들에서 다음 단어를 예측하여 언어를 자연스럽게 생성한다. 이는 기존의 AI 스피커들이 암기한 내용을 찾아서 답하는 방식과는 다르다. 챗GPT는 질문의 뜻과 뉘앙스를 파악하여 적절한 응답으로 대처한다. 이는 그동안 대규모로 입력된 방대한 데이터를 학습한 덕분에 가능한 일이다. 수많은 소설과 시나리오를 훈련 데이터로 활용하면서, 생성형 AI는 다양한 상황에서의 대화가 가능해졌다.

그러나 1단계 훈련으로 확보한 사용자의 질문에 답변하는 기능을 넘어서, 대화를 통해 인간과 상호작용하는 진정한 챗봇의 복합 기능을 수행하는 능력을 개발하기 위해서는 2단계의 지도식 미세조정의 훈련이 필요하다.

2단계 - 지도식 미세조정

지도식 미세조정(SFT: Supervised Fine-Tuning)은 챗GPT의 두 번째 훈련 단계이다. 이 단계에서는 대화형 채팅과 같이 사용자의 기대에 부응할 수 있게 하고 작업의 정확도를 높이기 위해서 모델을 훈련시킨다.

SFT 단계의 첫 번째 작업은 인간(사용자)과 인간(챗봇)이 역할을 나누어, 정밀하게 구성된 훈련용 대화 세트를 만드는 것이다. 다음 단계는 대화 기록을 입력으로 사용하고, 이상적인 응답을 출력으로 정렬하는 훈련용 데이터 집합을 만드는 것이다. 이때 챗GPT가 가지고 있는 매개 변수가 질문을 이해하고 응답하는 훈련을 받게 된다. 이렇게 방대한 데이터를 기반으로 훈련된 챗GPT는, 예를 들어 '생일 축하 메시지를 만들어 달라'는 요청에 대해, 다양한 문학 작품이나 영화 시나리오에서 얻은 데이터를 바탕으로 의미를 이해하고 적절한 메시지를 생성할 수 있게 된다.

이 과정에서 '생성적 적대 신경망'이라는 기술을 사용한다. 생성적 적대 신경망에는 생성자Generator와 감별자Discriminator라는 경쟁하는 두 모델이 있다. 생성자는 실제 데이터를 학습해 가짜 데이터를 생성하는 모델이며, 감별자는 입력받은 데이터가 실제 데이터인지 가짜 데이터인지를 감별하는 모델이다. 이에 대해 생성자를 위조지폐범, 감별자를 경찰에 비유해 설명할 수 있다. 위조지폐범은 경찰을 속이고자 더 정교한 위조 지폐를 만들어낼 것이며, 경찰은 이들을 잡고자 더 정교한 분류 기준을 마련하게 될 것이다. 이러한 경쟁이 지속되면 결과적으로는 더 실제에 가까운 위조지폐가 만들어질 수 있다. 이렇듯 생성자와 감별자의 경쟁이 지속되면 실제에 가까운 새로운 데이터를 얻을 수 있게 된다. 이런 훈련을 통해 AI는 인간의 질문과 뉘앙스를 이해하고 적절하게 응답할 수 있는 능력을 개발하게 된다.

마치 '인디언 기우제' 방식에 비유할 수 있다. 아메리카 대륙 원주민 부족 중 호피 인디언들은 비를 부르기 위해 기우제를 지내는데, 비가 올 때까지 기우제를 계속했다고 한다. AI의 훈련 방식은 지속적이고 반복적인 시도를 통해 점점 인간의 대화 스타일에 가까워지도록 설계되어 있다. 이 방식으로 AI는 인간의 뉘앙스를 이해하고, 맥락을 파악하여 자연스러운 대화를 할 수 있게 된다. 이 과정을 통해 AI는 실제로 사용자가 말을 어떻게 표현하든 그 의미를 정확하게 이해하고 적절하게 응답하는 능력을 개발한다.

하지만 2단계 훈련의 주요 문제는 훈련되지 않은 데이터에 대해서는 응답을 제대로 만들어 낼 수 없다는 것이다. 훈련되지 않은 분야의 질문에 대해서 답변을 생성하기 위해서는 3단계의 인간 피드백을 통한 강화 학습이 필요하다.

챗GPT의 매개변수란 무엇인가?

인간의 뇌를 구성하고 있는 뉴런과 시냅스는 뇌의 정보 처리, 신호 전달, 학습 및 기억에 핵심적인 역할을 한다. 뉴런은 정보를 처리하고 전달하는 기본 단위이며, 시냅스는 뉴런 간의 신호 전달을 매개하고 조절하는 접합부이다. 인간의 뇌는 약 860억 개의 뉴런과 약 100조 개의 시냅스로 구성되어 복잡한 신경 네트워크를 형성한다. AI 모델의 매개변수는 인간 뇌의 시냅스와 유사한 역할을 한다. 매개변수는 입력 데이터가 출력에 어떻게 영향을 미치는지를 조절하며, 학습 과정을 통해 지속적으로 조정되어 모델이 새로운 정보를 학습하고 기억하는 데 기여한다.

챗GPT의 매개변수 숫자는 모델의 각 버전마다 꾸준히 증가했다. 챗GPT-1이라고 명명된 첫 번째 버전은 1억 1,700만 개였고, 다음 버전은 15억 개의 매개변수를 자랑했다. 무료 버전인 챗GPT-3의 매개변수는 1,750억 개인데, 챗GPT-4의 매개변수는 공식적으로 밝히지 않았지만 이전보다 크게 늘었을 것으로 추정된다. 인간 두뇌의 시냅스가 100조 개라고 해도 실제로는 그 중 매우 적은 부분만 활용하는 점을 감안하면, 챗GPT-4는 인간의 능력에 버금가는 수준에 도달했다고 볼 수도 있다.

컴퓨터의 프로세서 코어와 스레드가 많을수록 처리 능력이 더 뛰어나고, RAM이 많을수록 컴퓨팅이 더 원활해지고, 매개변수가 많을수록 GPT 모델이 더 강력해진다.

3단계 - 인간 피드백을 통한 강화 학습

마지막 단계에서는 AI가 더욱 인간다운 대화를 할 수 있도록 추가적인 훈련 프로세스를 진행하였다. 전문가들이 직접 AI와 상호작용하면서 AI의 대답이 전문적인 지식에 부합하는지 검토해서 지도하는 훈련이다. 예를 들어 학자가 AI에게 논문 작성을 요청한 다음, AI가 작성한 논문을 검토하고 논문 작성 기술에 맞지 않는 부분을 수정하도록 지도한다. 이 과정을 통해 AI는 전문적인 대화 능력을 키우게 되는데, 이를 '인간 피드백을 통한 강화 학습'이라고 한다.

이러한 방법은 궁극적으로 AI가 다양한 산업과 분야에서 활용될 수 있는 기반이 된다. AI는 훈련 과정에서 습득한 방대한 지식을 바탕으로, 각기 다른 전문 분야에서 정확하고 깊이 있는 답변을 제공할 수 있게 된다.

2025년 이후, 에이전트 AI 시대를 겨냥한 챗GPT의 진화 전략은?

1. 챗GPT의 진화를 엿보는 신기능 개요

2024년 들어 전 세계 기업들의 챗GPT와 같은 생성형 AI 도입이 급격히 증가하고 있다. 맥킨지의 글로벌 설문 조사(2024.5.30, McKinsey Global Survey on AI)에 따르면, 65%의 응답자들이 이미 조직 내에서 생성형 AI를 정기적으로 사용하고 있다고 응답했다. 이는 불과 10개월 전에 비해 2배 증가한 수치이다. 특히 영업, 마케팅, 연구개발R&D, 그리고 IT 부문이 AI 도입에 적극적이다. 75%의 응답자들은 향후 몇 년 내에 생성형 AI가 자신들의 산업에 파괴적인 혁신을 가져올 것이라고 전망했다. 도입 기업의 절반은 이미 2개 이상의 생성형 AI 기능을 사용하고 있으며, 27%는 3개 이상의 기능을 도입하여 그 효과를 검증하고 추가적인 투자를 계획하고 있는 것으로 나타났다.

1) 2025년, 다중모달Multi-Modal로 발전할 생성형 AI 시장

2025년 생성형 AI는 더욱 복합적인 다중모달 방식으로 발전할 것이다. 다중모달 방식은 텍스트, 이미지, 음성 등 여러 유형의 데이터를 동시에 처리하고 이해할 수 있는 기술로, 생성형 AI의 성능을 크게 향상시킬 것이다.

가트너는 특히 중요한 발전의 요소로 다음과 같은 것을 제시했다.

- **도메인별 생성형 AI 모델**
- **자율 에이전트**
- **개발자 생산성 향상**
- **보안 및 개인정보 보호**

도메인별 생성형 AI 모델은 특정 산업 및 비즈니스 기능에 최적화된 형태로 AI를 발전시켜 성능을 개선하고 가치를 실현하는 속도를 높일 것이다.

자율 에이전트는 인간의 개입 없이 독립적으로 목표를 달성하기 위해 의사결정을 내릴 수 있는 시스템을 말한다. 자율 에이전트는 생성형 AI, 자동화, 그리고 여러 AI 기능들이 결합된 시스템으로, 스스로 목표를 설정하고 이를 달성하기 위한 최적의 경로를 찾는다. 이러한 시스템은 비즈니스 운영의 효율성을 크게 향상시키고, 고객 경험을 개선하고 새로운 제품과 서비스를 제공할 수 있도록 돕는다. 독립적인 운영과 의사결정 역량을 가진 자율 에이전트를 통해 기업은 비용을 크게 절감할 수 있다.

2) 오픈AI의 신기능, 다중모달과 자율 에이전트 기능으로 발전

오픈AI는 최근 여러 신기능을 출시하고 있는데 특히 다중모달과 자율 에이전트 기능을 중심으로 발전하고 있다.

<최근 출시된 오픈AI의 신기능 설명표>

버전 명	기능	사용법
GPT4 (4o)	핵심 모델, 대용량 버전으로 문과형 AI	정확한 고급의 AI 지원이 필요한 일반적 사용자에게 가장 적합
GPT-4o with canvas	복잡한 문서, 다이어그램 또는 시각적 콘텐츠에 최적화된 협업의 창	텍스트와 시각적 도구를 함께 써야 하는 소설가, 프로그래머 또는 엔지니어와 같은 창의적인 분야의 전문가에게 유용
o1 preview	Project Strawberry의 첫번째 버전으로 이공계형 AI	응답하기 전에 더 많은 시간을 들여 생각하도록 설계된 추론 모델로 분석적인 과학 분야 연구자에 유용
*** mini	*** 모델의 축소 버전 (o1 mini, GPT-4o mini)	더 빠른 응답이 필요하거나 하드웨어 제한이 있는 조건에서 기능을 사용하고 싶은 경제적 사용자에 적합 예를 들어 o1 mini는 코딩에 효과적인 더 빠르고 80% 더 저렴한 추론 모델

'SearchGPT'는 더욱 직관적이고 강력한 검색 기능을 통해 사용자가 필요로 하는 정보를 보다 쉽게 접근할 수 있도록 돕는다. 챗GPT에 하나의 기능으로 합쳐진 이 서비스는 검색엔진 시대의 종말을 앞당기고 미디어 생태계를 바꿀 계기로 작동할 것으로 예측된다.

'o1'은 고급 분석과 지능형 응답 기능을 갖춘 새로운 모델로, 비즈니스와 교육 현장에서 사용자를 지원할 수 있는 뛰어난 역량을 자랑한다. 이것은 새로운 인공지능 모델로 챗GPT가 DALL-E, Sora와 더불어 여러 생성형 AI가 결합된 다중모달 AI 플랫폼으로 발전하고 있다는 것을 보여준다.

'4o with canvas'는 사용자가 챗GPT와의 협업창canvas을 이용해 사전에 설정된 여러 기능을 활용하면서 직관적이고 창의적인 작업을 진행할 수 있도록 해준다. 텍스트와 시각적 도구 기능을 함께 써야 하는 소설가, 프로그래머 또는 엔지니어 같은 창의적인 분야의 전문가에게 유용한 기능이다.

이외에도 더 빠른 응답이 필요한 경우 또는 하드웨어 제한이 있지만 더 낮은 비용으로 기능을 사용하고 싶은 사용자들을 위해 mini 모델들을 선보이고 있다. 예를 들어 o1 mini는 코딩에 더 효과적인데 80% 저렴한 추론 모델이다. 이러한 작지만 강력한 모델들을 선보이는 이유는 향후 특정 기능으로 구성된 자율 에이전트들을 만들고 이를 사용자가 필요에 따라 재구성할 수 있도록 하는 미래 시장의 다양한 가능성을 테스트하는 것으로 전문가들은 보고 있다.

여러 신기능 중 특히 중요한 SearchGPT, o1, '4o with canvas'에 대해 살펴보자.

2. SearchGPT로 막강해진 검색 기능과 미디어 영향력

2024년 10월 31일, 챗GPT를 통해서 이전보다 훨씬 더 나은 방식으로 웹을 검색할 수 있게 되었다. 이제 사용자는 챗GPT 내에서 직접 웹을 검색하여 출처에 링크된 인용문을 검토하고 시기적절한 최신 정보를 얻을 수 있다. 검색 기능은 프롬프트에 따라 필요할 경우 자동으로 활성화되지만 검색 버튼을 클릭하여 수동으로 활성화할 수도 있다.

이제까지 구글이나 네이버를 통해 웹에서 유용한 답변을 얻으려면 많은 노력이 필요했다. 종종 여러 번 반복해서 검색하고 개별 링크를 파고들어 믿을만한 양질의 출처인지 검토하면서 나에게 적합한 정보를 찾는 항해를 해야 했다.

이제 챗GPT에서는 채팅으로 더 나은 답변을 쉽게 얻을 수 있다. 자연어로 대화를 주고받는 방식으로 질문을 하면 챗GPT가 웹에서 얻은 정보로 적절하게 응답할 수 있다. 링크를 찾아다니지 않아도 된다. 처음 답변 결과를 바탕으로 후속 질문을 던지며 더 깊이 파고들면 챗GPT가 채팅의 전체 맥락을 고려하여 더 나은 답변을 준다. 또한 뉴스 및 데이터 제공업체와 협력하여 날씨, 주식, 스포츠, 뉴스, 지도 등의 카테고리에 대해 최신 정보를 새로운 시각적 디자인으로 제공한다. 이는 내가 원하는 바를 검색 키워드로 재구성해야 하는 구글이나 네이버와 달리 바로 자연어로 적으면 내가 원하는 결과를 얻을 수 있다.

아래 프롬프트와 답변의 예에서 보는 바와 같이, 요청 사항의 결과에는 뉴스 기사 및 블로그 게시물과 같은 출처에 대한 링크(파란색 밑줄)가 포함되어 있어 더 자세히 알아볼 수도 있다. 출처 버튼을 클릭하면 참조가 있는 사이드바를 열어준다.

SearchGPT 프롬프트: 최근 북한군이 러시아와 우크라이나 사이의 전쟁에 참여했다는 소식을 요약해 주세요.

최근 보도에 따르면 북한은 우크라이나에서의 군사 작전을 지원하기 위해 러시아에 약 10,000명의 병력을 배치했습니다. 이 병사들은 포병, 드론 작전 및 보병 전술 훈련을 받았으며 현재 우크라이나 국경 근처의 러시아 쿠르스크 지역에 주둔하고 있습니다. 미국 국방부는 이 병력이 러시아 군복과 장비를 받았다고 관찰했으며, 이는 직접적인 전투 지원을 준비하고 있음을 시사합니다. 펜타곤은 북한군이 전투에 참여하면 합법적인 군사 표적으로 간주될 것이라고 경고했습니다. AP 뉴스

이러한 발전은 상당한 국제적 우려를 불러일으켰고, 분쟁에서 상당한 손실을 입은 가운데 러시아가 외부 지원에 점점 더 의존하고 있다는 점을 부각시켰습니다. 북한군의 개입은 전쟁의 확대와 국제 안보에 대한 전 세계적인 우려를 심화시켰습니다.

미국 연방 공보부(FFR)

이러한 오픈AI의 새로운 모델에 대해 르 몽드Le Monde의 CEO 겸 발행인인 루이 드레퓌스Louis Dreyfus는 "우리는 AI 검색이 가까운 미래에 정보에 접근하는 새로운 주요 방법이 될 것이라고 확신하며, 오픈AI와의 협

력으로 르몽드는 이러한 변화의 최전선에 설 것이다. 이를 통해 저널리즘의 핵심 가치와 성실성을 지키면서 다양한 비즈니스의 혁신을 테스트할 수 있다"고 말했다. 생성형 AI와 검색 기능의 통합은 검색엔진의 힘에 눌려왔던 신문사와 미디어 산업에게 새로운 변신의 계기가 될 것이라는 예측이다. 이런 가능성은 오픈AI가 검색엔진 사업자들을 넘어서는 새로운 비즈니스 모델들을 창출할 것임을 예고하는 것이다.

실질적으로 오픈AI는 어소시에이츠 프레스Associated Press, 로이터, 디애틀랜틱The Atlantic, 타임을 포함한 뉴스 미디어와 협력하고 있다. 워싱턴포스트에 따르면, 챗GPT 검색은 선거 관련 뉴스에 대한 요청을 어소시에이츠 프레스, 로이터와 같은 잘 알려진 뉴스 사이트로 안내한다. 제휴하지 않은 사이트는 robots.txt 파일에서 오픈AI의 OAI-SearchBot을 허용하거나 허용하지 않음으로써 챗GPT 검색 결과에 나타낼지 여부를 제어할 수 있다. 여러 미디어 그룹은 생성형 AI가 확산되는 시대에 오픈AI와 협력하는 것을 가치 있는 사업 전략으로 보고 있다.

뉴미디어를 대표하는 유니콘 중 하나인 복스 미디어Vox Media 사장 팸 워서스테인Pam Wasserstein은 오픈AI의 블로그 게시물에서 "챗GPT 검색은 신뢰할 수 있는 뉴스 출처의 정보를 더 잘 강조하고 출처를 명시함으로써, 독자에게 혜택을 주는 동시에 우리와 같은 고품질 저널리즘을 제작하는 발행자의 영향력을 확대할 것"이라고 말했다.

---

3. 생성형 AI와의 협업창, 'GPT-4o with canvas'

인공지능, 특히 생성형 AI의 발달은 창의적이고 지능적인 작업에서 인간과 AI가 새로운 방식으로 협업할 수 있는 가능성을 제시하고 있다. 이런 흐름에서 'GPT-4o with canvas(이하 with canvas)'는 가장 혁신적인 협업 도구로 떠오르고 있다. canvas는 어떻게 AI와 사람 간의 상호작용을 변화시키고, 더 나은 창의적 결과물을 만들어낼 수 있을까?

1) 창의성의 재정의: AI와 인간의 협업

이제까지의 대화형 AI는 질문에 답하거나 정보를 제공하는 데 집중하지만, with canvas는 이름 그대로 캔버스canvas라는 협업창을 통해 사용자가 창의적인 아이디어를 시각적으로 구현하고 조작할 수 있는 작업 환경을 제공한다. 이 협업창은 단순히 텍스트로 소통하는 게 아니라, 그림을 그리거나 다이어그램을 만들고, 아이디어를 눈으로 확인할 수 있도록 지원한다. 이를 통해 우리는 복잡한 아이디어도 더 쉽게 이해하고 발전시킬 수 있다.

with canvas는 사용자가 직접 편집하고 수정할 수 있는 공간을 제공한다. 이는 단순한 '명령-응답' 방식의 대화를 넘어서 진정으로 사용자가 AI와 협력해서 문서를 작성하고, 프로젝트 계획을 짜고, 코딩을 하고, 이미지를 만드는 등의 창의적 작업을 진행할 수 있게 해준다. with canvas에서 GPT-4o는 사용자가 원하는 대로 콘텐츠를 생성하거나 수정하는 데 필요한 지적 자원을 제공한다. 이를 통해 우리는 작업 시간을 크게 줄이고, 효율적인 결과를 만들어낼 수 있게 되었다. 현재는 챗GPT 플러스 및 팀 사용자들만 with canvas를 이용할 수 있으며, 무료 사용자는 베타 이후 이용 가능할 것으로 예상된다.

2) 모든 사람을 위한 창의적 파트너

with canvas는 전문적인 기술 지식이 없는 사람도 손쉽게 창의적 작업에 참여할 수 있도록 도와준다. AI가 사용자의 아이디어를 체계화하고 확장하는 데 중요한 역할을 하고, 이 모든 과정을 사용자가 한눈에 보고 조정할 수 있도록 해주기 때문이다. 예를 들어 마케팅 담당자는 광고 캠페인 아이디어를 시각적으로 정리할 수 있고, 학생은 연구 주제에 대한 노트를 작성할 수 있으며, 기업가는 사업 계획의 핵심 요소들을 구조화할 수 있다. 이미 소프트웨어 개발자 없이 with canvas를 이용해 코딩을 하는 사례들도 생겨나고 있다.

with canvas는 아이디어를 시각화하고 발전시키며, 더욱 나은 결과를 도출할 수 있도록 도와준다. 이는 인간과 AI 간의 관계가 인간이 지시하면 AI가 답변을 수행하는 단순한 관계를 넘어, 상호 보완적이고 창조적인 협력의 방향으로 나아가기 시작했음을 보여준다.

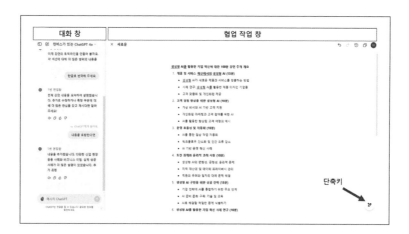

3) with canvas 사용법

with canvas를 사용하는 방법은 매우 직관적이다. 다음 단계에 따라 쉽게 시작할 수 있다.

- **아이디어 생성:** with canvas를 열고, 생성하고자 하는 주제나 아이디어를 입력한다. GPT-4o가 자동으로 관련된 아이디어를 제안하거나 초기 구상을 도와줄 것이다.
- **시각적 표현:** 제안된 아이디어나 본인의 생각을 바탕으로 canvas에 그림, 다이어그램, 또는 플로우차트를 그리며 아이디어를 시각적으로 정리한다. 드래그 앤 드롭 기능을 사용해서 요소들을 쉽게 배치할 수 있다.
- **협업과 수정:** 생성된 아이디어를 기반으로 GPT-4o와 대화를 진행하며 추가적인 제안이나 수정을 요청할 수 있다. 문서, 계획, 또는 발표 자료 등을 작성하는 과정에서 실시간으로 GPT-4o의 도움을 받을 수 있다.
- **결과물 저장 및 공유:** 완성된 프로젝트나 작업물은 간단하게 저장하고, 팀원이나 다른 사람들과 공유할 수 있다. 협업 창의 변경 내용은 실시간으로 업데이트 되어 여러 명이 함께 작업하는 데도 적합하다.

with canvas 작업을 보다 효율적으로 하기 위해서는 단축키를 활용하는 것이 중요하다. 단축키는 작업의 속도를 높여주고 반복적인 작업에

드는 시간을 절약해준다. 특히 복잡한 아이디어를 빠르게 시각화하거나 수정할 때 단축키는 필수적이다. 아래는 with canvas에서 자주 사용하는 주요 단축키들이다.

문서를 작성할 때의 단축키	코딩을 할 때의 단축키
편집 제안: 챗GPT는 글쓰기를 개선하기 위한 인라인으로 제안을 추가	**코드 검토:** 코드를 최적화하고 개선하기 위한 검토 제안을 인라인으로 제공
길이 조정: 문서의 길이를 줄이거나 늘림	**로그 추가:** 디버깅과 실행 추적을 돕기 위해 인쇄문을 삽입
독해 수준 변경: 유치원부터 대학원까지 독자의 수준을 조절	**주석 추가:** 코드를 설명하고 가독성을 높이기 위해 주석을 추가
마지막 다듬기: 문법, 명확성, 일관성을 확인하고 편집	**버그 수정:** 문제가 있는 코드를 탐지하고 다시 작성하여 오류를 해결
이모티콘 추가: 단어를 이모티콘으로 바꾸거나, 강조하거나 색상을 더하기 위해 이모티콘 추가	**언어로 포팅:** JavaScript, Python, Java, TypeScript, C++, PHP 등의 언어로 변환

이 단축키들을 사용하면 with canvas에서 작업할 때 시간과 노력을 크게 절약할 수 있다. 특히 협업 상황에서 빠르게 아이디어를 정리하거나 변경할 때 매우 유용하다.

4) GPT-4o with canvas의 활용 분야

- **코딩:** with canvas는 코드 구조를 시각화하려는 개발자에게 훌륭한 도구이다. 새로운 소프트웨어 아키텍처를 계획하거나 기능을 매핑해야 하는 경우, 코딩을 시작하기 전에 with canvas를 사용하여 아이디어를 스케치할 수 있다. 그리고 작성한 코드를 검토하거나 최적화를 제안하거나 다른 프로그래밍 언어로 바꾸는 등의 다양한 지원

을 제공한다.

- **문서 작성:** with canvas를 사용하여 그림을 드래그 앤 드롭 하고, 메모를 작성하고, 챗GPT가 텍스트를 다듬도록 지시하고, 아이디어를 시각적으로 요약할 수 있다. 기사와 에세이부터 자세한 프로젝트 제안에 이르기까지 무엇이든 만들 수 있다. with canvas를 사용하면 직관적인 방식으로 전체 구조를 보면서 편집할 수 있다. 단, 서식은 굵게, 기울임꼴, 머리글, 글머리 기호 및 번호 매기기 목록을 포함한 기본 서식 옵션만 지원한다.

- **프레젠테이션 개발:** 프레젠테이션과 관련하여 with canvas를 사용하면 요점을 효과적으로 브레인스토밍하고 정리할 수 있으며, 슬라이드를 스케치하고, 시각 자료를 추가하고, 메시지를 손쉽게 구성할 수 있다. 챗GPT-4o가 콘텐츠에 관한 제안을 해주고, 메시지를 다듬고, 슬라이드 간 전환을 도와 프레젠테이션이 원활하게 진행되도록 지원을 제공할 수 있다.

- **스토리 제작:** with canvas는 아이디어를 완성된 스토리로 바꿀 수 있는 환상적인 도구이다. 스토리의 전개 구조story arc를 매핑하거나, 캐릭터를 개발하거나, 장면을 스케치하는 데 사용할 수 있다. 챗GPT는 브레인스토밍, 줄거리 반전, 대화 향상, 캐릭터 개발 아이디어 제안 등 세부 사항을 완성하는 데 도움을 줄 수 있다.

이처럼 with canvas는 AI와의 협업을 새로운 차원으로 끌어올리며, 창의성과 효율성을 극대화하는 데 기여하고 있다. 이제 우리는 AI와 함께 더 나은 세상을 만들어갈 준비가 되어 있다. 'GPT-4o with canvas'를 통해 무한한 가능성을 발견하고, 창의적 잠재력을 현실로 바꿔 보자.

4. 공학도에게 적합한 신기능, '오픈AI o1 Preview'

2024년 9월, 오픈AI는 강력한 추론 기능으로 복잡한 과제를 풀고, 과학, 수학, 코딩에서 크게 성능이 향상된 '오픈AI o1 preview와 더 작고 비용 효율적인 o1-mini 버전을 공개했다. 오픈AI가 아직 일반에 공개하지 않은 o1의 메인 버전은 국제 수학 올림피아드 자격 시험에서 83%를 풀었다. GPT-4o는 같은 시험에서 13%만 풀었다. 또한 'o1'은 경쟁 프로그래밍 문제Codeforces에서 89%를 풀었고, 물리, 생물학, 화학 문제(GPQA 다이아몬드)의 벤치마크에서 인간 박사 수준 이상의 정확도를 기록했다.

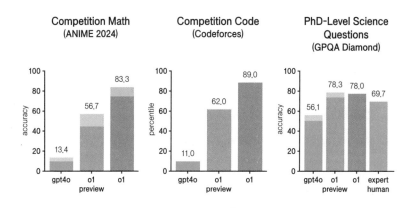

1) 챗GPT-4o와 'o1'은 무엇이 다른가?

오픈AI에서 스트로베리Strawberry라는 코드명으로 불린 o1 모델은 GPT-4o의 후속 모델이 아니라 다단계 추론과 복잡한 문제 해결 전략이 필요한 어려운 과제를 푸는 것을 목표로 하는 챗GPT-4o의 보완적인 모델이다. o1 모델이 추론을 위해 취하는 기본 전략은 대답을 확률적으로 계산해서 곧바로 내놓는 것이 아니라, 여러 단계의 추론을 거듭해 해답을 찾아가는 사고의 연쇄Chain of Thought기법이다. 그래서 이전 모델과 달리 o1 시리즈는 응답하기 전에 정보를 처리하는 데 더 많은 시간을 할애한다.

사례를 통해 오픈AI-o1의 추론 능력을 살펴보자. 챗GPT-4o와 o1에게 각각 다음과 같은 질문을 던졌다. 이 왕자와 공주가 등장하는 연령 관련 퍼즐은 수리적 능력과 논리적 추론의 요소를 결합한 매우 까다로운 과제이다.

_ □ ×

"A princess is as old as the prince will be when the princess is twice as old as the prince was when the princess's age was half the sum of their present age. What is the age of the prince and princess?" (공주의 현재 나이는 왕자가 미래의 특정 시점에 도달할 나이와 같다. 미래의 특정 시점이란 공주의 나이가 왕자의 과거 나이의 두 배가 될 때이다. 그 과거의 시점은 공주의 나이가 두 사람(공주와 왕자)의 현재 나이 합의 절반이었을 때이다. 지금 공주와 왕자는 몇 살일까?)

이 질문에 대해 GPT 4o는 즉각 다음과 같이 응답한다.

ChatGPT 4o (즉시 응답)

```
# Define the variables for the princess and prince's current ages
P, W = symbols('P W')

# First condition: prince's age is half of the princess' age in the future
# P = W + t and W = P / 2
first_condition = Eq(W, P / 2)

# Second condition: princess' age will be twice the prince's age in the
  future (when they catch up)
# In that case, the time difference remains the same,
  but P should be 2 times W
second_condition = Eq(P, 2 * W)

# Solve the system of equations
solutions = solve([first_condition, second_condition], (P, W))
solutions

결과
{P: 2*W}
```

해당 문제의 수식을 풀어본 결과, 공주의 나이는 왕자의 두 배입니다. 즉,
공주의 나이 P는 왕자의 나이 W의 두 배라는 결론이 나왔습니다. 하지만
주어진 조건들에서 추가적인 구체적 나이 차이나 시간을 알 수 없어, 공주

의 나이와 왕자의 나이는 다음과 같은 비율 관계로 정의됩니다.

- 공주의 나이P=2W
- 왕자의 나이 W

정확한 나이는 추가적인 조건이 주어져야 계산할 수 있을 것으로 보입니다.

이에 반해 o1 모델은 즉답 대신 '생각'을 하고 잠시 후 다음과 같은 답변을 제공한다. 이제 이 새로운 모델은 기존의 LLM처럼 인간이 생각하는 방식을 모방하는 것이 아니라 스스로 생각하는 법을 배우는 것이다.

_ □ ✕

OpenAI o1 (50초 이상을 생각)

문제를 분석해 보면 다음과 같습니다.

1. 공주의 나이가 현재 나이의 절반일 때, 그때의 왕자의 나이를 생각해 봅니다.

   - 공주의 나이는 현재 Q살이므로, 그 절반은 $\frac{Q}{2}$ 살입니다.
   - 이때는 현재로부터 $\frac{Q}{2}$ 년 전입니다.
   - 따라서 그때의 왕자의 나이는 P - $\frac{Q}{2}$ 살입니다.

2. 왕자의 나이가 그때의 나이의 두 배가 되는 때를 생각합니다.

   - 그때의 왕자의 나이는 2(P - $\frac{Q}{2}$) = 2P - Q살입니다.

- 현재로부터 (2P - Q) - P=P - Q년 후입니다.

3. 그때의 공주의 나이는 Q + (P - Q)=P살입니다.

4. 문제에서 "공주는 왕자가 나이가 … 될 때 왕자와 같은 나이가 됩니다."

  라고 했으므로, 그때의 공주의 나이와 왕자의 나이가 같다는 뜻입니다.

  - 따라서 P = 2P - Q를 만족해야 합니다.

  - 이를 풀면 Q = P가 됩니다.

결론:

  - 왕자와 공주의 나이는 현재 같습니다.

  - 따라서 가능한 모든 답은 왕자와 공주가 같은 나이인 경우입니다.

  - 예를 들어, 둘 다 10살, 20살 등 어떤 나이든 가능합니다.

답변:

왕자와 공주는 현재 같은 나이입니다. 따라서 P = Q인 공주와 왕자의 나이는 어떤 동일한 나이든 가능합니다.

2) 오픈AI-o1의 활용 분야

- **향상된 추론:** o1 모델은 복잡한 추론 과제, 특히 STEM(과학, 기술, 공학 및 수학)에 최적화되어 있다.

- **브레인스토밍 및 아이디어 창출:** o1 모델의 고급 추론 능력은 다양한 맥락에서 창의적인 아이디어와 솔루션을 생성하는 데 유용하다.

- **과학 연구:** o1 모델은 다양한 유형의 과학 연구 작업에 이상적이다. 예를 들어, o1은 세포 시퀀싱 데이터에 주석을 달고 양자 광학과 같은 분야에서 필요한 복잡한 수학 공식을 처리할 수 있다.

〈tip〉 나에게 맞는 챗GPT 계정 선택법

2024년 초 오픈AI의 GPT-4o 모델(옴니 모델이라고 함) 출시로 모든 사용자가 많은 고급 기능을 무료로 액세스할 수 있게 되어 챗GPT 사용자들에게 큰 고민이 생겼다. 챗GPT 유료 계정 구독은 여전히 가치가 있을까? AI 비서를 월 22달러(약 29,000원)의 돈을 내고 사용해야 할까? 이에 대해 자세하게 알아보고 올바른 선택의 기준을 세워보자.

1. 챗GPT-4o 무료 버전으로 할 수 있는 기능들은 무엇인가?

GPT-4o가 출시되기 전에는 GPT-4 Plus 구독($22/월)이 챗GPT 최고의 기능을 사용할 수 있는 유일한 방법이었다. 그러나 GPT-4o를 새롭게 공개하면서 오픈AI는 GPT-4 수준의 인공지능을 무료 및 유료 사용자 모두에게 동일하게 제공하고 있다. 무료 사용자는 한때 유료 계정 사용자만 사용할 수 있었던 기능(예: 사용자 지정 GPT 봇 사용, GPT 스토어 액세스)도 이용할 수 있다. 또한 DALL-E를 이용한 이미지 편집, 파일 가져오기와 내보내기 및 향상된 보안 기능도 사용할 수 있다.

게다가 GPT-4o는 텍스트, 이미지는 물론 비디오와 오디오까지 완벽하게 이해한다. 또한 이전 모델보다 훨씬 빠르게 작동하여 대화를 더욱 매끄럽게 만들고, 50개 언어로 음성 상호작용을 지원하여 실시간 대화를 할 수 있는 문을 열었다.

2. 무료 챗GPT가 나를 불편하게 하는 것들

챗GPT를 얼마나 자주 사용하고 어떤 기능을 주로 쓰는지에 따라 유료와 무료를 선택하는 기준이 달라진다. 다음 범주에 해당하는 경우 무료 버전을 사용해도 충분하다.

먼저 사용 횟수나 사용량이 많지 않은 사람은 무료로 사용해도 큰 지장이 없다. 그러나 그 양은 3시간 동안 겨우 5개의 질문만 허용될 정도로 매우 적다. 그것도 사용량이 많아 컴퓨팅 파워에 영향을 줄 경우 응답 속도는 엄청나게 느려지고, 다른 무료 버전인 GPT-3.5 모델로 자동 전환될 수도 있다. 그리고 엑셀의 매크로 사용과 같은 특정 고급 데이터 분석 기능을 무료 계정에서는 사용할 수 없다.

당신이 다음 3가지에 해당하는 경우가 아니라면 유료 계정을 사용할 것을 권고한다.

1) 간단한 사용자인 경우

간단한 텍스트 생성이나 번역과 같은 기본 작업에 가끔씩 챗GPT를 사용하는 경우 무료 계정의 GPT-4o 액세스로 충분할 것이다.

2) 체험하기를 원하는 사용자인 경우

무료 계정은 GPT-4o를 실험하고 구독을 결정하기 전에 자신의 요구 사항을 충족하는지 확인할 수 있는 좋은 방법이다.

3) 예산 제약이 있는 사용자인 경우

구독에는 비용이 들고, 예산이 부족한 경우 무료 계정을 통해 재정적 부담없이 강력한 AI 도구를 사용할 수 있다. 물론 앞에서 이야기한 사용량의 제한과 속도 제한은 감수해야 한다.

무료 버전을 사용하면서 가장 불편한 것은, 용량 한도에 걸리거나 서버의 과부하로 갑자기 챗GPT-3.5라는 예전 버전으로 전환되는 것이다. 이럴 때 갑자기 자동차를 타고 고속도로를 달리다가, 자전거로 바꿔 타는 기분이 들 정도로 정말 느리고 답답한 경험을 하게 된다. 아래 표에서 두 버전의 기능 차이를 살펴보면 더욱 확실하게 알게 될 것이다.

비교 항목	챗GPT-4o가 챗GPT-3.5 보다 우월한 능력
응답 내용의 정밀도	GPT-4o는 맥락, 논리, 인과관계를 더 잘 이해하고 처리함으로써 간결성을 크게 개선하여 30% 더 정확하고 통찰력 있는 응답을 제공한다.
제공 정보의 정확성	GPT-4o는 GPT-3.5에 비해 터무니없거나 부정확한 정보를 생성하는 AI 환각이 40% 감소하였다.
속도	GPT-4o는 GPT-3.5보다 9배 빠르며 평균 응답 지연 시간은 0.32초이다.
인간과 같은 상호작용 능력	GPT-4o는 대화에서 사람과 거의 같은 속도로 반응하여 더욱 인간적인 상호작용 경험을 제공한다.

3. 유료 버전인 챗GPT Plus를 선택해야 하는 이유

월 22달러의 비용을 내는 챗GPT Plus를 이용하면 더욱 강력한 기능을 사용할 수 있다. 당신이 다음 카테고리 중 하나라도 해당된다면 Plus 플랜(유료 계정)을 선택할 것을 권고한다.

1) 사용량과 사용 빈도가 많은 경우

챗GPT 무료보다 5배 더 큰 용량이 주어진다. 2024년 5월 13일부터 Plus 사용자는 GPT-4o에서 3시간마다 최대 80개의 메시지를 보낼 수 있고 GPT-4에서는 3시간마다 최대 40개의 메시지를 보낼 수 있다. 물론 기업용 계정인 Team 및 Enterprise 계정은 한도가 더 높다.

2) 고급 데이터 분석 및 시각화 작업을 하는 경우

유료 계정은 데이터 세트에서 대화형 차트와 표를 생성할 수 있는 업그레이드된 데이터 분석이 가능하다. Data Analyst(자세한 내용은 150쪽 'Data Analyst, 왜 데이터 분석의 끝판왕으로 불리는가?'를 읽어보기 바란다)와 같은 특별한 고급 데이터 분석 도구를 사용해서, 마음껏 품질 분석 또는 연구 개발에 사용할 수 있다. 또한 클라우드 저장소(Google Drive 및 마이크로소프트 OneDrive)에서 직접 파일을 업로드하고, 정보를 더욱 심층적으로 분석하는 기능을 제공한다.

3) 최신 기능을 사용하고 싶은 얼리어댑터인 경우

오픈AI는 유료 구독자에게 새로 출시하는 기능을 우선 제공한다. 예를 들어 앞으로 정식으로 공개될, 동영상을 제작하는 Sora의 경우 유료 사용자에게 우선 제공할 가능성이 아주 높다.

4) 나만의 맞춤형 챗GPT를 만들고 싶은 경우

챗GPT Plus 또는 Enterprise 구독을 통해 나만의 맞춤형 챗GPT(GPT라고 함)를 만들 수 있다. 미리 만들어진 GPT 중 하나를 사용하거나 회사 또는 개인 목표에 맞게 챗봇을 직접 만들 수도 있다. 무료 계정 사용자는 제3자가 만들어 놓은 GPT만 사용할 수 있으며, 직접 나만의 챗봇을 만들 수는 없다.(나만의 챗봇을 만드는 방법은 274쪽 '미세조정과 훈련으로 나만의 챗봇을 만드는 비법은?'을 읽어보기 바란다)

4. 기업 사용자라면 어떤 계정을 이용해야 하는가?

오픈AI는 기업 고객이나 더 진보된 요구 사항이 있는 사람들을 위해 Team 계정과 Enterprise 계정을 제공한다. 당신이 기업 고객이라면 269쪽 '기업은 어떤 계정을 사용하고 어떻게 관리해야 하나?'를 꼭 읽어 보고 올바른 선택을 하기 바란다.

## 2장

챗GPT와 일하는
7가지 비결

프롬프트를 잘 쓰는
5가지 비법은?

챗GPT 등의 범용 AI 모델을 효과적으로 쓰기 위해서는 '프롬프트' 작성 역량을 갖추어야 한다. 챗GPT 응답의 정밀도는 사용자가 입력하는 질문이나 지시('프롬프트'라고 한다)의 내용에 의해 크게 좌우된다. 다시 말해 AI에게 정확하고 구체적인 지시 사항을 제공함으로써 원하는 결과를 이끌어내는 스킬이 요구된다.

그런데 챗GPT를 사용하는 사람들 중에서 "챗GPT에 어떻게 질문을 쓰는지 잘 모르겠다"라는 고민을 가지고 있는 사람들이 의외로 많다.

2023년 12월, 챗GPT를 개발·제공하는 오픈AI가 '프롬프트 작성의 요령'이라고도 할 수 있는 메뉴얼(영어판)을 공개했다. 주로 오픈AI의 API를 이용해 어플리케이션을 개발하는 개발자용이지만, 일반 챗GPT 사용자에게도 매우 참고가 되는 내용이다. 이 메뉴얼을 기반으로 챗GPT의 프롬프트를 잘 쓰는 일반적인 5가지 요령을 알아보자. 여기에 덧붙여 절대 잊지 말아야 할 기본기로 이경상 교수의 꿀팁, '구하라 그러면 얻을 것이다'를 추가하여 설명한다.

챗GPT에서 '프롬프트'라는 용어는 사용자가 입력하는 텍스트 또는 질문을 가리키며, 이를 바탕으로 인공지능이 응답을 생성합니다. 프롬프트는 간단한 질문일 수도 있고, 복잡한 지시나 상세한 요구사항을 포함할 수도 있습니다. 이를 통해 인공지능은 사용자의 의도와 필요를 파악하고 그에 맞는 정보를 제공하게 됩니다.

챗GPT와 상호작용하기 위해 입력창에 넣는 나의 메시지를 프롬프트라고 한다.

요령 0. 구하라 그러면 얻을 것이다. (이경상 교수의 꿀팁)

요령 1. 명확한 지침을 작성한다.

요령 2. 참조 텍스트를 제공하여 신뢰할 만한 응답을 얻는다.

요령 3. 복잡한 작업을 더 간단한 하위 작업으로 분할한다.

요령 4. 챗GPT가 '생각'할 시간을 준다.

요령 5. 챗GPT 스토어의 앱을 사용한다.

요령 0. 구하라 그러면 얻을 것이다 (이경상 교수의 꿀팁)

처음 무언가를 요청할 때 '프롬프트'를 어떻게 작성해야 할지 몰라 막막할 수 있다. 하지만 걱정할 필요가 없다. 챗GPT에게 "내가 이런 작업을 하고 싶은데, 어떤 프롬프트로 요청하면 당신이 가장 잘 처리할 수 있나요?"라고 물어보는 것만으로도 큰 도움을 얻을 수 있다. 어떤 식으로 질문해야 할지 몰라 고민하지 말고, 그 고민조차 챗GPT에게 물어보라는 말이다. 그러면 해결책의 문이 열릴 것이다. 예를 들어 제품 이미지 디자인 작업(DALL-E)을 시작할 때 다음과 같이 시작할 수 있다.

_ □ ×

프롬프트: 새로 출시되는 제품의 디자인을 너와 함께 작업하고 싶은데 내가 어떤 질문을 어떤 프로세스를 따라 하면 되는지 알려주세요.

DALL-E: 제품 디자인을 함께 작업하는 것은 흥미로운 과정입니다! 내가 도와줄 수 있도록, 다음과 같은 순서로 질문을 해주면 좋을 것 같습니다.

1. **제품의 기본 정보 제공:** 어떤 종류의 제품인지 설명해 주세요. 예를 들어, 스마트폰, 가전제품, 가구 등 어떤 제품인지 알려주세요.

2. **디자인 목표 설정:** 제품이 어떤 목적을 가지고 있는지, 어떤 문제를 해결하려고 하는지 설명하세요. 그리고 제품의 사용자가 누구인지도 중요한 정보입니다.

3. **디자인 스타일:** 원하는 스타일이나 테마가 있으면 말해 주세요. 예를 들어, 미니멀리즘, 현대적인 스타일, 레트로 감성 등.

4. **구체적인 요구 사항:** 특정 색상, 재질, 크기, 형태 등에 대해 생각

하고 있는 게 있다면 알려주세요. 로고나 특정 요소가 포함되어야 하는지, 아니면 특정 기능이 있어야 하는지도 중요합니다.

5. **참고 자료:** 이미 존재하는 제품 중에 영감을 받은 것이 있다면, 그 제품에 대해 설명해 주세요. 또는 레퍼런스 이미지를 제공할 수도 있습니다.

6. **디자인 프로토타입 요청:** 준비가 되었다면, 내가 그 정보를 바탕으로 디자인 프로토타입을 만들어줄 수 있습니다. 예를 들어, "이 정보들을 바탕으로 첫 번째 디자인을 만들어 줄래?"라고 질문해 주세요.

이 과정을 통해 단계별로 디테일을 함께 구체화하면서 저와 멋진 디자인을 만들어 나갈 수 있습니다. 언제든지 질문해 주세요.

이러한 방식으로 프롬프트 작성 요령을 배우는 데 시간을 쓰거나 부담을 느끼지 않고도 훌륭하게 시작할 수 있다. 첫걸음을 떼면 프롬프트가 무엇이고 어떻게 쓰면 되는지 이해하게 될 것이다. 이를 토대로 아래에 설명할 요령 1부터 5까지를 적용하면 더욱 정교하고 효과적인 프롬프트를 작성할 수 있다.

요령 1. 명확한 지침을 작성한다

프롬프트 작성의 요령에서 가장 중요한 것은 '명확한 지침을 작성'하는 것이다. 챗GPT에게 자신이 요구하는 질문·지시에 답해 주는 데 필요한 정보나 전제 조건·배경·목적 등을 전달하고, 어떠한 출력 형식(문장인가 글머리 기호인가 표 형식인가 등)으로, 어느 정도의 분량으로 대답해 주어야 할지 등을 가능한 한 명확하게 지시하는 것이 중요하다.

1) 나의 요구사항을 확실하게 제공하여 응답을 요청한다.

예를 들어 "식당 사업 아이디어를 주세요"라는 막연한 질문에는 그저 평범한 제안만이 돌아온다. 예컨대 "지역 특산 재료를 활용하세요", "테이크아웃과 배달 서비스를 병행하세요" 등이 전부다. 이는 네이버나 구글 검색창에 '식당 사업 아이디어' 라는 단어를 입력하여 검색하는 것과 다름이 없다.

"식당 사업에 대해 획기적이고 참신한 아이디어를 제안해 주세요"라고 요청하면 훨씬 독창적인 아이디어가 쏟아진다. '가상현실VR 식당', '로봇 셰프 식당', '시간 여행 테마 식당', '무중력 식당' 등 기발한 컨셉이 제시된다. 이처럼 창의력을 자극하는 프롬프트를 입력했을 때 챗GPT의 잠재력이 극대화된다.

_ □ ×

- **잘못된 프롬프트:**
  "세계대전 중 일어난 일들에 대해 설명해 주세요."
- **개선된 프롬프트:**
  "제2차 세계대전 중 1943년에 독일에서 발생한 주요 사건에 대해 설명해 주세요."

- **잘못된 프롬프트:**

  "과학에서 아직 해결되지 않은 가장 큰 미스터리는 무엇인가요?"
- **개선된 프롬프트:**

  "현재 과학계에서 주목받고 있는 미해결 질문 중 하나를 설명하고, 그 배경과 연구 상황에 대해 자세히 알려주세요."

2) 구분 기호를 사용하여 지시와 입력 정보를 명확하게 분리한다

지시 내용과 입력 정보Context를 명확하게 구별할 수 있도록 입력 정보를 해시 태그(#), XML 태그, 섹션 제목 등의 구분 기호를 활용하여 지시한다.

_ □ ×

프롬프트: 논문의 요약을 #기호 다음에 제공할 것입니다. 논문의 제목을 5개 추천해 주세요. 논문의 제목은 독자들이 논문의 주제를 잘 이해할 수 있게 하는 것과 동시에 눈길을 끌어야 합니다.

요약# (여기에 논문 요약을 삽입)

3) 작업 실행 절차를 확실하게 지정한다

챗GPT를 통해 특정한 분야를 학습할 경우에 다양한 요구사항의 실행 절차를 구체적으로 지시하면 훌륭한 선생님으로 활용할 수 있다.

프롬프트: 당신은 이제부터 제조업의 품질관리를 가르치는 교수가 되어 주세요. 아래의 1번부터 4번까지의 요령을 기반으로 품질관리를 상호작용하면서 가르쳐 주세요.

1. (언어) 한국어를 사용한다.

2. (가르치는 방법) 당신은 품질관리에 대해 질문을 하고 내가 답변을 하는 방식으로 진행하고, 내가 답변한 것에 대해 평가하고 틀린 점을 교정해준다.

3. (종료) 내가 '오늘은 여기까지' 라는 말을 할 때까지, 당신은 자동적으로 질문과 답변을 계속한다.

4. (평가) 종료가 되어 전체 평가를 요청하면 오늘 나의 대답에 대해 100점 만점을 기준으로 평가를 한다.

챗GPT: 알겠습니다, 그럼 품질관리에 관한 첫 번째 질문을 시작하겠습니다.

챗GPT의 질문 1: 제조업에서 품질관리Quality Control의 기본 목적은 무엇인가요?

나의 틀린 답변: 마케팅을 효과적으로 달성하기 위해서입니다.

챗GPT: 답변해 주셔서 감사합니다. 제조업에서 품질관리의 목적을 마케팅과 연결시키는 시각도 중요하나, 품질관리의 가장 기본적인 목적은 제품이나 서비스가 일관되게 고객의 요구와 기대를 충족시키도록 보장하는 것입니다. 이는 제품의 결함을 줄이고, 비용을 절감하며, 고객 만족을 최대화하여 결국은 마케팅 성과에 긍정적인 영향을 미칠 수 있습니다.

챗GPT의 질문 2: 품질관리 과정에서 '통계적 품질 관리Statistical Quality Control, SQC'가 중요한 이유는 무엇일까요?

질문과 답변이 '오늘은 여기까지'라는 명령 프롬프트가 입력될 때까지 계속되고, 마지막에 100점 만점을 기준으로 평가해준다.

요령 2. 참조할 텍스트를 제공하여 신뢰할 만한 응답을 얻는다

챗GPT는 요청한 사항에 부합하지 않는 데이터를 사용하거나 또는 존재하지 않는 것을 만들어내 잘못된 응답을 생성할 수 있는데 이것을 'AI 환각'이라고 부른다. 프롬프트에서 유용한 텍스트(정보)를 제공하고 해당 텍스트를 참조하여 응답하도록 지시하면 AI 환각의 위험을 줄일 수 있다. 사용자의 질문·지시 내용에 관련한 신뢰할 수 있는 정보(텍스트)를 프롬프트에 포함해, 그 정보를 사용해 대답을 하도록 지시하거나, 참고 문헌의 인용문으로만 응답하도록 지시하는 것도 효과적이다. 아래는 챗GPT가 제시한 올바른 2개의 사용 예시이다.

사용자의 요청: "현재 코로나바이러스의 변이에 대한 최신 연구 결과를 설명해 주세요."

효과적인 프롬프트로 변환:

"2023년도에 발표된 세계보건기구who의 최신 보고서에 따른 코로나바이러스 변이의 특성과 그에 따른 공중 보건 전략에 대해 설명해 주세요."

이 프롬프트는 특정하고 신뢰할 수 있는 출처(세계보건기구)의 최신 정보를 참조하며, 그 정보를 바탕으로 응답하도록 지시함으로써 AI가 환각을 생성할 가능성을 낮춥니다.

또 다른 사용자의 요청: "인공지능이 인간의 일자리에 미치는 영향에 대해 설명해 주세요."

효과적인 프롬프트로 변환:

"최근 OECD 보고서에 따라서 인공지능 기술의 발전이 전통적인 직업군에 미치는 영향에 대해 자세히 설명하고, 해당 보고서에서 언급된 주요 예측들을 인용해 주세요."

요령 3. 복잡한 작업을 간단한 하위 작업으로 분할하여 진행한다

챗GPT에서 복잡한 작업은 단순 작업보다 오류 확률이 높아지는 경향이 있다. 따라서 복잡한 작업을 더 간단한 작업으로 나누어서 지시하면 더 정확한 답변을 쉽게 얻을 수 있다. 예를 들어 '무중력 식당 신규 사업계획서'를 작성하는 경우에 처음부터 복잡한 사업계획서 작성을 요구하면 자신이 원하는 내용과는 동떨어진 사업계획서를 만들 수 있고, 수정에 노력이 많이 든다. 단계를 나누어 작업을 하는 것을 추천한다.

1 단계: 무중력 식당의 사업계획서 목차를 요구한다.

2 단계: 무중력 식당의 사업계획서 중 빠진 부분(예: 인력 및 조직 구성 계획)을 체크하고, 이를 반영한 사업계획서 목차의 재작성을 요구한다.

3 단계: 완성된 목차를 기반으로 사업계획서 구성을 요구한다.

4 단계: 챗GPT가 제시해 준 샘플을 기반으로 좀 더 자세한 계획서를 상호작용하면서 작성한다.

_ □ X

원래의 복잡한 요청

"무중력 식당 사업 계획서 전문을 만들어 주세요."

단순화된 작업으로 나눈 프롬프트들

시장 동향 분석 요청:

"무중력 체험을 제공하는 식당에 관련한 현재 시장 동향을 분석해 주세요."

타겟 시장 정의 요청:

"무중력 식당의 타겟 시장을 정의하고, 왜 이들이 이 서비스에 관심을 가질지 설명해 주세요."

재무 계획 개요 요청:

"무중력 식당을 시작하는 데 필요한 초기 투자 비용과 예상 수익을 요약해 주세요."

위험 관리 전략 요청:

"무중력 식당 운영과 관련된 주요 위험 요소와 이를 완화할 수 있는 전략을 설명해 주세요."

법적 요구사항 확인 요청:

"무중력 식당을 운영하기 위해 필요한 법적 요구사항과 획득해야 하는 허가에 대해 설명해 주세요."

이렇게 분할된 각각의 프롬프트 실행 후, 각 단계별 답변을 모아 하나의 종합적인 사업 계획서를 구성합니다. 이 방법은 각 세부 사항에 집중하여 보다 정확하고 심도 있는 정보를 제공하고, 전체적인 계획에 대한 오류 가능성을 줄이는 데 도움이 됩니다.

이런 식으로 챗GPT와 아이디어를 주고받으며 사업계획서를 계속 다듬어 나가면 단 1시간 만에 30페이지 분량의 완성도 높은 기획안을 만들 수 있다. 혼자서 머리를 싸매고 2~3주에 걸쳐 조사하고 고민할 일을, 생성형 AI의 도움으로 단숨에 해결할 수 있다.

요령 4. 챗GPT에게 '생각'할 시간을 준다

챗GPT도 인간과 마찬가지로 순차적으로 대답을 도출함으로써 추론 실수를 줄이는 효과를 기대할 수 있다. 이는 특히 효과적인 기법으로 단계적 추론을 진행하도록 유도하면 보다 정확한 대답을 이끌어낼 수 있다 .

문제의 대답을 곧바로 요구하는 것이 아니라, 중간 추론의 단계를 거치며, 단계적인 추론을 거듭해 해답으로 이끄는 프롬프트 기법을, 사고의 연쇄Chain of Thought라고 한다.

'사고의 연쇄' 프롬프트 작성 기법은 복잡한 문제의 해결 방법을 여러 단계의 사고 과정을 거치며 단계별로 설명하는 방식이다. 이 접근 방식은 인공지능 모델, 특히 자연어 처리 모델이 더 정확하고 논리적인 답변을 생성하도록 돕기 위해 사용된다.

사고의 연쇄의 기능과 목적은 다음과 같다.

- **문제 이해 강화:** 사고의 연쇄를 통해 모델은 주어진 문제를 더 깊이 있게 분석하고 이해한다.
- **논리적 사고 과정 모델링:** 문제 해결을 위한 논리적인 단계를 따라가며, 각 단계에서의 결정과 추론 과정을 명확하게 한다.
- **오류 감소:** 복잡한 문제를 작은 단계로 나눔으로써 해결 과정에서 발생할 수 있는 오류를 줄이고, 각 단계에서의 정확도를 높인다.

- **교육적 가치:** 교육적 환경에서 학생들에게 문제 해결 과정을 가르치는 데 유용하게 사용될 수 있다. 이를 통해 학생들은 단순히 정답을 찾는 것이 아니라, 문제에 접근하는 방법을 배울 수 있다.

'사고의 연쇄' 방식은 인공지능 모델이 더 정확하고 일관된 답변을 생성할 수 있도록 돕는다. 이러한 방식은 실제 비즈니스 시나리오에서의 예측이나 분석에 매우 유용하다. 다음의 간단한 예는 전자상거래 회사에서 미래 수익성을 계산하는 '사고의 연쇄' 프롬프트를 보여 준다.

_ □ ×

프롬프트: 한 전자상거래 회사가 새로운 구독 기반 배송 서비스 E-commerce Subscription Delivery Service를 도입하고자 합니다. 회사는 첫 해에 10,000명의 구독자를 확보하고, 매년 25%씩 구독자가 증가할 것으로 예상하고 있습니다. 구독료는 연간 100달러입니다. 또한, 회사는 매년 구독자 유지율이 80%일 것으로 예상하고 있습니다. 3년 후의 연간 총 수익을 계산하는 과정을 '사고의 연쇄' 방식으로 설명해 주세요.

챗GPT의 '사고의 연쇄'에 의한 문제 해결

문제 정의

첫 해에 10,000명의 구독자를 확보

매년 25%씩 구독자 증가

구독료는 연간 100달러

구독자 유지율은 매년 80%

목표: 3년 후의 연간 총 수익 계산

첫 번째 해의 구독자 수 및 수익 계산

첫 번째 해의 구독자 수 = 10,000명

첫 번째 해의 수익 = 구독자 수 × 연간 구독료

= 10,000명 × 100달러 = 1,000,000달러

두 번째 해의 구독자 수 및 수익 계산

두 번째 해의 신규 구독자 수 = 첫 번째 해의 구독자 수 × 0.25

두 번째 해의 유지 구독자 수 = 첫 번째 해의 구독자 수 × 0.80

두 번째 해의 총 구독자 수 = 두 번째 해의 유지 구독자 수 + 두 번째 해의 신규 구독자 수

두 번째 해의 총 구독자 수 = (10,000명 × 0.80) + (10,000명 × 0.25) = 8,000명 + 2,500명 = 10,500명

두 번째 해의 수익 = 10,500명 × 100달러 = 1,050,000달러

세 번째 해의 구독자 수 및 수익 계산

세 번째 해의 신규 구독자 수 = 두 번째 해의 구독자 수 × 0.25

세 번째 해의 유지 구독자 수 = 두 번째 해의 구독자 수 × 0.80

세 번째 해의 총 구독자 수 = 세 번째 해의 유지 구독자 수 + 세 번째 해의 신규 구독자 수

세 번째 해의 총 구독자 수 = (10,500명 × 0.80) + (10,500명 × 0.25) = 8,400명 + 2,625명 = 11,025명

세 번째 해의 수익 = 11,025명 × 100달러 = 1,102,500달러

결론 도출

3년 후의 연간 총 수익은 1,102,500달러입니다.

요령 5. 챗GPT 스토어의 앱을 사용한다

많은 개발자들이 특정 분야의 복잡한 프롬프트를 효과적으로 구성한 앱을 만들어 GPT 스토어에 올린다. GPT 스토어에서 제공되는 앱들은 특정 분야나 목적에 맞게 복잡한 프롬프트를 효과적으로 사전에 구성한 것이기 때문에 사용자가 프롬프트를 직접 작성하는 수고 없이 더욱 효율적으로 작업을 수행할 수 있도록 도와준다. 아래 그림처럼 chatgpt.com 홈페이지에서 'GPT 탐색' 메뉴를 누르고 내가 찾고 싶은 내용을 적으면 챗GPT가 적합한 앱을 추천해 준다. 또 다른 방법으로 사용자들이 많이 쓰

는 앱들을 분야별로 정리해 놓은 목록을 활용해 찾을 수도 있다.(140쪽 '챗
GPT 스토어의 30만 개 앱으로 무엇을 할까?'에서 대표적인 앱들을 이용하는 방법을 상
세하게 설명할 것이다) 예를 들어 마케팅, 고객 관리, 콘텐츠 생성 등 다양한
목적에 맞는 앱을 적절하게 찾아 활용하면 마케팅 전략을 더욱 데이터
중심적이고 자동화된 방식으로 진행할 수 있으며, 프롬프트를 작성하려
고 고민하는 시간과 자원을 절약할 수 있다.

일과 생활에서 쓰면 좋은
대표적인 7가지 분야는?

1. 언어 학습: 새로운 분야 학습의 예

챗GPT는 언어 학습을 위한 귀중한 도구가 될 수 있다. 번역, 문법 설명, 어휘 연습 및 대화 시뮬레이션을 제공하여 독자들이 언어 능력을 연습하고 향상시키는 데 도움을 준다. 또한 독자 여러분의 언어 능력 향상을 위해 챗GPT가 함께 훈련하는 프로그램 일정을 잡아줄 수도 있다. 이를 바탕으로 챗GPT와 훈련하면 매우 효과적으로 언어 능력을 크게 높일 수 있을 것이다.

프롬프트: 나의 일본어는 초급 수준입니다. 중급 수준을 위해 어떻게 당신과 언어 훈련을 하면 되는지, 주간 단위의 일정을 짜 주세요.

챗GPT: 일본어를 중급 수준으로 향상시키기 위해 주간 일정을 짜

드릴 수 있습니다. 각 요일마다 일본어 학습 활동을 할당하여 언어 실력을 체계적으로 개선할 수 있도록 도와드리겠습니다.

일본어 학습 주간 일정

월요일: 어휘 학습

- **활동**: 일본어 핵심 어휘 20개를 선택하여 학습합니다. 각 단어의 의미, 발음, 사용 예를 공부합니다.
- **도구**: Anki, Quizlet 같은 플래시카드 앱을 사용하여 단어를 반복 연습합니다.

화요일: 문법 학습

- **활동**: 일본어 문법 규칙 하나를 선택하여 학습합니다. 예를 들어, 조동사의 사용법이나 형용사의 활용 등을 공부합니다.
- **도구**: 온라인 교육 플랫폼(예: Tae Kim's Guide to Japanese Grammar)을 활용합니다.

수요일: 듣기 연습 (중략)

목요일: 독해 연습 (중략)

금요일: 회화 연습 (중략)

토요일: 복습 및 자유 학습 (중략)

일요일: 문화 학습 (중략)

이 일정은 일본어 능력을 전반적으로 개선하고 다양한 언어 사용 환경에 익숙해질 수 있도록 구성되었습니다. 각 활동의 난이도는 점차 높여가면서 학습 효과를 극대화할 수 있습니다.

2. 육아 상담: 삶 속의 고민 상담의 예

육아 전반에 걸친 조언, 특정 연령대의 아이들에게 적합한 활동 추천, 행동 관리 방법, 식사 계획, 교육적 접근 등 다양한 주제에 대해 도움을 받을 수 있다. 필요한 조언이나 정보가 있다면 구체적인 질문을 하면 더욱 상세한 답변을 얻을 수 있다.

_ □ ✕

프롬프트: 큰아이는 2살이고 작은아이는 3개월입니다. 큰아이가 작은아이에게 사랑을 빼앗겼다는 생각으로 가끔 심한 투정을 부리거나, 작은아이에게 폭력적 성향을 보이기도 합니다. 어떻게 해야 큰아이를 올바르게 키울 수 있을까요?

챗GPT: 두 아이를 동시에 돌보는 것은 매우 도전적일 수 있고, 큰아이가 작은아이에게 질투를 느끼는 것은 매우 흔한 현상입니다.

이런 상황을 잘 관리하기 위한 몇 가지 방법을 제안드리겠습니다.

1. **공평한 관심 보여주기:** 큰아이가 소외감을 느끼지 않도록 의도적으로 시간을 배분해주세요. 작은아이의 수유나 돌봄 시간 외에 큰아이와 친밀한 시간을 보내세요. 이야기를 들어주고, 같이 놀아주는 것만으로도 큰아이는 많은 사랑을 받고 있다고 느낄 수 있습니다.

2. **감정 인정하기:** 큰아이의 감정을 인정해 주세요. 질투나 화가 나는 것은 자연스러운 감정입니다. "네가 화가 나는 걸 알아. 정말 어려울 거야"와 같이 말하며 아이의 감정을 받아들여 주세요. 이렇게 감정을 인정받는 것만으로도 아이는 안정감을 느낄 수 있습니다.

3. **역할 부여하기:** 큰아이에게 작은아이의 '큰형' 또는 '큰누나'로서의 역할을 부여해주세요. 간단한 일이라도 도와줄 수 있도록 하여 책임감을 느끼게 하고, 작은아이에 대한 애정을 키울 수 있도록 격려하세요. 예를 들어 기저귀를 건네주거나 장난감을 골라주는 역할을 맡길 수 있습니다.

4. **함께하는 활동 마련하기:** 두 아이 모두 참여할 수 있는 활동을 계획해보세요. 예를 들어 큰아이가 그림을 그리는 동안 작은아이는 옆에서 놀 수 있도록 해주세요. 이런 공동 활동은 형제 간의 유대를 강화하는 데 도움이 됩니다.

5. **규칙 설정 및 일관성 유지:** 폭력적인 행동은 안된다는 것을 분명

히 해야 합니다. 하지만, 이를 처벌보다는 교육적인 방식으로 접근하는 것이 중요합니다. 폭력적 행동을 보일 때는 일관된 결과를 적용해야 합니다.(예: 장난감을 일정 시간 동안 사용하지 못하게 하는 등)

6. **전문가의 도움 고려하기:** 질투나 행동 문제가 지속된다면 육아 전문가나 소아 심리학자의 도움을 받는 것도 고려해보세요. 전문가는 상황에 맞는 구체적인 조언과 전략을 제공할 수 있습니다.

이러한 방법들을 통해 큰아이가 자신의 중요성을 느끼고, 가족 구성원 모두와의 관계를 긍정적으로 발전시킬 수 있을 것입니다.

3. 글 쓰기 고민의 해결

취업에 필요한 자기소개서를 작성하거나, 아이에게 들려줄 새로운 동화를 만들거나, 특정 주제의 문장이나 보고서를 원하는 형식으로 작성할 수 있다.

예를 들어 챗GPT를 이용해 자기소개서를 작성할 경우 입사하고자 하는 회사의 정보와 함께, 어떤 포지션에 지원하는지, 그리고 경력, 기술, 학력 등 자신의 배경에 관한 정보를 알려주면, 그에 맞추어 자기소개서를 작성해 준다. 강조하고 싶은 특별한 경험이나 성과가 있다면 그것도 함께 알려주면 더욱 훌륭한 자기소개서가 된다. 어느 정도 훌륭한 자기소개서를 쓸 수 있을까? 다음 실제 조사 결과를 참고해 보자.

실제로 구직자의 46%가 챗GPT로 자기소개서를 작성했고, 그들 중 78%가 서류심사에 합격하고 2차 면접을 보게 되었다.

2023년 2월에 ResumeBuilder.com은 현재 및 최근 구직자(지난 2개월 이내의 구직자로 정의됨)를 대상으로 한 설문 결과를 발표했다. 이 설문조사를 위해 초기 2,153명을 조사했는데, 그 중 현재 및 최근 구직자 1,000명이 챗GPT의 도움으로 이력서와 자기소개서를 작성했다고 말했다.

중요한 발견들

- 구직자 46%가 챗GPT를 사용해 자기소개서를 작성했다.
- 4명 중 3명은 챗GPT가 작성한 자료의 품질에 대해 '높음'(52%) 이라고 답했다.
- 챗GPT를 사용한 사람의 78%는 챗GPT에서 작성한 지원서로 서류심사를 통과했다.
- 59%는 챗GPT가 작성한 자료를 사용하여 지원한 후 고용되었다.

---

4. 이메일 작성

다양한 상황에 맞게 적절하고 효과적인 이메일 작성을 지원할 수 있다.

어떤 종류의 이메일을 작성하고 싶은지, 그리고 특별히 고려해야 할 점이 무엇인지 자세히 알려주면 된다. 다음은 챗GPT가 이메일과 관련해 도움을 줄 수 있는 것들이다.

- **이메일 초안 작성:** 특정 목적이나 주제에 맞는 이메일 초안을 작성할 수 있다. 예를 들어 업무 관련 요청, 회의 일정 조정, 제품 문의, 고객 서비스 이슈 등에 대한 이메일을 준비할 수 있다.
- **언어와 톤 조정:** 받는 사람의 위치나 관계, 문화적 배경에 맞게 이메일의 언어와 톤을 조정하는 데 도움을 줄 수 있다. 예를 들어 공식적인 비즈니스 제안, 친근한 팀 내 소통, 고객과의 따뜻한 대화 등을 위한 이메일을 맞춤 작성할 수 있다.
- **문법 및 맞춤법 검토:** 이메일을 작성한 후 문법적 오류나 맞춤법 실수를 검토하고 수정하는 데 도움을 줄 수 있다.
- **효과적인 이메일 구조 제안:** 이메일의 목적에 맞게 효과적인 구조를 제안할 수 있다. 예를 들어 소개부, 본문, 결론 및 행동 요청으로 구성된 이메일을 설계하는 데 도움을 줄 수 있다.
- **첨부 파일 및 링크 추가 권장:** 필요한 경우 이메일에 첨부 파일이나 필요한 웹 링크를 추가하는 방법에 대해 조언할 수 있다.

또 하나의 귀중한 팁이 있다. 여러분은 그 동안 하나의 주제에 대해 오랜 기간 주고받은 이메일에 대해 답장을 할 경우, 그 동안의 맥락을 다시 확인하고, 그에 맞게 쓰느라 고민스러운 경우가 많았을 것이다. 챗GPT에게 그동안 주고받은 이메일의 내용을 제공하면, 해당 주제와 상황에 맞춰 적절한 응답 이메일을 작성할 수 있다. 이메일의 주요 내용, 요청 사항, 또는 특별히 반응해야 할 포인트 등을 알려주면 이메일을 잘 쓰기 위한 고민에서 해방된다.

_ □ ×

프롬프트: 아래 # 기호 다음에 나오는 이메일에 대해 정중하게 '시간이 안되어 거절'하는 이메일 답장을 적어주세요.

#Subject: 경영혁신협회 조찬간담회 강연 초청

경영혁신협회 홍길동 사무국장입니다 2024.7.16(화) 부산 노마드 호텔에서 경영혁신협회가 개최하는 굿모닝CEO 학습에 교수님을 강연자로 초빙하고자 합니다.

챗GPT:

Subject: Re: 경영혁신협회 조찬간담회 강연 초청

홍길동 사무국장님께,

안녕하세요. 경영혁신회의 조찬간담회 강연 초청을 받게 되어 감

사드립니다. 이런 중요한 이벤트에 초대해 주셔서 매우 영광으로 생각합니다.

하지만 아쉽게도, 해당 날짜에 이미 다른 중요한 학술적 의무가 있어서 참석할 수 없게 되었습니다. 이로 인해 귀중한 초대에 응할 수 없게 된 점을 양해 부탁드립니다.

행사가 성공적으로 이루어지길 바라며, 앞으로 다시 참여할 기회가 있기를 희망합니다. 추후에 연락을 주신다면 좋은 소식으로 꼭 다시 만나뵙고자 합니다.

감사합니다.

[교수님의 성함]

[교수님의 직함]

[교수님의 이메일 주소]

[교수님의 연락처]

---

5. 번역: 프랑스어 이메일 작성 예

챗GPT는 50개 이상의 언어를 지원한다. 주요 언어인 영어, 스페인어, 프랑스어, 독일어, 중국어(간체 및 번체), 일본어, 포르투갈어, 러시아어, 이탈리아어, 네덜란드어, 그리스어, 아랍어, 힌디어, 그리고 한국어 등은 보다 정확하게 번역을 해줄 수 있다. 비즈니스 전문 분야와 업계에 관한 영어 논문이나 보고서를 읽고 번역하고 요약해 달라고 해보라. 당신은 월 22

달러에 매우 유능한 비서를 채용했다는 사실을 실감할 수 있을 것이다.

_ □ X

프롬프트: 아래의 #입력문은 프랑스 고객에게 송부하는 비즈니스 이 메일입니다. 입력 문장을 비즈니스 현장에서 사용할 수 있는 프랑스 어로 번역해 주세요.

#입력문: ## 건명 : 프로젝트 제안에 관한 미팅의 안내 ##

본문: 어제 전화로 귀중한 의견을 주셔서 감사합니다. 우리가 제안 한 프로젝트에 대해 더 자세한 토론을 진행하기 위한 미팅을 진행 하고 싶습니다. 당신의 사정이 좋은 일시를 몇 가지 제안해 주시겠 습니까? 회의에서는 프로젝트 목표, 일정, 예산에 대해 구체적으로 토론하고 싶습니다. 또 귀사의 요망이나 우려에 대해서도 묻고, 최 적의 제안을 하겠습니다. 많이 바쁘시겠지만 회신해 주시면 감사하 겠습니다. 앞으로도 잘 부탁드립니다.

챗GPT:

Subject: Invitation à une réunion concernant la proposition de projet

Cher(e) [Nom du destinataire],

Nous vous remercions pour vos précieuses opinions exprimées

lors de notre conversation téléphonique avant-hier. Nous souhaiterions organiser une réunion pour discuter plus en détail du projet que nous avons proposé. Pourriez-vous s'il vous plaît nous proposer quelques dates et heures qui vous conviendraient ?

Lors de cette réunion, nous aimerions discuter spécifiquement des objectifs du projet, du calendrier et du budget. De plus, nous souhaitons aborder vos attentes et préoccupations afin de vous faire la meilleure proposition possible.

Nous nous excusons pour l'urgence de notre demande et vous serions reconnaissants de bien vouloir nous répondre. Nous comptons sur votre collaboration continue.

Cordialement,

[Votre nom]

[Votre fonction]

[Vos coordonnées]

[Nom de votre entreprise]

6. 요약 기능: PDF 자료 요약, 소설 독후감 요약

챗GPT의 확장된 문서 지원 도구를 이용하여, PDF 문서를 요약하면 시간을 절약하고 긴 보고서, 연구 논문 또는 기타 텍스트가 풍부한 PDF에서 간결하게 핵심적인 통찰을 추출할 수 있다. PDF뿐 아니라 데이터 파일이나 여러 형식의 문서를 지원한다. 쓰는 방법은 아주 간단하다. 파일을 업로드하고 질문하면 된다.

1) 파일을 업로드 한다.

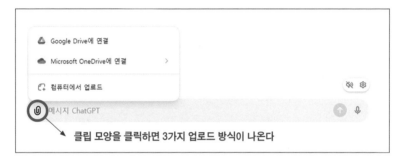

파일을 업로드하고 요청 사항을 입력한다. 필자는 딜로이트 컨설팅의 '2024년 미국 생성형 AI 현황'에 대한 영어로 된 PDF 파일을 업로드했다.

2) 요청사항을 프롬프트에 적는다.

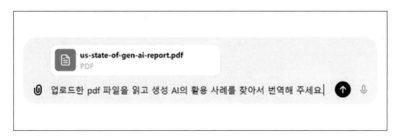

3) 챗GPT가 이 PDF 문서에 있는 다양한 생성형 AI 사례를 찾아서 한 글로 번역해서 알려 준다.

> 2024년 딜로이트의 기업 내 생성 AI 상태 보고서는 다양한 산업에서 생성 AI가 현재 어떻게 활용되고 있는지에 대한 여러 통찰력과 예를 제공합니다. 보고서에서 강조된 주요 사용 사례와 예는 다음과 같습니다:
>
> 1. **효율성 및 생산성 향상**: 많은 기업들이 효율성과 생산성을 높이기 위해 생성 AI를 활용하고 있습니다. 예를 들어, AI는 일상적인 작업을 자동화하고, 작업 흐름을 최적화하며, HR, 법률, 위험 관리 및 컴플라이언스, IT/사이버 보안 등 다양한 기능에서 운영을 간소화하는 데 사용됩니다.
>
> 2. **비용 절감**: 생산성 향상과 함께 비용 절감은 중요한 초점입니다. 생성 AI는 전통적으로 인간 개입이 필요한 과정을 자동화함으로써 특정 영역에서 대규모 팀의 필요성을 줄이는 등 운영 비용을 최소화하는 데 도움을 줍니다.
>
> 3. **혁신 및 성장**: 현재는 효율성 중심의 응용보다는 덜 흔하지만, 일부 기업들은 혁신과 성장을 촉진하기 위해 생성 AI를 사용하기 시작하고 있습니다. 이는 제품 개발 및 연구 개발에 AI를 통합하고, 새로운 아이디어를 생성하며, 고객/클라이언트 관계를 강화하는 것을 포함합니다.

7. 기획서 작성: 모든 분야의 미래 설계를 위한 계획서 작성

앞으로 하고 싶은 분야의 미래 설계를 위한 계획서와 조언을 얻을 수 있다. 이러한 경우 자신의 상황 그리고 왜 미래 계획을 세우려고 하는지, 무엇을 챗GPT가 응답해주기를 바라는지를 구체적으로 묘사하는 프롬프트를 제시해야 한다.

_ □ ×

프롬프트: 나는 현재 20살의 국문학을 전공하는 대학생입니다. 앞으로 2년 안에 미래 유망직업인 프롬프트 엔지니어가 되려고 합니다. 이러한 선택이 옳은 것일까요?

챗GPT: 국문학을 전공하면서 프롬프트 엔지니어로의 경로를 추구하는 것은 분명 도전적일 수 있지만, 확실히 가능성이 있는 선택입니다. 인문학적 배경은 창의적 사고와 강한 언어 이해 능력을 제공하며, 이는 AI와 자연어 처리(NLP) 분야에서 매우 유용한 자산이 될 수 있습니다. 여기에 몇 가지 강점과 기회를 살펴보겠습니다:

당신의 강점

언어와 문화에 대한 깊은 이해: 국문학 전공자는 언어의 뉘앙스와 문맥을 이해하는 데 강점이 있습니다. 이는 AI가 인간 언어를 모델링하고 해석하는 데 필요한 중요한 기술입니다.

비판적 사고 및 분석 능력: 인문학을 공부함으로써 키운 비판적 사고와 분석적 접근 방식은 복잡한 문제를 해결하고 AI 시스템을 개선하는 데 도움이 될 수 있습니다.

창의력: 창의적 문제 해결은 AI 프로젝트, 특히 사용자 경험과 상호작용 디자인에 있어 중요한 역량입니다.

성공할 수 있는 기회

다학제적 팀에서의 역할: 기술 팀에서 국문학 전공자는 통찰력 있는 커뮤니케이션 전략을 제공하고, 사용자 경험을 향상시킬 수 있는 창의적 아이디어를 제공할 수 있습니다.

AI 윤리와 인문학: AI 윤리는 기술 발전에 따라 점점 더 중요해지고 있습니다. 인문학적 관점은 기술이 사회에 미치는 영향을 평가하고 지침을 제시하는 데 중요할 수 있습니다.

당신이 취해야 할 전략

기술 스킬 개발: 프로그래밍, 데이터 분석, 기계 학습 등 기술적 기술을 개발하여 국문학 지식과 결합하세요.

프로젝트와 포트폴리오 구축: 학교 프로젝트나 인턴십, 자체 프로젝트를 통해 실제로 기술을 적용해 보세요.

지속적인 학습과 네트워킹: 온라인 코스, 워크샵, 컨퍼런스 참여를 통해 최신 기술 동향을 파악하고 전문가 네트워크를 구축하세요.

이런 접근 방식으로, 국문학 전공자도 프롬프트 엔지니어 또는 관련 분야에서 성공적인 경력을 구축할 수 있는 좋은 기회를 가질 수 있습니다. 직업적 목표에 도달하기 위해 필요한 기술적 기초와 전문 지식을 쌓는 데 집중하는 것이 중요합니다.

지상 최고의 음성 챗봇,
챗GPT의 능력과 사용 방법은?

1. 챗GPT 외의 다른 대안은 무엇이 있나?

챗GPT 출시 이후 AI 챗봇은 개인 생활과 직장 생활에 도움이 되는 다양한 작업을 수행할 수 있는 능력으로 인해 큰 인기를 끌고 있다. 챗GPT는 경쟁업체가 자신만의 생성형 AI를 만들도록 촉진하는 선도자의 역할을 하고 있다. 그 결과 시장에는 강점, 사용 사례, 난이도 등에서 각각 미묘한 차이를 지닌 다양한 옵션이 등장하게 되었다. 대표적인 옵션과 특성은 다음과 같다.

AI 챗봇의 종류	특성과 강점
오픈AI의 챗GPT	총체적 평가에서 최고의 AI 챗봇
마이크로소프트의 Copilot	최고의 챗GPT 대안 (챗GPT-4 사용)
앤트로픽의 Claude	이미지 해석을 위한 최고의 AI 챗봇
Perplexity.ai	검색을 위한 최고의 AI 챗봇
Jasper	마케팅 담당자를 위한 최고의 AI 챗봇
You.com	LLM(대규모 언어 모델)를 위한 최고의 AI 챗봇

Chatsonic	기사 작성자를 위한 최고의 AI 챗봇
구글의 Gemini	구글의 충성 사용자들에게 편리한 AI 챗봇
구글의 Socratic	어린이와 학생을 위한 최고의 AI 챗봇
HuggingChat	개발자들을 위한 최고의 오픈소스 챗봇

2024년 5월, 오픈AI는 챗GPT 무료 버전을 강화하여 대화 중 끊어짐과 짧은 답변 제공 문제 등 사용자들의 가장 큰 불만을 해결했다. 현재 챗GPT는 지구상 최고의 대화형 챗봇으로 평가받으며 다양한 분야에서 강력한 활용 사례가 등장하고 있다.

챗GPT는 대화의 유연성, 글쓰기 능력, 방대하고 풍부한 지식 활용 능력, 역할극Role Playing 대화 능력 등에서 강점을 보인다. 2023년 2월, 마이크로소프트는 현재 Copilot으로 알려진 AI를 탑재해 개선한 Bing을 공개했다. 이는 GPT-4 Turbo에서 실행된다. Copilot이 GPT-4o에서 실행되는 챗GPT와 동일한 지능을 가지고 있음을 의미한다.

---

2. 챗GPT-4o가 넘사벽의 챗봇이라고 꼽히는 이유는?

이유 1: 무료로 더 빠르고 영특한 챗봇을 사용 가능

GPT-3.5에서 업그레이드된 챗GPT-4o은 챗GPT-4 수준의 지능에, 더 빠른 속도를 보이며, 텍스트, 오디오, 이미지 및 비디오 입력을 이해하고 텍스트, 오디오 및 이미지를 출력하는 능력을 보인다. 4o의 'o'는 옴니Omni를 의미하는데 이는 텍스트만 이해하고 출력할 수 있었던 GPT-3.5에서 크게 업그레이드된 것이다. 대화 중 영어 및 코드 텍스트의 GPT-4

Turbo 성능과 일치하며, 영어가 아닌 언어의 텍스트에 대해서도 상당한
개선이 이루어졌으며, API에서는 훨씬 빠르다.

이유 2: 이미지에 대한 이해도가 향상된 답변을 제공

GPT-4o를 통해 무료 챗GPT 사용자도 이전에 Copilot 및 챗GPT Plus
에서만 사용할 수 있었던 기능들을 무료로 액세스할 수 있게 되었다. 이
제 사용자들은 챗GPT 무료 버전에 이미지를 업로드할 수 있다. 고급
기능의 또 다른 예는 사용자가 이미지를 업로드하고 명령하면 챗봇이
이미지와 연관된 텍스트를 추출할 수 있다는 것이다. 다음은 필자의 프
로필 사진을 입력하여 분석, 평가한 예이다.

_ □ ✕

프롬프트: 다음 사진 속의 인물을 평가해 주세요.

사진 속 남성은 중년의 동아
시아계 남성으로 보입니다.
그는 팔짱을 끼고 자신감 있
는 자세를 취하고 있어 권위
나 자신감을 암시합니다. 그
는 세련된 터틀넥 스웨터와
테일러드 카멜 컬러 블레이저를 착용해 스마트 캐주얼 패션을 선보

여 프로페셔널하고 세련된 룩을 연출했습니다.

그의 안경은 전문적인 환경에 부합할 수 있는 학문적이거나 지적인 태도를 암시합니다. 그의 표정은 약간의 미소와 함께 차분하고 지능적인 표정입니다. 그 뒤에는 이미지에 깊이감을 더해주는 어둡고 질감이 있는 벽이 있습니다. 그는 투명한 안경을 쓰고 있고, 짧은 검은 머리를 단정하게 빗어 넘겼습니다. 조명은 부드럽고 따뜻해 그의 이목구비를 부드럽게 부각시킵니다.

이유 3: GPT 스토어의 앱 사용

또 다른 보너스는 무료 챗GPT 사용자가 이제 GPT 스토어에 액세스할 수 있다는 점이다. 스토어에는 AllTrails, Khan Academy Code Tutor, Canva 등을 포함한 인기 애플리케이션 및 사이트의 GPT가 포함되어 있다.(주요 앱들의 사용법은 140쪽 '챗GPT 스토어의 30만 개의 앱으로 무엇을 할까?'를 꼭 읽어보기 바란다)

이유 4: 발군의 데이터 분석 능력

무료 챗GPT는 이제 데이터 시각화를 위한 대화형 차트 및 테이블 생성, CSV 파일 또는 스프레드시트 해석, 데이터 요약 등을 포함한 고급 데이터 분석 도구를 제공한다. 이러한 작업을 엑셀에서 수행할 필요가 없어져서 사용자는 자신이 선호하는 어느 데이터 관리 플랫폼에서나 무료로 지원을 받을 수 있다.(데이터 분석을 프로처럼 사용하는 법은 150쪽 'Data Analyst, 왜 데이터 분석의 끝판왕으로 불리는가?'를 읽기 바란다)

이유 5: 더 많은 언어와 음성 모드를 지원

챗GPT-4o에서는 더 많은 언어를 지원함으로써 매우 놀라운 번역 기능이 제공된다. 업데이트 이후 챗GPT는 50개 이상의 언어를 지원한다. 챗봇은 기본적으로 브라우저의 언어를 감지하고 일치하도록 챗GPT를 업데이트하는데 사용자가 설정에서 수동으로 언어를 전환할 수 있다. 참고로 Copilot은 24개 언어만 지원한다.

새로운 음성 모드를 사용하면 챗GPT는 사용자 환경의 컨텍스트를 사용하여 음성 답변을 제공할 수 있다. 아래 QR코드의 데모에서 볼 수 있듯이 챗봇은 사용자의 얼굴을 보는 것만으로 사용자의 감정에 대해 설명한다.

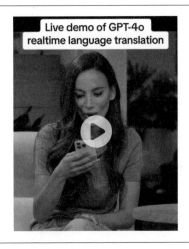

챗GPT_4o의 채팅 기능 시연 모습

3. 챗GPT와 음성 대화하는 방법-스마트폰에서 사용법

챗GPT의 스마트 폰 앱 버전에서는 음성 입력 및 음성 대화 기능이 표준으로 탑재되어 있다. 아이폰과 안드로이드폰 공통으로 챗GPT의 무료 버전과 챗GPT Plus에서 모두 사용할 수 있다.

스마트폰에서 챗GPT 앱을 사용하여 음성 입력 및 음성 대화하는 방법은 아주 간단하다.

1) 설정에서 '음성' 항목을 선택한 다음 4가지 음성 중 선호하는 것을 고른다.

2) 메시지 입력창 오른쪽 옆의 헤드폰 아이콘을 탭한다

3) '말하기 시작Start Speaking' 메시지가 뜨면 챗GPT와 대화를 시작한다.

4) 대화 이력은 텍스트로 남기 때문에 추후에 연결하여 계속 사용 가능하다.

4. 챗GPT와 음성 대화하는 방법-PC에서 사용하는 법

2024년 1월 현재 챗GPT(무료판), 챗GPT Plus 모두 웹 브라우저판(PC·스마트폰)에서는, 공식적으로 음성 대화 기능이 제공되지 않는다. 그런데 PC에서 음성을 이용한다면 타이핑하지 않고 음성으로 일할 수 있어 편리할 것이다.

크롬 브라우저의 확장 기능을 다운로드 받아야 하는 약간의 번거로움을 감수하면, 챗GPT의 웹 브라우저판으로 음성 입력과 음성 대화를 이용할 수 있다. 여러 언어로 된 챗GPT의 음성 제어, 음성 인식 및 텍스트의 음성 변환도 가능하다.

'챗GPT용 음성제어'라고 하는 크롬 확장 기능은 완전 무료이며 챗GPT 무료 버전이든 챗GPT Plus든 사용할 수 있다. 각 확장 기능에 큰 차이가 없으므로 원하는 확장 기능을 사용하면 된다.

사용 단계는 다음과 같다.

1) 크롬 웹 스토어의 확장 프로그램 탭에서 '챗GPT용 음성 제어'를 검색하여 프로그램을 선택한 다음, 'Chrome에 추가'를 클릭한다.

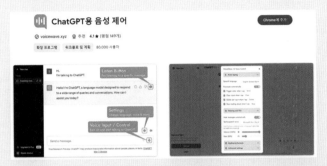

2) 크롬의 설정에서 확장프로그램을 클릭하여 '챗GPT용 음성 제어'를 활성화하고 툴바에 고정시켜 항상 사용할 수 있도록 한다.

3) 챗GPT로 음성 대화를 설정한다.

채팅 입력 화면에서 '마이크 아이콘'과 '음성 아이콘'을 ON으로 설정한다.

확장 기능 '챗GPT용 음성 제어'를 추가한 후 챗GPT에 로그인하면 팝업에서 아래와 같은 화면이 표시된다. 이제 음성 대화를 설정한다.

여기서 설정을 변경하면 좋은 항목은 다음의 3개이다.

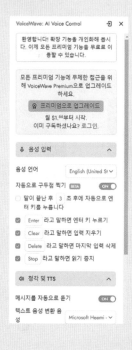

- 음성언어가 'English United States'가 기본으로 설정되어 있으므로, 이 것을 'Korean'으로 반드시 변경한다.

- '말이 끝난 후 3초 후에 자동으로 엔터키를 누릅니다'를 원하는 경우 선택을 한다. 직접 엔터키를 눌러서 대화를 진행할 수도 있지만, 이 기능을 활성화하면 엔터키를 누르지 않아도 자동으로 대화가 진행된다.

- '청각 및 TTS' 메뉴 아래의 '텍스트 음성 변환 음성'을 누르면 다양한 음성 중에 원하는 것을 선택할 수 있다. '구글 한국의'라는 음성을 추천한다. 다른 항목은 원하는 경우 선택 하면 되고, 기본 설정으로도 문제없이 사용할 수 있다.

4) PC에 스피커폰이나 이어폰을 연결하여 음성으로 챗GPT를 사용하면 된다.

5. 이어폰으로 간편하게 보이스 채팅 하는 법

그림처럼 이어폰을 끼고 챗GPT와 보이스 채팅을 하면, 이동 중이나 침대에 누워서도 많은 지식과 지혜를 얻을 수 있다.

사용하는 방법은 블루투스를 켜서 챗GPT의 채팅 기능을 작동시키면 된다. 이동 중에 이야기를 해도 다른 사람들은 전화를 하는 줄 알고 있을 것이다. 또한 대화 내용은 모두 문자로 바꾸어 놓기 때문에 정말 유용한 생활 속의 사용 팁이라고 할 수 있다. 멀티태스킹도 되기 때문에 대화 중에 스마트 폰의 다른 앱을 사용해도 끊어지지 않아서 매우 편리하다.

6. 챗GPT 챗봇이 가끔 작동하지 않는다고?

오픈AI는 가끔(아주 가끔) 끊어지는 현상이 발생한다. 오픈AI는 대개 2~5시간 이내에 문제를 해결하고 장애 원인과 수정 사항을 발표한다. 워낙 사용자가 많기 때문에 클라우드에 과부하가 생겨서 대답이 짧아지거나 끊어지는 현상이 일어나기도 한다. 또 다른 이유로 인위적 공격 또는 자체 이상으로 인하여 버그가 발생한 적도 있다. 기다리면 해결되는데 만약 멈추었을 때 대신 사용할 수 있는 챗봇을 찾고 있다면 마이크로소프트의 Copilot이나 You.com과 같은 대체 챗봇을 이용해보기 바란다.

'고흐'처럼 그려주는 능력을
활용하는 분야는?

1. DALL-E란 무엇이고, 지적재산권 문제는 없나?

AI를 이용한 이미지 생성이 대중화되면서 많은 사람들이 간단하게 이미지 만드는 방법을 찾고 있다. 오픈AI가 개발한 WALL-E와 Salvador Dali의 이름을 딴 DALL-E로 많은 아티스트들이 풍경, 인물 사진 등 다양한 작품을 만들고 있다.

아이디어를 입력하면 챗GPT가 아이디어를 형상화할 수 있는 DALL-E에 대한 맞춤형 세부 프롬프트를 자동으로 생성하고, 이미지를 만들어 준다. 이미지가 전반적으로는 마음에 들지만 세부 사항 일부를 고치고 싶다면 챗GPT에 몇 단어만으로 수정을 요청할 수 있다.

무엇보다 마음에 드는 점은 지적재산권이 사용자의 것이라는 데 있다. DALL-E로 생성한 이미지는 사용자가 마음대로 사용할 수 있으며 이를 재인쇄, 판매 또는 상품화하는 데 오픈AI의 허가가 필요하지 않다. 저작권이 사용자에게 있기 때문에 생성된 이미지를 자유롭게 마음껏 사용할 수 있다는 것이 너무나 유용하다.

2. DALL-E는 어떻게 작동하나?

DALL-E는 오픈AI가 만든 최첨단 AI 기반 이미지 생성 플랫폼이다. 딥러닝 기술을 활용하여 텍스트 설명을 기반으로 놀랍도록 사실적이고 상세한 그림을 생성할 수 있다. 주어진 텍스트가 먼저 시스템 입력으로 인코딩되고 시스템에 의해 분석된 다음 디코더를 통해 전송되어 시각적 이미지를 생성한다.

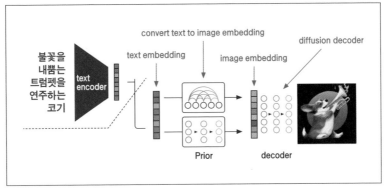

〈DALL-E가 인코딩과 디코딩 방식으로 그림을 생성하는 체계도〉

DALL-E는 LLM(대형 언어 모델)을 기반으로 학습되고 만들어진 확산 처리, 자연어 처리 등 챗GPT LLM의 특정 구성 요소를 결합하여 만들어졌다. 최적의 이미지 생성을 위한 이미지 제작 알고리즘은 120억 개의 요소를 사용한다.(또한 때로는 변환기 신경망을 사용하여 모델이 다양한 아이디어 간의 링크를 설정하고 상호작용하여 이미지를 제작하도록 돕는다)

3. DALL-E로 이미지를 생성하는 방법

1단계: 챗GPT에 로그인

챗GPT에서 DALL-E 3을 충분한 양으로 사용하려면 Plus, Team 및 Enterprise 등의 유료 계정을 권장한다.

챗GPT-4와 DALL-E도 3시간마다 40개의 이미지를 제작할 수 있는 한계가 있다. 계산상으로 하루에 수백 개의 이미지를 생성할 수 있음을 의미하니 하루 종일 이미지를 만드는 전문직업이 아니라면 충분하게 사용할 수 있다.

챗GPT-4 또는 4o에 프롬프트를 입력해서 DALL-E를 사용하는 경우 각 프롬프트는 단일 이미지만 생성한다. DALL-E GPT를 사용하는 경우에는 아래와 같이 선택할 수 있는 두 가지 이미지가 제공된다.

_ □ ×

프롬프트: 한국의 전통 떡을 만드는 과정입니다. 할머니와 손녀가 함께 떡 반죽을 만들고 있는 모습. 색색의 떡 반죽과 다양한 모양의 떡들이 놓여 있습니다. 할머니가 손녀에게 전통 떡 만드는 법을 가르치는 따뜻한 분위기입니다.

DALL-E:

2단계: DALL-E 시작하기

챗GPT 좌측 상단에 있는 'GPT 탐색'을 클릭하면, GPT 앱들을 모아
놓은 카테고리가 나온다. 여기에서 '작성자: ChatGPT' 카테고리에 있는
DALL-E를 클릭하여 사용하면 된다.

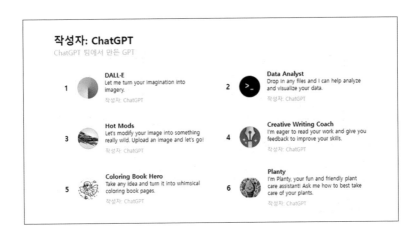

3단계: 프롬프트 입력하기

DALL-E를 사용하는 방법은 챗GPT를 사용하는 방법과 같다. 일반 텍

스트 프롬프트를 입력하거나 자연어를 사용하여 상호작용할 수 있다.

특정 이미지를 원할 경우 프롬프트에 아래와 같이 더 많은 세부 정보를 추가하는 것이 좋다. 제시된 이미지 다운로드는 오른쪽 상단에 있는 다운로드 아이콘을 클릭하면 된다.

_ □ ×

프롬프트: 나뭇잎과 나무껍질로 만든 갑옷을 입은 사나운 정원 노움 전사가 작은 검과 방패를 휘두릅니다. 그는 형형색색의 꽃과 우뚝 솟은 식물로 둘러싸인 꽃이 만발한 정원 한가운데 바위 위에 용감하게 서 있습니다. 그의 얼굴에는 결의에 찬 표정이 그려져 있으며, 정원 왕국을 지킬 준비가 되어 있습니다.

DALL-E:

4. DALL-E가 만든 이미지를 편집하는 방법

DALL-E를 사용할 경우 가장 좋은 점은 챗GPT를 통해 자연어로 요청해서 수정 등의 후속 조치를 취할 수 있다는 것이다. 마음에 들지 않는 부분을 수정하거나 특별히 강조하고 싶은 부분이 있다면 프롬프트로 요청하면 된다. 제일 많이 시도하는 편집의 내용은 아래와 같다.

- 하나의 특정 이미지에 대해 더 많은 변형을 요청하는 경우
- 각 이미지의 시점과 위치 변경
- 각 이미지의 화면 비율
- 색상, 크기, 개수 등 피사체 세부 정보의 추가, 제거, 수정

앞에서 그린 그림에서 '노움 전사의 피사체 수를 1명에서 2명으로 바꾸고, 1명은 젊은 전사로 다른 1명은 노인 전사로 그림을 변경'하고자 하는 경우를 예로 들어보자.

_ □ ×

프롬프트: 위 그림에서 노움 전사를 2명으로 만들어 주세요. 1명은 젊은 전사이고 1명은 노인 전사로 바꿔서 그려주세요.

DALL-E:

여기 한 명은 젊은 전사, 다른 한 명은 노인 전사인 두 명의 정원 노움 전사입니다. 그들의 용감한 모습을 확인하세요. 더 수정할 사항이 있다면 알려주세요!

DALL-E에게 이런 방식으로 지시하면 처음의 이미지를 편집하는 것이 아니라 요청에 맞춰 새 프롬프트를 생성한 다음 새로운 이미지 세트를 생성한다는 점을 알아두는 것이 중요하다. 그래서 때로는 두 이미지 사이의 변화가 커서 전혀 다른 방향의 이미지로 만들어지는 경우가 있다. 그런 일이 발생하면 이를 이용해서 더 창의적인 그림을 찾을 수도 있는데, 두 개의 이미지를 바탕으로 계속 아이디어를 더하면 된다.

그러나 특정한 하나의 이미지를 선택한 후에 변경 사항을 입력하면, 원하는 그림을 보다 쉽고 빠르게 만들어 갈 수 있다. 예를 들어 '위에서 오른쪽 노움 전사 그림을 카툰 형식으로 그려주세요'라고 하면 왼쪽 그림을 그려 준다.

5. DALL-E를 효과적으로 사용하는 팁

다음은 DALL-E를 효과적으로 사용하는 방법에 대한 몇 가지 팁이다.

1) 프롬프트: 프롬프트는 몇 가지 포인트 정도로 짧을 수 있으며 반드시 길 필요는 없다. 이미지에 대한 상상력을 발휘하면서 프롬프트를 작성하는 것이 좋다.

2) 스타일: 생각해둔 예술적인 스타일이 있다면 원하는 작업 유형을 분명하게 밝히고, 사진 스타일을 찾고 있다면 카메라 각도, 조명 특성, 초점 거리, 특정 카메라까지 구체적으로 설명한다.

3) 세부 정보: 다양한 세부 정보를 포함하면 이미지의 정확도가 향상된다. 따라서 프롬프트에 디자인의 주요 주제와 주제를 둘러싼 맥락이나 환경에 대한 구체적인 내용이 충분히 포함되어 있는지 확인하라. 단, 객체 방향 및 배치 등에 대한 너무 복잡한 세부 사항과 정확한 지침을 추가하면 원하는 결과를 얻지 못할 수 있다.

4) 단순화에서 복잡화로 진행: 단순한 컨셉을 디자인하는 것부터 시작해야 한다. 개념이 설정되면 프롬프트에 더 많은 세부 정보를 추가할 수 있다. 또한 DALL-E의 아웃페인팅 기능을 적용하여 현재 피사체 주변의 배경을 수정할 수도 있다.

5) 다양한 용도를 시도: DALL-E는 단순한 이미지 생성기 그 이상이

다. 기존 이미지를 편집할 수도 있다. 또는 알렉스 사례와 같이 이미지를 업로드하여 다양한 의견을 교환하는 것도 가능하다. 다음은 미국에서 난치병에 걸린 소년의 엄마가 텍스트와 이미지를 입력하여 병의 원인을 챗GPT가 밝혀낸 실제 사례이다.

2020년 당시 4살이던 알렉스(사진)는 물건을 씹고 이갈이를 하는 이상 증상을 보였다. 또한 심한 피로감과 통증을 호소하는가 하면 다리 길이가 다르게 자라 왼쪽 다리를 질질 끄는 증상까지 나타났다. 코로나-19 팬데믹 기간의 사회적 거리두기 상황에서 알렉스의 어머니는 아이의 정확한 병명을 알기 위해 3년 간 17명의 전문의를 접촉했지만 끝내 원인을 찾지 못했다.

2023년 챗GPT-4가 출시되었을 때, 어머니는 그동안 받았던 각종 의료 기록과 MRI 결과를 챗GPT에 입력했다. 그 결과, 챗GPT는 이 아이의 병이 '지방척수수막류'라고 진단했다. 의료진이 다시 확인한 결과 이 진단은 정확한 것으로 판명되었다. 이를 바탕으로 알렉스는 지방종 제거 수술을 받고 이제는 건강한 아이로 성장하고 있다.

6. 창조 산업에 미치는 영향과 사례

1) 아티스트와 디자이너의 역량 강화

DALL-E가 가장 즉각적으로 영향을 미치는 영역 중 하나는 예술가와 디자이너가 상상력의 경계를 넓히기 위해 DALL-E의 기능을 활용하는 경우이다. 전통적으로 크리에이티브를 표현하거나 시각화하기 어려운 개념과 아이디어도 설명 텍스트를 입력함으로써 구체화할 수 있다. 이는 창작 과정을 간소화할 뿐만 아니라 예술적 표현을 위한 새로운 길을 열 수 있다. DALL-E가 막대한 시간과 자원이 필요한 복잡하고 초현실적인 예술 작품을 만드는 데 중요한 역할을 한 다양한 아티스트의 사례가 있다.

미술 지식이 없는 필자의 경우에도 간단한 아이디어만 가지고, 서울시의 랜드마크를 중심으로 동양화와 수채화 형식의 그림을 완성할 수 있었다.

_ □ ✕

프롬프트: 서울시의 다양한 풍경과 랜드마크를 포함한 이미지를 그려주세요.

DALL-E:

2) 제품 디자인 혁신

제품 디자인 영역에서 DALL-E는 개념화 및 프로토타입 제작을 위한 귀중한 도구임이 입증되었다. 디자이너는 AI를 활용하여 특정 기능이나 테마를 기반으로 제품을 시각화하여 아이디어 단계의 작업에 필요한 시간을 크게 단축할 수 있다. 이러한 신속한 프로토타입 제작 기능을 통해 더 빠르게 다양한 아이디어를 반복해서 작업할 수 있으며, 팀은 전례 없는 효율성으로 디자인을 개선하고 완벽하게 만들 수 있다.

주목할만한 예는 DALL-E를 활용하여 친환경 포장 솔루션에 대한 여러 개념을 생성한 디자인 회사이다. 원하는 속성에 대한 자세한 설명을 제공함으로써 회사는 지속가능성 목표에 부합하는 다양한 디자인을 탐색할 수 있었고 환경 문제를 해결하기 위한 보다 혁신적인 접근 방식을 촉진할 수 있었다.

프롬프트: 친환경 제품 포장지에 대한 새로운 디자인을 기획하고 있습니다. 아이들의 장난감을 포장하는 획기적인 친환경 제품 포장의 샘플을 사진 이미지로 제안해 주세요.

DALL-E:

각각의 디자인은 재활용 재료로 만들어졌으며, 밝고 유쾌한 색상과 자연에서 영감을 받은 패턴을 특징으로 합니다. 포장은 귀여운 동물 모양이나 아이들이 좋아할 만한 캐릭터 형태로 제작되었습니다. 포장재는 생분해성 재료를 사용하고 친환경 잉크로 인쇄되었습니다. 이 디자인들은 지속가능성을 고려하면서도 아이들에게 매력적으로 다가갈 수 있도록 구성되었습니다.

3) 페르소나 마케팅의 디자인 컨셉 만들기

DALL-E를 단순히 이미지를 제공하는 도구로 제한하지 말라. DALL-E

는 새로운 제품이나 서비스의 '초기 컨셉을 만들고 디자이너, 카피라이터, 아트 디렉터와 협력하여 컨셉을 강화하고 마무리할 수 있는 훌륭한 도구'가 될 수 있다. 원하는 결과를 얻기 위해 적극적으로 대화하고 상호작용을 시도하라. 명확한 요청 사항을 프롬프트로 제공하면, 대화를 통해 내가 원하는 결과를 얻어낼 수 있다. 페르소나를 활용한 화장품 광고 아이디어를 만드는 간단한 작업을 예로 들어 단계별 작업 과정을 알아보자.

_ □ ✕

1단계: DALL-E 에게 작업을 할당하기

프롬프트: 당신이 나의 창의적인 부조종사 역할을 해주기를 바랍니다. 당신은 #의 역할을 하면서 나와 아이디어를 브레인스토밍할 것입니다.

#귀하의 역할은 최종 아이디어를 생성하는 것이 아니라 창의적인 과정에서 다양한 마케팅 컨셉을 개발하도록 돕는 것입니다. 그 과정에서 당신은 나에게 영감을 주는 이미지를 제공할 것이며 스타일을 지정하지 않는 한 기본적으로 사진을 사용하게 될 것입니다. 여러 세션에 걸쳐 이 브레인스토밍으로 돌아올 수도 있으므로 토론을 적응력 있고 반복적으로 유지하겠습니다. 다양한 관점과 시각적 자극을 제공하여 나의 창의성을 증폭시켜 주세요.

2단계: 페르소나를 추천 받고 마케팅 영감을 제안 받기

프롬프트: Z세대 화장품 광고를 위한 페르소나와 영감을 주는 이미지를 추천해 주세요.

(여러 개의 추천된 페르소나 중 '박준'을 선정)

페르소나 3: 바쁜 직장인

이름: 박준

연령: 26세

직업: IT 회사 직원

관심사: 효율적인 스킨케어 루틴, 건강한 생활, 시간 관리

목표: 간편하고 효과적인 스킨케어 루틴 확립, 직장에서의 좋은 인상 유지, 스트레스 관리

도전 과제: 바쁜 일상 속에서의 스킨케어 시간 확보, 피로한 피부 관리, 스트레스 해소

라이프스타일: 스타트업 사무실에서 일하는 모습, 투자 회의를 하는 장면, 피트니스 센터에서 운동하는 모습

3단계: 선정한 페르소나의 일상생활에 대한 영감을 얻기

프롬프트: '박준' 이 일상생활 중에 화장품을 사용하는 이미지는 무엇이 있을까요?

DALL-E: 남성인 박준이 화장품을 사용하는 이미지는 다음과 같습니다.

피트니스 센터에서 운동 후 스킨케어 제품을 사용하는 모습

이미 운동 후 박준이 화장품을 사용하는 장면을 포함한 이미지를 생성했습니다. 이 이미지는 박준이 운동 후 화장실 거울 앞에서 스킨케어 제품을 사용하는 모습입니다.

책상 위에 정리된 화장품

박준이 사용할 수 있는 남성 화장품이 책상 위에 정리된 모습의 이미지를 생성했습니다. 이 이미지는 다양한 남성 스킨케어 제품들이 깔끔하게 정리된 책상 위의 모습을 보여줍니다.

이 두 가지 이미지를 조합하여 박준의 라이프스타일과 일상 속에서의 스킨케어 루틴을 시각적으로 표현할 수 있습니다. 이 이미지를 통해 Z세대를 타겟으로 한 마케팅 전략을 구체화할 수 있습니다. 추가적으로 다른 장면이나 상황에서 박준이 화장품을 사용하는 모습을 원하시면 말씀해 주세요!

페르소나가 화장품을 사용하는 이미지를 완성하기

프롬프트: 첫번째 피트니스센터에서 운동 후의 이미지를 그려 주세요. 화장품은 3개 이상으로 박준이 사용할 만한 제품으로 구성해 주세요.

여기 박준이 다양한 스킨케어 제품을 사용하는 모습의 이미지입니다. 이제 박준은 모이스처라이저, 토너, 세럼, 아이 크림과 같은 여러 제품을 사용하고 있습니다. 이러한 이미지는 Z세대를 대상으로 한 마케팅 전략을 세우는 데 더욱 유용할 것입니다. 추가적인 도움이나 아이디어가 필요하시면 언제든지 말씀해 주세요!

4) 고객 경험 개인화

고도로 개인화된 매력적인 이미지를 생성하는 DALL-E의 능력을 이용

하면 브랜드는 고객에게 독특한 경험을 제공할 수 있다. 개인의 선호도
나 특정 상황에 맞게 시각적 콘텐츠를 조정하면 고객 만족도와 충성도
를 크게 높일 수 있다. 전자상거래 플랫폼에서는 사용자의 과거 검색 기
록과 일치하는 DALL-E 생성 이미지와 함께 개인화된 제품 추천을 제시
하여 전환율을 두드러지게 높일 수 있을 것이다.

실제로 한 축하카드 회사는 고객에게, 이상적인 이미지를 설명하여 맞
춤형 디자인 카드를 만들 수 있는 옵션을 제공했고, 그 결과 고객 참여
가 급증하고 반복 구매가 발생했다.

마케팅 및 광고에 DALL-E를 적용하면 콘텐츠 제작에 혁명을 일으킬
수 있다. 그리고 전례 없는 개인화의 길을 열어 주어서 고객 참여의 새로
운 지평을 개척할 수 있다.

프롬프트: 우리는 목욕용품 회사입니다. 30세인 개인 여성 고객에
게 생일 축하 카드를 보내려고 합니다. 그 고객은 도시에서 생활
하는 건축설계사입니다. 진심어린 생일 축하 카드를 디자인해 주
세요.

DALL-E: 여기 두 가지 디자인의 생일 축하 카드를 제안드립니다.
각각의 카드는 도시 생활과 건축설계사로서의 삶을 반영한 우아하
고 세련된 디자인이 특징입니다. 카드의 외부에는 미니멀한 도시
풍경과 건축 요소들이 담겨 있으며, 부드러운 파스텔 톤과 금색 포

인트가 사용되었습니다. 내부에는 스타일리시한 캘리그래피로 작성된 따뜻한 생일 축하 메시지와 함께 꽃과 목욕용품을 상징하는 섬세한 일러스트가 그려져 있습니다. 이 디자인들은 프로페셔널하고 도시적인 라이프스타일을 가진 고객님께 잘 어울릴 것입니다.

5) 프레젠테이션 자료 만들기

교육 환경 및 연구 과정에서 DALL-E를 사용하면 피교육자의 학습 경험을 크게 향상하고 복잡한 연구를 촉진할 수 있다. DALL-E는 개념과 데이터를 직관적인 방식으로 시각화함으로써 정보의 이해를 돕는다. 교육 전문가들은 더욱 매력적이고 설명이 풍부한 콘텐츠를 만들기 위해 DALL-E에서 생성된 이미지를 교육 자료에 사용하기 시작했다. 이 접근 방식은 추상적이거나 복잡한 주제를 이해하는 데 시각적 자료가 중요한 주제에서 특히 효과가 큰 것으로 입증되었다.

필자는 강의와 교육용 파워포인트 슬라이드를 만들 때 간단히 아래와 같이 간단한 작업으로 의미있는 삽화를 만들어서 학생들이 보다 흥미를 느낄 수 있도록 활용하고 있다.

프롬프트: "태풍의 길목에 서면 돼지도 하늘을 날 수 있다"라는 속담을 주제로 한 파워포인트 그림이 필요합니다. 선글라스를 쓴 돼지가 폭풍우를 넘어 행복하게 미래를 향해 날아가는 모습을 그려주세요.

DALL-E:

스크립트와 동영상을
10분만에 뚝딱 만든다고?

숏폼Short Form은 15초에서 2분가량의 짧은 동영상이다. 틱톡, 릴스, 유튜브 숏츠 등 새로운 소셜 미디어의 성장으로 인해 인간의 주의 집중 시간은 점점 더 짧아지고 있다. 따라서 숏폼 콘텐츠의 힘을 활용하면 기업은 마케팅 경쟁에서 우위를 점하고 고객의 참여를 유도하는 데 도움이 될 것이다. 숏폼 전문가에 의존하지 않고, 직접 제작할 수 있다면 내가 원하는 내용을 정확하게 구현하고, 일하는 속도를 크게 높일 수 있을 것이다.

2024년 2월 15일 오픈AI는 텍스트로 동영상을 제작해 주는 놀라운 서비스 Sora를 공개하였다. 그러나 불행하게도 Sora는 여전히 개발 중이어서 우리가 사용할 수는 없다.

과연 Sora는 무엇이고, 왜 아직 사용할 수 없을까? 챗GPT에서 동영상을 제작하는 방법은 없을까? 있다면 어떻게 할 수 있을까? 이러한 질문에 대한 답을 찾아보고, 평범한 사람들도 전문가처럼 챗GPT로 쉽게 동영상을 제작하는 비법을 알아보자.

1. Sora AI란 무엇인가?

Sora는 간단한 텍스트 프롬프트로 최대 1분 길이의 비디오를 생성할 수 있는, 오픈AI에서 개발한 고급 동영상 제작 도구이다. 오픈AI는 Sora의 인상적인 기능을 보여주는 수많은 예제 비디오를 공유했다. 이 비디오는 거울의 반사, 액체의 사실적인 유체 움직임, 세밀하게 떨어지는 눈 입자 등 믿을 수 없을 정도로 실물과 거의 똑같은 장면을 보여준다.

```
_ □ X

프롬프트: 스타일리시한 여성이 따뜻하고 빛나는 네온과 애니메이션
도시 간판으로 가득한 도쿄 거리를 걷고 있습니다. 그녀는 검은색 가
죽 재킷, 빨간색 긴 드레스, 검은색 부츠를 신고 검은색 지갑을 들고
있습니다. 그녀는 빨간 립스틱을 바르고 선글라스를 쓰고 있습니다.
그녀는 자신감 있고 자연스럽게 걷습니다. 거리는 젖어 있어 축축하
고 빛이 반사되어 다채로운 조명의 거울 효과를 만들어냅니다. 많은
보행자들이 걸어 다닙니다.
```

Sora:

〈Sora로 만든 동영상 캡처〉

 오픈AI의 공식 Sora 홈페이지에서 위 동영상을
확인하고 싶은 독자는 QR 코드를 스캔하면 된다.

2. 우리는 왜 Sora를 사용하지 못하는가?

오픈AI에서 제공한 정보에 따르면, 텍스트에서 동영상을 생성할 수 있는
AI 모델인 Sora의 출시 날짜가 명시되어 있지 않다. 현재 Sora는 레드 팀
과 시각 예술가, 디자이너, 영화 제작자와 같은 창의적인 전문가를 포함
하여 선별된 사용자 그룹이 평가하고 피드백을 주기 위해 사용할 수 있
을 뿐 일반인들은 접근할 수 없다. 이는 모델이 더 폭넓은 공개 출시 전
에 기능을 개선하고 잠재적인 위험이나 문제를 해결하는 것을 목표로

하는 시험판 또는 초기 액세스 단계에 있음을 나타낸다. 오픈AI는 외부 사람들과 협력을 시작하고 이들로부터 피드백을 받고, 앞으로 어떤 AI 기능이 등장할지 대중에게 알리기 위한 목적으로 연구 진행 상황을 미리 발표했던 것이다.

3. 그럼에도 비디오 제작에 챗GPT를 사용하는 이유는 무엇일까?

디지털 시대에 비디오 콘텐츠가 가장 중요해졌다. 기업은 동영상을 활용하여 상품, 서비스, 브랜드를 효과적으로 알리고 판매할 수 있다. 그러나 고품질 동영상을 제작하는 것은, 특히 해당 분야에 대한 배경 지식이 거의 또는 전혀 없는 사람들에게는 매우 어려운 일이다. 이런 상황에서 챗GPT는 매우 쉽고 빠르게 본인이 원하는 동영상을 만들 수 있게 해준다.

작업에 들어가는 시간과 노력을 절약할 수 있기 때문에 값비싼 장비에 돈을 들이거나 전문가 팀을 고용하지 않고 동영상을 제작하려는 기업에게 챗GPT는 완벽한 옵션이다. 챗GPT를 사용하여 비디오를 만드는 방법과 활용 방법에 대해 알아보자.

기업이 비디오 제작에 챗GPT 사용을 고려해야 하는 데에는 몇 가지 이유가 있다.

- 챗GPT를 사용하면 해당 분야의 사전 경험이나 지식이 부족해도 누구든지 흥미롭고 교육적인 영화를 빠르게 제작할 수 있다.
- 세련되고 흥미로운 방식으로 스크립트를 제공하는 챗GPT를 사용하여 비디오를 만들 수 있다.
- 챗GPT는 다국어 지원을 제공하므로 국경을 넘어 사업을 운영하거나 광범위한 고객에게 서비스를 제공하는 회사에 탁월한 옵션이다.
- 챗GPT는 기업에 터치를 추가하고 영화 참여를 향상시킬 수 있는 다양한 편집 및 사용자 정의 옵션을 제공한다.
- 챗GPT로 비디오를 만드는 것은 시간과 비용 면에서 효율적이다. 더 이상 값비싼 장비를 구입하거나 전문가 팀을 고용할 필요가 없기 때문에 모든 규모의 조직에서 사용할 수 있다.

	기존 동영상 편집기	챗GPT 비디오 제작
제작 시간	장기간의 시간 필요	몇 분으로 단축
필요 설비	도구와 장비가 필요	PC와 인터넷 만으로 해결
편집 지식	비디오 지식과 경험 요구	일반인이 간편하게 작업 가능
스크립트	숙련자의 능력 요구	AI와 상호작용

4. 챗GPT로 비디오를 만들기 위해 따라야 할 5단계

1단계: 챗GPT의 'Video Maker'를 선택

아직 챗GPT 자체로는 직접 비디오를 만들 수 없고, 대본이나 아이디어 생성, 설명을 돕는 텍스트를 제공하여 비디오 제작 과정을 보조할 수 있다. 이를 바탕으로 실제 비디오 제작은 다른 소프트웨어나 도구를 사용해야 한다. 챗GPT 메인 화면의 GPT 탐색 메뉴에서 검색창에 'Video Make'라고 입력하면, 10여 개의 다양한 도구들이 추천된다. 그중에서 필자가 가장 많이 활용하는 것은 'Video Maker'라는 전문 앱이다. 이 앱이 좋은 이유는 스크립트를 명확하게 작성해 주고, 스크립트에 맞는 이미지를 먼저 제작하여 내용을 검토하게 한 후에, 동영상을 제작해 준다는 것이다. 몇몇 다른 앱들은 스크립트와 동영상이 따로 노는 것도 많고, 중간 이미지를 생성해 주지 않아 검토에 시간이 많이 걸리는 문제도 있다. 이제 'Video Maker'를 선택해 원하는 비디오를 만들어 보자.

2단계: 스크립트 작성

비디오의 주제와 스타일에 맞는 대본을 요청한다. 상호작용을 통해 대화, 설명, 내레이션 등 다양한 형태의 텍스트를 생성할 수 있다. 스크립트를 생성하고 다듬는 것은 챗GPT이고, 비디오를 제작하는 일은 Video Maker가 한다.

_ □ ✕

프롬프트: Z세대의 외국인에게 틱톡 플랫폼을 통해 한국의 전통 음식에 대해 친근하게 소개하고 싶습니다. 성우의 목소리는 남성으로 해주세요. 먼저 스크립트를 경과 시간(초)을 넣어서 제안해 주세요.

Video Maker:

장면 1: 한식의 매력 소개 (0-15초)

장면 설명: 첫 번째 장면은 한국의 전통 음식을 소개하며 한식의 매력을 강조합니다. 서울의 유명한 전통 시장을 배경으로 한식의 다채로운 색감과 다양한 재료를 보여줍니다.

스크립트: (0-5초) "안녕하세요 여러분! 오늘은 한국의 전통 음식, 한식을 소개해드릴게요." (6-10초) "한식은 다양한 맛과 영양소가 조화를 이루는 매력적인 음식이죠." (11-15초) "서울의 전통 시장에 오시면 신선한 재료와 다채로운 음식들이 여러분을 기다리고 있어요."

장면 2: 김치 - 발효의 예술 (16-30초)

장면 설명: 두 번째 장면에서는 한국의 대표적인 발효 음식인 김치를 소개합니다. 김치의 다양한 종류와 그 제조 과정을 보여줍니다.

스크립트: (16-20초) "한식 하면 빼놓을 수 없는 것이 바로 김치입니다." (21-25초) "김치는 배추, 무, 오이 등 다양한 재료로 만들 수 있으며, 발효 과정을 통해 깊은 맛을 자랑하죠." (26-30초) "김치의 톡 쏘는 맛과 영양 가득한 효능을 한번 경험해보세요!"

장면 3: 비빔밥 - 색과 맛의 조화 (31-45초)

장면 설명: 세 번째 장면에서는 비빔밥을 소개합니다. 비빔밥의 다양한 재료와 색감이 어우러진 모습을 보여줍니다.

스크립트: (31-35초) "이번에 소개할 음식은 비빔밥입니다." (36-40초) "비빔밥은 다양한 나물, 고기, 고추장, 계란 등을 한 그릇에 담아 비벼 먹는 음식이죠." (41-45초) "색색의 재료들이 어우러져 눈으로도 즐겁고, 맛은 더할 나위 없이 훌륭합니다."

장면 4: 불고기 - 달콤하고 짭짤한 고기 요리 (46-60초)

장면 설명: 네 번째 장면에서는 불고기를 소개합니다. 불고기의 조리 과정과 그 맛을 강조합니다.

스크립트: (46-50초) "다음으로 소개할 음식은 불고기입니다." (51-55초) "얇게 썬 소고기를 간장, 설탕, 마늘 등으로 양념해 구워 먹는 불고기는 달콤하고 짭짤한 맛으로 누구나 좋아할 만한 음식이에

요." (56-60초) "불고기의 맛있는 향과 맛을 꼭 경험해보세요!"

장면 5: 한식 디저트 - 전통 떡과 한과 (61-75초)

장면 설명: 마지막 장면에서는 한국의 전통 디저트를 소개합니다. 다양한 종류의 떡과 한과를 보여줍니다.

스크립트: (61-65초) "마지막으로 소개할 것은 한식 디저트입니다." (66-70초) "한국의 전통 떡과 한과는 색다른 맛과 식감을 자랑하죠." (71-75초) "특별한 날, 한국의 전통 디저트를 즐기며 달콤한 마무리를 해보세요!"

_ □ ×

장면 1: 한식의 매력 소개

장면2: 김치 - 발효의 예술   **장면3: 비빔밥 - 색과 맛의 조화**

장면4: 불고기 - 고기 요리   **장면5: 한식 디저트 - 떡과 한과**

모든 장면의 이미지를 생성하였습니다. 이제 각 장면의 내레이션을 생성하여 음성 파일을 만들겠습니다.

3단계: 최종 비디오 제작(자동 진행)

이제 이미지를 비디오로 합치고 내레이션을 추가하여 최종 비디오를 만들어준다. 이 과정도 파이슨 언어로 진행되는 과정을 모두 보여 준다.

〈Video Maker로 생성한 비디오 캡처〉

4단계: 최종 검토 및 수정

비디오를 몇몇 대상 청중에게 보여주고 피드백을 받으면서, 사이트에 있는 다양한 편집 기능을 통해 수정할 수 있다.

5단계: 배포

YouTube, Vimeo, 학교 또는 조직의 웹사이트 등 비디오를 배포할 플랫폼을 선택한다. 비디오를 업로드하고 필요한 경우 홍보 활동을 진행한다.

---

5. 생성한 비디오를 비즈니스에 활용하는 방법

챗GPT를 활용하여 동영상을 제작해서 적용할 수 있는 잠재적 응용 분야는 매우 다양하며, 다음과 같은 혁신적인 가능성을 제공한다.

1) 창조 산업

영화 제작자, 시각 예술가, 디자이너에게 Sora는 창의성을 위한 새로운 길을 열어준다. 스크립트에서 직접 스토리보드 영상이나 단편 영화 시퀀스를 생성하여 개념화하고 사전 제작에 필요한 시간과 리소스를 크게 줄일 수 있다고 상상해 보라.

⟨출처: Sora 홈페이지⟩

2) 광고 및 마케팅

브랜드는 Sora를 활용하여 텍스트 설명만 있으면 마케팅 캠페인에 필요한 눈길을 끄는 비디오 콘텐츠를 제작함으로써 처리 시간을 단축하고 창의적인 실험을 할 수 있다.

3) 교육과 훈련

역사 재연이나 과학 시뮬레이션과 같은 상세한 교육 콘텐츠를 만들어 학습을 더욱 흥미롭고 시각적으로 몰입하게 만들 수 있다.

<출처: Sora 홈페이지>

4) 게임 및 가상 현실

개발자는 Sora를 사용하여 동적 배경, 캐릭터 상호작용 또는 전체 컷신Cutscene을 생성하여 비디오 게임 및 VR 경험의 스토리텔링 측면을 향상시킬 수 있다.

다음에 제작할 시나리오를 시각화하려는 영화 제작자, 역사에 생명을 불어넣고 싶은 교육자, 혁신적인 콘텐츠 제작 도구를 찾는 마케팅 담당자 등에게 소라는 비디오 콘텐츠를 구상하고 제작하는 방식에 획기적인 변화를 가져올 것이다.

다음 QR 코드를 스캔하면 Sora에 대한 보다 많은 정보와 활용 방법에 대한 지식을 얻을 수 있다.

 Sora 홈페이지

챗GPT 스토어의 30만 개
앱으로 무엇을 할까?

1. 30만 개의 앱, GPT 스토어는 왜 등장했는가?

2024년 1월 10일(현지 시간), 오픈AI는 커스텀 GPT를 발견·검색·출품할 수 있는 마켓 플레이스로서 'GPT 스토어'를 공개했다.

GPT 스토어란 스마트폰에서 애플의 '앱 스토어'나 구글의 '플레이스토어'와 같은 것이라고 생각하면 된다. 제3자인 사용자들이 만든 커스텀 GPT를 발견·검색하여 본인의 사용 목적에 맞게 쉽게 연결하여 활용할 수 있다. 또한 GPT 앱 개발자들은 GPT 스토어에 출품하고 이용 실적 등에 따라 오픈AI로부터 제휴 보상을 얻을 수 있는 수익화 프로그램도 곧 개시된다. 앱 출품은 유료 이용자(Plus, Team, Enterprise 계정 사용자)만 사용할 수 있다.

이미 300만 개 이상의 커스텀 GPT가 올라왔다고 하지만, 그 숫자는 비공개 커뮤니티에서 만들어진 것까지 모두 합한 것이고, 실제 우리가 사용할 수 있는 GPT 스토어에 있는 앱 숫자는 30만 개 정도로 추정된다. 이 숫자는 오픈AI에서 발표를 하기 전까지는 비공식 추산이다

많은 기업이 이미 GPT 스토어의 이점을 활용하여 비즈니스 전략 개

발, 마케팅 자료 작성, 효율적인 코드 작성에 도움을 얻고 있다. GPT 스토어 플랫폼이 시장 분석부터 마케팅 및 관리에 이르기까지 회사 운영의 다양한 영역을 어떻게 지원할 수 있는지 자세히 살펴보자. 여러분의 일과 삶에 엄청난 새로운 경험의 세계가 열릴 것이다.

2. GPT 스토어 사용법은 무엇인가?

1단계: GPT 스토어에 액세스하는 방법

챗GPT에 로그인하고 화면 왼쪽 상단의 'GPT 탐색Explore GPTs' 버튼을 클릭하면 GPT 스토어에 액세스할 수 있다.

2단계: 카테고리에서 GPT 찾기

'GPT 탐색' 버튼을 클릭하면, GPT 스토어와 테마 카테고리가 나타난다. 카테고리별로 인기 및 추천 GPT가 게재되어 있어, 테마 카테고리별로 설명을 보고 원하는 앱을 골라 사용할 수 있다.

챗GPT 상단에 게재되는 테마 카테고리는 다음과 같다.

- **추천**: 이번 주 선별된 최상위 선택 항목
- **지금 인기**: 커뮤니티에서 가장 인기 있는 GPT
- **작성자 ChatGPT**: 챗GPT 팀에서 만든 GPT
- **글쓰기**Writing: 창작, 편집, 문체 변경과 교정
- **생산성**Productivity: 생산성 향상
- **연구 및 분석**Research & Analysis: 과제 발견, 평가, 해석, 데이터 시각화
- **교육**Education: 새로운 아이디어 탐구, 교육 기법
- **라이프스타일**Lifestyle: 여행, 휴가, 음식, 스타일 등
- **프로그래밍**Programming: 코딩, 디버깅, 테스트, 학습

3단계: 검색하여 원하는 GPT 앱 찾기

상단의 'GPT 검색' 창에 원하는 검색어를 입력하여 관련된 앱들을 찾아볼 수도 있다.

다음 이미지는 '투자'로 검색한 결과이다. 필요에 따라 국내외의 개발자들이 만든 다양한 앱들을 이용하여, 자신이 원하는 용도에 적합한 기능을 사용하면 된다.

3. 이경상 교수가 강추하는 일에 도움이 되는 GPT 5선

"일에 활용할 수 있는 GPT를 알려주세요" 또는 "업무를 효율화할 수 있는 GPT 중 좋은 것을 추천해 주세요"라는 요청을 많이 받는다.

'GPT 스토어'에 공개된 GPT 중에서 업무에 사용하여 기업내 각종 직무의 효율화에 크게 도움이 되는 GPT를 5개 엄선하여 소개한다. 여기에는 오픈AI가 직접 만들어 배포한 앱들은 제외하였다. 오픈AI에서 직접 만든 앱들인 DALL-E(그림 그리기)와 Data Analyst(데이터 분석)등은 별도 소제목으로 분리하여 소개하였으니 해당 페이지를 읽어보기 바란다.

1) StockGPT

StockGPT는 미국에 상장된 회사에 대해 실시간 주식 시장 데이터를 분석하고 통찰력을 제공하는 전용 도구이다. 재무제표 분석을 통해 기업의 재무 상태를 평가하고, 최신 시장 동향과 뉴스를 수집하고 해석하며, 주식을 평가할 때 위험 분석을 고려하고, 주식 평가 및 성장 전망을 분석하여 잠재적인 투자 기회를 식별한다.

또한 StockGPT는 DALL-E를 사용하여 차트, 인포그래픽과 같은 시각적 콘텐츠를 생성하여 사용자에게 주식 시장 및 투자 전략에 대해 교육 자료를 만들 수 있다.

StockGPT는 고급 데이터 분석 및 시각화를 사용하여 고객을 위한 보고서를 신속하게 준비해야 하는 재무 분석가에게는 특히 유용할 것이다. 다양한 소스에서 수집된 데이터에 대한 분석이 필요한 기업과 개인 투자자에게도 유용하다.

2) Marketer GPT Pro

Marketer GPT Pro는 광범위한 마케팅 전략 요구사항에 특화된 도구이다. 브랜드별 전략적인 마케팅 활동을 개발한다. 또한 다음과 같은 경우에도 도움이 된다.

- 브랜드 분석 및 개발
- 대상 고객의 식별 및 프로파일링
- 경쟁 분석 및 경쟁사와 차별화할 수 있는 기회 탐색

Marketer GPT Pro는 명확하고 측정 가능한 마케팅 목표 설정을 돕고, 마케팅 활동을 위한 예산 계획 및 자금 할당에 대해 조언하며, 포괄적인 디지털 마케팅 전략을 개발하고, 콘텐츠 생성 및 관리에 대한 지침을 제공하며, 소셜 미디어 마케팅을 위한 계획 및 전략을 고안한다. 그리고 마케팅 결과 추적을 위한 분석 도구 사용 방법, 판촉 및 할인 전략에 대한 조언, 제품 기반 성장 전략 구축, 세부적인 마케팅 계획 수립 지원, 마케팅에서 AI 도구 사용에 대한 통찰력 제공, 독특한 브랜드 생성 등을 지원한다.

예를 들어 마케팅 전문가는 Marketer GPT Pro를 사용하여 고유한 타겟 고객의 공감을 불러일으키는 개인화된 캠페인을 만들어 참여도를 높이고 판매 결과를 올릴 수 있다.

3) Canva

Canva는 사람들이 최소한의 노력으로 멋진 시각적 콘텐츠를 만들 수 있도록 지원하는, 비즈니스맨들에게 가장 인기있는 디자인 플랫폼이다. 사용자 친화적인 기능과 전문가 수준의 기능이 혼합되어 있어 초보자도 사용할 수 있으면서 전문가 수준에서도 충분히 강력하다. 마케팅 자료를 개선하려는 기업주이든, 이력서를 멋지게 꾸미고 싶은 개인이든 다양한 용도와 응용 프로그램에 적합한 Canva는 시각화에 필요한 도구와 리소스를 제공한다. 주요 기능을 이해하면 플랫폼을 효율적으로 활용하여 다양하고 멋진 시각적 디자인을 만들 수 있다.

인기 있는 온라인 그래픽 디자인 도구인 Canva가 이제 챗GPT에 원활하게 통합되어 채팅 인터페이스 내에서 이미지, 로고, 배너 등을 직접 만드는 것이 그 어느 때보다 쉬워졌다. 이러한 통합을 통해 사용자는 다양한 소셜 미디어 플랫폼에 적합한 멋진 시각적 콘텐츠를 빠르고 효율적으로 생성할 수 있다.

레스토랑의 인스타그램 탬플릿, 페이스북 배너 또는 간단한 로고 디자인 등을 만들려고 할 때, 채팅 인터페이스에서 만들고 싶은 내용을 설명하면, Canva는 당신의 지시에 따라 단 몇 번의 클릭만으로 고품질 디자인을 생성한다. 필요한 경우 Canva에서 탬플릿을 직접 편집한 다음 '공유'를 클릭하고 파일을 다운로드하여 타인에게 배포할 수도 있다.

〈Canva의 다양한 템플릿(Canva 홈페이지)〉

4) AskYourPDF Research Assistant

AskYourPDF Research Assistant는 학자, 학생 및 전문가의 연구 프로세스를 단순화하도록 설계된 최고의 AI 도구이다. 이 도구를 사용하면 사용자는 PDF 및 기타 연구 파일을 업로드하고 이러한 파일과 동적으로 상호작용할 수 있다.

질문을 하고, 설명을 구하고, 쉽게 정보를 추출하고 합성할 수 있다. 플러그인을 사용하면 PDF를 직접 업로드하거나 구글 드라이브와 같은 클라우드 서비스를 통해 공유할 수도 있다.

AskYourPDF Research Assistant의 주요 기능 중 하나는 관련 연구 논문을 자동으로 찾아 APA 스타일로 출처 인용을 생성하고, 정확히 형식화된 본문 내 인용을 작성해주는 것이다. 또한 사용자는 문서에서 주요 정보를 분석하고 기사를 효과적으로 구성할 수 있다. 이 도구는 사용자가 파일 내 관련 정보에 빠르게 액세스하여 지식 기반을 구축하는 데에도 매우 큰 도움이 된다.

- **대화형 요약:** 긴 문서를 탐색하는 대신 AskYourPDF를 사용해서 질문을 하면 간결하게 요약한 답변을 받아서 필수 정보를 효율적으로 추출할 수 있다.
- **다양한 문서 유형과 함께 작동:** 다목적이며 PDF, TXT, EPUB, RTF, CSV 또는 PPTX와 같은 문서 유형을 지원하여 학술 작업에 일반적으로 사용되는 다양한 형식과의 호환성을 보장한다.
- **대화 추적:** 채팅 기록을 쉽게 검토하고, 되돌아가고, 다운로드하여 과거 대화를 다시 살펴보고 필요한 정보에 편리하게 액세스할 수 있다.
- **복수의 파일 업로드 및 검색:** AskYourPDF Pro를 사용하면 여러 PDF 문서를 동시에 업로드하고 검색할 수 있으므로, 특히 수많은 파일을 처리할 때 시간을 절약할 수 있다.
- **PDF를 지식 베이스로 구성:** PDF를 잘 구조화된 지식 베이스로 쉽게 분류하여 체계적이고 쉽게 액세스할 수 있는 문서 컬렉션을 만들고 유지하는 데 도움을 준다.

AskYourPDF는 챗GPT와 결합해서 보다 정확한 답변을 제공하는 문서 조사 및 연구에 적합한 도우미로 재탄생했기 때문에 연구개발 직종 종사자에게 매우 소중한 앱이 될 것이다.

5) CEO GPT

CEO GPT는 중소기업과 스타트업 CEO를 위한 가상 멘토 역할을 하며, 비즈니스 아이콘의 경험에서 얻은 통찰력을 제공하는 도구이다. 기업문화, 제품 관리, 기술, 마케팅, 전략, 판매 등 경영 전반에 걸쳐서 사용할 수 있다.

지식 기반에는 아마존의 CEO인 제프 베조스Jeff Bezos가 직원들에게 보낸 편지와 워렌 버핏Warren Buffett이 주주들에게 보낸 편지 등이 포함되어 있다. DALL-E와 같은 도구를 사용하여 이미지를 생성하고 브라우저를 사용하여 실시간으로 정보를 검색하며, 제공된 문서에 대한 지식을 기반으로 주문형 확장 옵션을 제공함으로써 간결하고 효과적인 조언을 할 수 있다. 실제로 사업 경력이 낮은 젊은 CEO는 CEO GPT를 사용하여 선도적 기업의 CEO들의 전략과 편지에서 영감을 얻어 성장 전략을 개발할 수 있으며, 이를 통해 기업가로서 성공하는 데 꼭 필요한 의사결정 역량을 개발할 수 있다.

Data Analyst, 왜 데이터 분석의 끝판왕으로 불리는가?

기업이 관리하고 분석해야 할 데이터가 지속적으로 증가하면서 엑셀 작업에 소모되는 시간도 점점 많아진다. 또한 기존에 보유한 정보시스템에서 처리할 수 없는 새로운 분석 요구사항도 계속 늘어남에 따라, 이를 처리하기 위한 작업 시간도 늘어나 야근도 다반사이다.

유료 버전(챗GPT Pro) 계정 사용자라면 오픈AI에서 제공하는 'Data Analyst' GPT를 활용한 초간단 작업을 통해 복잡한 수식과 함수는 물론, 방대한 데이터 분석과 시각화까지 AI에게 맡겨서 엑셀 업무 시간을 최대 80%까지 단축할 수 있다. 심지어 반복되는 작업은 엑셀 매크로를 자동으로 생성해주니 업무 자동화까지 순식간에 가능해진다.

1. 데이터 분석 끝판왕, Data Analyst란 무엇인가?

Data Analyst는 사용자가 챗GPT에 직접 데이터를 업로드하여 코드를 작성하고 테스트할 수 있는 챗GPT-4의 기능이다. 프리미엄(유료) 계정에서만 사용 가능하다. 이 기능은 AI 도구의 도움으로 데이터를 탐색하고,

코드를 생성하고, 경험적 문제를 해결하려는 사용자에게 최적의 솔루션이다.

데스크톱에 데이터 파일을 다운로드한 다음 챗GPT에 업로드하는 대신 이제 구글 드라이브나 마이크로소프트 원드라이브에서 직접 다양한 파일 형식을 추가할 수 있다. 이를 통해 챗GPT는 구글 스프레드시트, 문서, 슬라이드, 마이크로소프트 엑셀, 워드 및 파워포인트 파일을 더 빠르게 작업할 수 있게 되었다. 필자가 여러분에게 정말 강추하는 최고의 데이터 분석 도구이다.

세계적인 사모펀드 기업인 칼라일 그룹의 데이비드 본David Vaughn 부사장은 "챗GPT의 Data Analyst는 엑셀에서 사용하기에는 너무 크고 복잡해진 고객 데이터를 분석하기 위한 훌륭한 도구입니다. 이것은 대규모 데이터 세트를 선별하는 데 도움이 되므로 스스로 더 많은 데이터 탐색을 수행하고 귀중한 통찰력을 얻기까지 걸리는 시간을 획기적으로 줄일 수 있습니다"라며 강추하고 있다.

2. Data Analyst는 무엇을 할 수 있는가?

고급 데이터 분석은 텍스트 및 이미지 파일, PDF, 코드 또는 기타 데이터 파일과 같은 전체 문서, 오디오 및 비디오를 포함한 다양한 파일 형식을 지원한다. 고급 데이터 분석 기능의 성능은 파일 유형에 따라 다른데 특히 .csv 및 .txt와 같은 데이터 파일용으로 설계되었다.

프롬프트: Data Analyst 가 해 줄 수 있는 일들을 알려주세요.

챗GPT: 저는 다양한 데이터 분석 작업을 도와드릴 수 있습니다. 다음은 제가 도와드릴 수 있는 주요 작업들입니다.

데이터 준비 및 정제

- **데이터 수집:** 다양한 소스에서 데이터 수집
- **데이터 정제:** 결측치 처리, 이상치 탐지 및 제거, 데이터 변환
- **데이터 통합:** 여러 데이터 세트 병합 및 통합

데이터 탐색 및 시각화

- **기술 통계 분석:** 평균, 중앙값, 표준편차 등 기본 통계량 계산
- **데이터 분포 시각화:** 히스토그램, 박스 그림, 밀도 그래프 등
- **트렌드 분석:** 시계열 데이터 분석 및 시각화
- **상관 분석:** 변수 간의 상관관계 분석

고급 분석 및 모델링

- **회귀분석:** 선형회귀, 다중회귀 분석
- **분류 분석:** 로지스틱 회귀, 결정 트리, 랜덤 포레스트 등
- **클러스터링:** K-평균 클러스터링, 계층적 클러스터링
- **차원 축소:** PCA, t-SNE 등을 사용한 데이터 차원 축소

보고서 및 문서화

- **데이터 분석 보고서 작성**: 분석 결과를 정리한 보고서 작성
- **프레젠테이션 자료**: 시각화된 자료를 포함한 프레젠테이션 준비

예제

- **결측치 처리 예제:** 데이터 세트에서 결측치를 찾아 처리
- **이상치 탐지 예제:** IQR, z-점수 등을 사용하여 이상치 탐지
- **시각화 예제:** 특정 변수의 분포를 시각화하여 분석
- **모델링 예제:** 예측 모델을 구축하여 데이터 예측

이 외에도 데이터와 관련된 다양한 요청을 수행할 수 있습니다. 특정 작업이나 분석에 대해 더 궁금한 점이 있으면 언제든지 말씀해 주세요!

3. Data Analyst를 활용하는 프로세스는?

여러분이 만약 복잡한 엑셀 데이터를 가지고 있다면 파일 준비부터 분석 보고서 작성까지의 절차는 다음과 같이 7단계로 진행하면 된다.

1) **파일 준비:** 엑셀 파일을 적절한 형식으로 준비하고 저장

2) **Data Analyst 활성화:** GPT 스토어에서 관련 앱을 활성화

3) **파일 업로드:** 시스템에 파일 업로드

4) **데이터 로드 및 초기 탐색:** 데이터를 로드하고 구조 파악

5) **데이터 정제:** 결측치 처리, 중복 제거, 타입 변환

6) **데이터 분석 및 통계 처리:** 기술 통계 분석, 시각화, 상관 분석, 모델링

7) **보고서 작성:** 결과 정리, 보고서 작성 및 저장

1) 파일 준비

업로드할 수 있는 파일 형식은 다양하며, 일반적으로 데이터 분석과 관련된 작업에서 자주 사용하는 파일 형식은 다음과 같다.

- **Excel 파일**(.xlsx, .xls): 여러 시트로 구성된 구조화된 데이터를 저장하는 데 유용하다.
- **CSV 파일**(.csv): 단일 시트의 데이터를 저장하는 데 널리 사용되며, 텍스트 기반이므로 다양한 툴과 프로그래밍 언어에서 쉽게 읽고 쓸 수 있다.
- **JSON 파일**(.json): 구조화된 데이터, 특히 계층적 데이터 구조를 저장하는 데 적합하다.
- **Parquet 파일**(.parquet): 대용량의 컬럼형 데이터 저장에 적합하며, 효율적인 압축 및 인코딩을 제공한다.

- **SQL 파일**(.sql): 데이터베이스 테이블 구조와 데이터를 포함하는 SQL 덤프 파일이다.

2) Data Analyst 활성화

챗GPT에서 GPT 탐색을 누르면 다양한 GPT 앱들이 추천된다. 스크롤을 하여 Data Analyst를 클릭(아래 그림 우측 붉은 실선)하면 앱이 활성화된다.

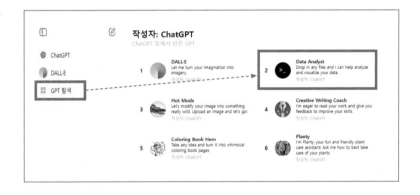

3) 파일 업로드

활성화된 Data Analyst에 파일을 업로드 하면 데이터 분석과 시각화를 시작할 수 있다. 프롬프트 입력창 앞에 있는 '클립' 아이콘(다음 그림의 붉은색 박스)을 누르면 3가지 파일 업로드 방식(구글 Drive에 연결, 마이크로소프트 OneDrive에 연결, 컴퓨터에서 업로드)이 나오고 이 중 여러분이 분석을 원하는 파일이 저장된 곳을 선택하면 된다. 또는 파일을 직접 마우스로 Data Analyst 화면에 드래그 앤 드롭을 해도 된다.

4) 파일 업로드와 분석

MIT의 STS_{Sloan Technology Services}에서 복잡한 엑셀 데이터로부터 효과적으로 분석을 수행하고, 인사이트를 도출하여 보고서를 작성하는 동영상을 만들어 배포하였다. 비디오에서 MIT Sloan PhD 학생 척 다우닝 Chuck Downing은 챗GPT 계정 내에서 고급 데이터 분석을 활성화하고 액세스하는 방법을 보여준다. 그런 다음 이 앱으로 작업할 때 필요한 데이터 읽기 및 설명, 데이터 세트 정리, 데이터 시각화, 회귀분석 실행, 고급 데이터 분석 작업을 로컬 장치에 저장하는 등 고급 데이터 분석의 몇 가지 사용 사례와 주의할 사항을 잘 말해주고 있다. 독자들은 아래 QR코드를 찍어서 이 동영상을 시청하면서 직접 실습을 꼭 해보기 바란다. 이 비디오에서 사용하는 샘플 데이터는 '세계은행:CO_2 배출량' 엑셀 데이터이다. 데이터 다운로드 사이트도 QR코드로 만들었다. 아래의 좌측 QR코드를 스캔해서 엑셀 데이터를 다운받고, 우측 QR코드를 스캔해서 유튜브 동영상의 진행 단계를 꼭 따라서 해보기를 권한다.

 엑셀 데이터   데이터 분석 동영상

5) 데이터의 무결성 정제

업로드한 데이터를 확인하고 필요한 사전 처리를 수행해야 한다. 사전 처리는 엑셀 데이터의 구조 일관성, 각 열 결측치 존재 여부, 중복 데이터와 특이한 이상치가 있는지 등을 확인하는 과정이다. 엑셀 데이터에 입력 오류가 있거나 손상된 데이터라면 통계 분석의 결과값이 완전히 달라지기 때문에, 데이터를 정제하는 것은 매우 중요한 사전 작업이다.

6) 데이터 분석 및 통계 처리

데이터를 분석하고 필요한 통계량을 계산한다. 여기에는 평균, 중간값, 표준편차 등 다양한 통계량이 포함될 수 있다. 프롬프트에 나의 분석 요구사항을 입력하면 된다. 예를 들어 "지난 3년 간의 매출 동향을 분석해 주세요"와 같이 구체적인 요구사항을 대화형으로 입력한다.

기본 통계량(평균, 중간값, 표준편차, 최솟값, 최댓값 등) 계산, 특정 열에 대한 통계량을 개별적으로 계산하기, 카테고리별로 그룹을 나누어 통계량을 계산하기, 다른 열 간의 상관관계를 분석하기 등의 요구사항을 대화형 프롬프트로 작성하면 엑셀의 데이터 분석 기능을 몰라도 정말 간단하게 분석을 실행할 수 있다. 이러한 분석과정은 Data Analyst가 직접 해당 상황에 맞는 파이썬 언어로 코드를 작성하면서 진행하기 때문에 그 과정과 결과값 도출 방식을 곧바로 이해할 수 있다.

sales_data.csv라는 파일에 판매 데이터가 있다고 가정

특정 열에 대한 추가 통계량 계산

특정 열에 대한 통계량을 개별적으로 계산할 수도 있습니다.

```python
# 'Sales' 열의 평균, 중간값, 표준편차 계산
sales_mean = data['Sales'].mean()
sales_median = data['Sales'].median()
sales_std = data['Sales'].std()

print(f"Sales 평균: {sales_mean}")
print(f"Sales 중간값: {sales_median}")
print(f"Sales 표준편차: {sales_std}")
```

그룹별 통계량 계산

카테고리별로 그룹을 나누어 통계량을 계산할 수도 있습니다. 예를 들어 'Category' 열을 기준으로 판매량의 평균을 계산합니다.

```python
# 'Category'별 'Sales' 평균 계산
category_sales_mean = data.groupby('Category')['Sales'].mean()
print(category_sales_mean)
```

또한 분석 결과를 다양한 그래프로 시각적으로 표현하여 이해하기 쉽게 표현할 수 있다.

7) 보고서 작성 및 배포

분석 결과와 시각화 자료를 바탕으로 보고서를 작성한다. 프롬프트 명령어에 분석 과정, 주요 결과, 인사이트 등을 포함하면 된다. 가장 일반적인 보고서 형식으로 여러분이 다운로드 받은 '세계은행:CO_2 배출량' 엑셀 데이터를 가지고 분석한 결과를 바탕으로 보고서 샘플을 작성해 보면 아래와 같다.

_ □ ×

프롬프트: '세계은행:CO_2 배출량' 엑셀 데이터를 분석한 내용을 샘플 보고서로 간단하게 만들어 주세요. 보고서 형식은 # 다음에 나오는 목차로 구성해 주세요.

소개: 분석 목적과 배경,

데이터 개요: 데이터 설명

분석 방법: 사용된 분석 기법

분석 결과: 주요 결과와 시각화

결론: 결론 및 향후 제안

챗GPT: CO_2 배출량 분석 보고서

1. 소개: 분석 목적과 배경

이 분석의 목적은 다양한 국가들의 CO_2 배출량의 분포와 규모를 이해하는 것입니다. 이 분석은 글로벌 CO_2 배출의 주요 기여자를 식별하고 배출량 감소를 위한 전략을 수립하는 데 필수적입니다. 이 보고서에서 사용된 데이터는 세계은행에서 가져온 2018년 CO_2 배출량 데이터입니다.

2. 데이터 개요

데이터 세트는 여러 국가의 CO_2 배출량 데이터를 포함하고 있습니다. 이 보고서에서는 미국, 중국, 인도, 러시아, 일본의 5개 국가를 대상으로 합니다. 데이터의 구조는 다음과 같습니다.

국가: 국가 이름

연도: 데이터 연도 (2018년)

CO_2 배출량: CO_2 배출량 (백만 미터톤 단위)

3. 분석 방법

이 분석에서는 선택된 국가들의 총, 평균, 최대, 최소 CO_2 배출량을 요약합니다. 또한, 막대 그래프를 사용하여 국가별 CO_2 배출량을 시각화합니다.

4. 분석 결과

CO_2 배출량 요약:

총 국가 수: 5

총 배출량: 20445.7 백만 미터톤

평균 배출량: 4089.14 백만 미터톤

최대 배출량: 10234.2 백만 미터톤 (중국)

최소 배출량: 1147.5 백만 미터톤 (일본)

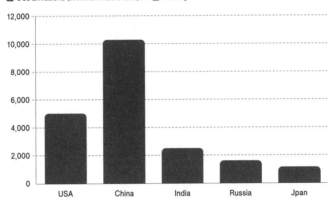

CO₂ Emissions By Country In 2018

Ⓨ CO₂ Emissions (in million metric tons) X Ⓧ Country

5. 결론 및 향후 제안

이 분석은 국가 간 CO_2 배출량의 큰 차이를 보여주며, 중국이 가장 많은 배출량을, 일본이 가장 적은 배출량을 기록했습니다. 이러한 결과는 배출량이 가장 많은 국가에서의 정책 필요성을 강조합니다. 향후 분석에서는 더 많은 국가를 포함하고, 여러 해에 걸친 경향을 조사하여 글로벌 CO_2 배출의 종합적인 전망을 제공할 수 있습니다.

"10쪽의 퀴즈 5개의 답은

모두 **2번**입니다."

3장

대한민국은
어디까지 왔나?

포춘 500대 기업의 92%가
챗GPT를 쓴다고?

1. 포춘 500대 기업의 92%가 챗GPT를 사용

2023년 11월 7일에 오픈AI의 CEO인 샘 알트만은 챗GPT 개발자 컨퍼런스에서 "포춘 500대 기업의 92%가 챗GPT를 공식적으로 도입하여 사용하고 있다"고 발표하여 세상을 깜짝 놀라게 했다.

포춘 500대 기업이란 미국의 대표적인 비즈니스 잡지인 〈포춘〉이 매년 발표하는 미국 시장에서 매출액이 가장 큰 글로벌 500개 기업의 목록을 말한다. 이 리스트에 포함되는 기업들은 각각의 산업에서 매우 큰 영향력을 가지며, 그들의 경영 전략, 기술 도입, 정책 변경 등은 전 세계의 경제 트렌드와 시장 동향에 큰 영향을 미치기 때문에 미래학자나 경영학자들은 이들의 동향을 매년 주시하고 있다.

만약 포춘 500대 기업의 50% 이상이 동일한 방향의 혁신이나 전략적 행동을 취한다면, 그 파급효과는 매우 클 수 있다. 예를 들어 이들이 디지털 전환을 채택하거나 지속가능한 경영을 우선시하는 방향으로 움직인다면, 이는 해당 기술이나 전략의 채택을 촉진하고, 관련 산업의 변화를 가속화할 수 있다.

특히 오픈AI에서 발표한 바와 같이 포춘 500대 기업들의 92%가 챗GPT와 같은 AI 기술을 사용한다는 것은 이 기술이 기업 운영과 프로세스 혁신에 매우 중요하다고 인식되고 있음을 보여준다. 앞으로 AI 도구들은 비즈니스 의사결정, 고객 서비스 개선, 자동화된 마케팅 전략, 그리고 데이터 분석과 인사이트 제공 등 다양한 분야에서 중요한 역할을 확대해 나갈 것이다. 이렇게 널리 채택된다면, 그것이 다시 기술 혁신을 가속화하고, AI 기술의 발전과 효율성을 더욱 촉진할 것이다.

왜 중요 기업들이 챗GPT와 같은 생성형 AI를 도입하는 데 적극적일까? 오늘날 기업들의 일하는 방식이 창의성보다는 형상화와 커뮤니케이션에 치우쳐 있어 생산성이 저하되고 있기 때문이다.

2. 창의성과 생산성을 저해하는 기업 활동 조사 결과

범람하는 데이터와 정보, 실시간으로 이루어지는 커뮤니케이션과 함께 업무 속도는 기하급수적으로 빨라졌다. 많은 기업들이 이러한 변화에 수반되는 과제를 해결하기 위해 고군분투하고 있으며 비즈니스 리더들은 불확실한 경제 상황에서 점점 더 생산성 증대에 대한 압박을 받고 있다. 그런데 유의미한 정보를 구분하고 데이터를 분석하고 보고서를 만드는 데 점점 더 많은 시간을 할애하지만 정작 필요한 창의성은 뒷전으로 밀리고 있다. 또한 개인 생산성에 대한 부담이 가중되면서 조직의 생산성과 매출과 이익의 성장 잠재력도 낮아지고 있다.

마이크로소프트가 발표한 '2023 업무 동향 연간보고서'에 따르면 "68%의 근로자가 근무 시간 중 방해받지 않고 집중할 수 있는 시간이 부족하다"고 답했다. 또한 "응답자의 62%는 근무 시간 중 정보 검색에 너무 많은 시간을 할애하느라 어려움을 겪고 있다"고 응답했다.

• 정보 수집과 보고서 작성 과다

기업의 직원들은 평균적으로 커뮤니케이션 업무(미팅, 이메일 및 채팅)에 57%, 형상화 업무(문서, 스프레드시트 및 프레젠테이션)에 43%의 시간을 소비했다. 이메일을 가장 많이 사용한 그룹(상위 25%)은 이메일에 주당 8.8시간을, 미팅에 가장 많이 참여한 그룹(상위 25%)은 미팅에 주당 7.5시간을 사용했다. 새로운 것을 창조하여 가치 있는 결과를 내기 위해서는 형상화와 커뮤니케이션에 사용하는 시간을 획기적으로 줄여야 한다는 것을 보여주고 있다.

• 비효율을 양산하는 회의가 생산성 저해

보고서에서는 기업의 창의성과 생산성 향상을 저해하는 5개의 요인을 다음 그림과 같이 정의하였다. 1번(비효율적 회의)과 3번(너무 많은 회의)에서 보듯 회의와 미팅은 기업의 창의성을 저해하는 가장 큰 문제라고 볼 수 있다. 회의는 모여서 결정하는 것이 본질인데, 회의를 위해 계속적으로 추가 자료 수집과 데이터 분석을 하는 시간이 길어지다 보니 회의는 왜 해야하지 하는 회의懷疑에 빠지는 경우가 많다.

'정보 수집과 보고서 작성의 과다 현상'이 '비효율을 양산하는 회의'와 맞물리면서 조직의 창의성이 발현되지 못하고 있다는 진단이 가능하다.

이렇게 일하는 방식은 '순차적 되돌이형' 업무 구조에서는 어쩔 수 없는 관행이었다. 이제 챗GPT 등 생성형 AI가 이러한 장애를 일거에 해결할 수 있는 도구로 등장하면서 '실시간 집단처리형' 업무구조로 바꾸는 것이 근본적인 해결책으로 주목받고 있다. (자세한 내용은 295쪽 '일하는 방식과 기업 문화를 어떻게 바꾸어야 하는가?'

에서 설명한다)

〈출처: 마이크로소프트, 2023년 업무 동향 연간보고서〉

3. 챗GPT가 생산성 향상의 도구임을 입증: 파운데이션 모델

챗GPT가 세상에 등장하여 1억 명이 사용하게 된 2023년 3월 이후, 갑자기 미국 기업의 임원들 사이에서 '파운데이션 모델Foundation Model'이라는 용어가 입소문을 타고 유행하기 시작하였다. 이 용어는 스탠포드 인간 중심 인공지능 연구소HAI의 파운데이션 모델 연구 센터CRFM가 처음 만들었다. 여러 정의가 있지만, 방대한 양의 데이터를 통해 학습한 인공지능 모델은 기업이 특정한 사용 사례에 맞게 미세조정해서 사용할 경우 직접 개발하는 것보다 훨씬 저렴하고 빠르게 활용 기반Foundation을 만들 수 있다는 의미에서 탄생한 용어로서 글로벌 기업 임원들의 엄청난 관심을 유발하게 되었다.

기업들이 인공지능을 적용할 때 파운데이션 모델을 사용하면 크게 2개의 이론적 근거에서 장점이 있다.

첫째는 효율성Efficiency이다. 챗GPT를 미세조정하여 활용하면 효율성과 비용 절약의 효과를 얻을 수 있다.

- **자원 절약:** 기존의 대규모 기반 모델을 활용함으로써 처음부터 모델을 학습시키는 데 필요한 시간과 비용을 절약할 수 있다. 이는 특히 작은 데이터 세트나 제한된 컴퓨팅 자원을 가진 기업에게 매우 유리하다.
- **빠른 배포:** 미세조정된 모델은 신속하게 배포할 수 있어, 시장 변화에 빠르게 대응하고 제품 및 서비스를 신속하게 개선할 수 있다.
- **최적화된 성능:** 기업의 특정 작업에 맞게 모델을 미세조정함으로써, 성능을 최적화할 수 있다. 이를 통해 일반적인 기반 모델보다 더 나은 결과를 제공하도록 한다.

둘째는 특정성Specificity이다. 기업의 고유한 요구와 상황에 맞추어 모델을 조정함으로써, 여러가지 이점을 얻을 수 있다.(특정 기업이나 조직용으로 미세조정을 하는 방법은 274쪽 '미세조정과 훈련으로 나만의 챗봇을 만드는 비법은?'에서 자세히 다루도록 하겠다)

- **도메인 특화:** 기업의 특정 도메인이나 산업에 맞게 모델을 조정함으로써, 해당 분야에서 높은 정확도와 신뢰성을 보장할 수 있다. 예를 들어 의료 분야에서는 의료 기록을 분석하도록 특화된 모델을 사용할 수 있다.
- **고객 맞춤형 솔루션:** 기업은 자사의 고객 기반이나 사용 사례에 맞추어 모델을 미세조정하여, 사용자 경험을 향상시키고 고객 만족도를 높일 수 있다.
- **유연성:** 특정 요구사항에 맞게 모델을 조정함으로써, 기업은 다양한 비즈니스 문제에 유연하게 대응할 수 있다. 이는 기업이 변화하는 시장 환경에 적응하는 데 도움이 된다.

4. 생성형 AI는 기업의 생산성과 창의성을 폭발적으로 향상시킬 것

챗GPT가 적은 비용과 노력으로 획기적인 생산성 향상과 창의성 증진 도구가 될 수 있다는 것이 입증되면서, 기업들 사이에서 2023년 3월부터 본격적인 도입의 열풍이 불기 시작하였다. 2023년 8월 맥킨지의 '생성형 AI에 대한 글로벌 설문조사' 보고서는 글로벌 기업들의 생성형 AI에 대한 관심이 거의 비등점을 지나고 있다는 것을 보여주었다. 응답 기업의 1/3이 자신의 조직이 적어도 하나의 비즈니스 기능에서 생성형 AI를 정기적으로 사용하고 있다고 말했다. 응답자의 60%는 AI의 발전으로 인해 조직이 AI에 대한 투자를 전반적으로 늘릴 것이라고 말했다. 또한 챗 GPT가 기업의 생산성을 20% 이상 올리게 될 것이라고 응답하면서, 조직 구성원들의 대부분을 재훈련시켜야 한다고 말했다.

맥킨지는 생성형 AI는 연간 2조 6천억~4조 4천억 달러의 시장가치를 가질 것으로 예측했다. 2021년 영국의 전체 GDP인 3조 1천억 달러에 육박하는 수준이다. 또한 현재의 생성형 AI 및 기타 기술은 오늘날 직원 업무 시간의 60~70%를 자동화할 수 있으며 노동 생산성을 크게 높일 수 있다고 평가했다.

이렇듯 생성형 AI의 기업 활용 시대가 시작됐다. 초기 시험적인 도입의 성과는 생성형 AI의 기업 활용이 엄청나게 매력적임을 입증하고 있다. 그러나 기술의 이점을 완전히 실현하는 데는 시간이 걸린다. 기업과 사회의 리더들이 여전히 해결해야 할 상당한 과제도 안고 있다. 생성형 AI에 내재된 위험 관리, 인력에게 필요한 새로운 기술과 역량 결정, 재교육 및 새로운 기술 개발과 같은 핵심 비즈니스 프로세스가 재검토되어야 하기 때문이다.

우리는 이제 시작인데
어떻게 일본은 뛰어다닐까?

1. 기시다 총리가 열고, 디지털청이 나서고, 챗GPT가 화답하다

2023년 4월 10일, 일본 총리 관저에서 기시다 총리가 전혀 예상하지 못했던 한 인물과 독대해서 당시 큰 화제가 되었다. 그 인물은 챗GPT를 만든 '오픈AI'의 샘 알트만Sam Altman 최고경영자였다. 이 자리에서 기시다 총리는 "이탈리아에서 사용이 금지되었고, 프라이버시나 저작권 등 챗GPT에 대한 우려가 있는데 괜찮은 것인가?" 등을 물으며 정부나 공공부문에서 사용하는 데 문제가 없는지에 초점을 맞춰 질문을 했다고 한다. 샘 알트만은 글로벌 규칙 제정과 챗GPT의 대응 조치에 대한 의견을 제시하였다고 회담 후 총리가 직접 기자단에게 발표하였다.

회담 다음날인 4월 11일, 고노 다로 디지털 장관은 온라인 기자회견에서 대화형 인공지능 '챗GPT' 활용에 의욕을 보이며 "행정에서 사용한다는 관점에서 가능한 한 빨리 도입해야 한다"고 말했다. "개인정보 유출과 교육현장 악용 등의 일부 해결해야 할 문제가 있다는 의견도 있지만, 빠른 발전 속도를 봤을 때(문제가 해결될 때까지) 기다렸다가 활용하면 변화를 따라갈 수 없게 될 것이라는 우려도 있다"는 취지의 발언을 했다. 덧붙여 일본 디지털 장관은 "중앙 정부 업무에 챗GPT와 같은 생성형 AI를 도입하여 공공 서비스의 효율성을 극대화하고, 노동력 부족 문제를 해결하는 큰 혜택을 얻을 수 있다"고 언급했다. 특히 인구 감소와 고령화 문제를 겪고 있는 일본에서 중요한 해결책이 될 것을 확신한다고 강조했다.

일본 총리와 디지털청 장관의 예상치 못한 행보를 시작으로 일본 정부는 챗GPT를 도입하려는 긍정적 자세로 변화하였고, 교육계와 재계에서 불기 시작한 생성형 AI의 혁신 열풍이 정부와 공공 부문으로 거세게 번지고 있다. 특히 민관 협력을 통해 AI 기술을 적극 도입하려는 일본 정부의 행보가 주목받고 있다. 이는 AI를 도입해 행정 효율화와 대민 서비스를 혁신하려는 선제적 대응 의지로 해석된다.

일본이 이처럼 발 빠른 움직임을 보이는 배경에는 한국이 있다. 2020년경 코로나19 팬데믹을 계기로 한국과의 디지털 경쟁력 격차가 크게 벌어진 것이 분명하게 드러나자, 일본은 위기감을 느끼고 2021년 '디지털청'을 신설하는 등 국가 차원에서 디지털 전환에 드라이브를 걸기 시작했다. 이런 흐름 속에서 챗GPT가 등장하자 일본 정부가 이를 공공 부문 혁신의 기폭제로 활용하겠다며, 역동적인 조치를 취하게 된 것이다.

2024년 4월 15일, 미국 기업인 오픈AI는 "일본에 최초의 아시아 거점을 4월 중에 설립해, 법인용과 정부 공공용으로 독자적인 서비스를 제공하고, 나아가 생성형 AI의 적절한 이용을 위한 규칙 만들기"에 나서겠다고 발표하였다. 샘 알트만 CEO는 화상 인사를 통해 "일본은 공공의 이익을 위해 사람과 기술이 협력해 온 풍부한 역사를 가지고 있으며, (중략) 오픈AI의 도쿄 지사는 기술과 혁신 리더십의 아시아 거점으로서 자연스러운 선택이었다"라며 그 의미와 포부를 밝혔다.

2. 일본 정부의 챗GPT 활용 대표 사례

일본 정부의 적극적인 움직임은 2023년에 챗GPT를 이용한 공무원 업무 효율화와 대국민 서비스 개발 열풍을 불러왔다. 2023년 12월까지 필자가 잠정집계한 일본 공공 부문의 생성형 AI 도입 사례만 4개 부처, 58개 지방자치단체로 총 62개에 달하고 있다. 깜짝 놀랄 만한 일본의 발빠른 도입 사례를 아래 표로 정리하였다. 국가정보원의 시대착오적인 보안 강조 프레임과 IT 강국이라는 과거의 망령에 사로잡힌 한국 정부의 갈라파고스화 정책에서 하루 빨리 벗어나 속도감 있게 생성형 AI 시대에 대응하기를 바라며 일본 정부의 대표 사례 4개를 소개한다.

〈악 소리나게 많은 일본 정부의 활용 사례들, 2023년 12월 현재〉

구분/지역	기관명
중앙 정부 부처(4개)	농림수산성, 문부과학성, 경제산업성, 디지털청
홋카이도·도호쿠(7개)	아오모리현청, 아오모리현 무츠시, 이와테현청, 야마가타현청, 미야기현청, 후쿠시마현청, 후쿠시마현 이와키시
호쿠리쿠·코신에쓰(8개)	니가타현청, 니가타현 나가오카시, 니가타현 니가타시, 도야마현청, 후쿠이현청, 나가노현청, 나가노현 이이지마초, 후쿠이현 에치젠시
간토(20개)	도쿄도청, 도쿄도 에도가와구, 지요다구, 네리마구 가나가와현청, 가나가와현 요코스카시, 사가미하라시, 아쓰기시, 지바현청, 지바현 마쓰도시, 사이타마현청, 사이타마현 도다시, 이바라키현청, 이바라키현 쓰쿠바시, 이바라키현 사사마시, 군마현청, 군마현 후지오카시, 다카사키시, 도치기현청, 도치기현 닛코시

도카이(3개)	시즈오카현청, 시즈오카현 시마다 시, 시즈오카현 후지시
긴키(8개)	오사카부 오사카시, 오사카부 히라카타시, 마이시 미에현 마쓰자카시, 미에현 이가시, 미에현 쿠와나시 시가현청, 효고현 고베시
주코쿠(4개)	히로시마현청, 야마구치현청, 돗토리현청, 시마네현청
시코쿠(2개)	에히메현청, 가가와현 미토요시
규슈(6개)	사가현청, 미야자키현청, 미야자키현 미야자키시, 후쿠오카현 후루가시, 구마모토현 구마모토시 오키나와현 나하시

사례 1: 세계 최초의 지방자치단체 활용, 요코스카 시

기시다 총리가 오픈AI의 샘 알트만과 독대를 하고 일주일 뒤인 4월 18일에 전 세계 지방자치단체로는 최초로 요코스카 시청이 챗GPT를 공무원 업무에 도입한다고 발표하며, 시청의 4,000명 직원들이 문서 작성, 회의록 요약, 공지 작성 등의 업무를 챗GPT를 통해 수행하는 파일럿 프로그램을 도입했다. 이 파일럿 프로그램을 통해 직원들의 업무 시간이 단축되고 효율성이 증가한 것으로 보고되었다. 직원들은 하루 평균 10분 정도의 업무 시간이 절약되었으며, 전체적으로 생산성이 향상되었다고 한다. 다만, 일부 직원들이 응답 정확성에 불만을 표시하였기 때문에 시는 챗GPT 사용을 최적화하기 위해 추가적인 전문가 조언을 구하여 보완하고 있다. 이때 요코스카 시청의 챗GPT 활용에 대한 언론 보도문을 챗GPT가 작성을 했다고 하여 큰 관심을 끈 바 있다.

사례 2: 세계 최초로 국가 수도의 활용, 도쿄시

2023년 8월 23일, "일본 도쿄 도청은 모든 사무실에서 챗GPT를 도입하여 문서 작성, 데이터 분석, 민원 처리 등의 업무를 지원하려 합니다. 이를 통해 행정 업무의 효율성을 높이고, 민원 처리 시간을 단축하여 시민 서비스의 질을 향상시키고자 합니다"라고 고이케 유리코 도쿄시장이 언론에 발표했다. 그후 모든 부서에서 문서 작성이나 기획의 입안 그리고 엑셀 매크로 작업 등에 챗GPT를 이용하기 시작했다.

대상이 되는 직원은 약 5만 명으로, 기밀성이 높은 정보는 취급하지 않아야 하고, 생성형 AI가 응답한 정보를 반드시 직원이 체크해야 할 의무를 규정하는 등 가이드라인을 명확하게 정했다. 도쿄도 디지털 서비스국은 "(AI로) 만들어낸 것이 어느 정도의 품질인지, 효과가 어느 정도인지 검증해 나가고 싶다"면서, 직원 전용의 '문장 생성형 AI 활용 가이드라인'을 일반에게 공개했다. 가이드라인에 따르면, 도쿄 시가 도입한 서비스는 입력 데이터가 챗GPT의 학습 목적으로 사용되지 않으며 클라우드 서버에도 저장되지 않는다. 이 때문에 가이드라인에는 직원이 업무에 이용하는 경우에는 시청내 폐쇄 망에서만 이용할 수 있도록 했다. 또한 개인 정보 등 기밀성이 높은 정보는 입력하지 않을 것, AI가 생성한 응답의 근거나 뒷받침 자료를 반드시 스스로 확인할 것, 저작권 보호의 관점에서 기존 저작물과 유사한 문장의 생성으로 이어질 것 같은 프롬프트를 입력하지 않을 것 등을 규정하였다.

도쿄시의 챗GPT 가이드라인을 다운로드 받고 싶은 독자는 아래 QR 코드를 스캔하면 된다.

 도쿄시의 챗GPT 가이드라인

사례 3: 고령의 농어민을 위한 활용, 농림수산성

일본 정부와 지자체의 챗GPT 공공 활용 사례를 자세히 살펴보면 시사점이 적지 않다. 2023년 4월에 일본의 농림수산성은 농업이나 어업의 사업자가 보조금 신청에 사용하는 매뉴얼 등의 개정이나 수정에 생성형 AI를 활용할 것이라고 발표했다. 지금까지는 보조금 제도 변경 등에 맞추어 수천 페이지에 이르는 매뉴얼의 개정이나 수정을 매년 외부 사업자에게 위탁했었다. 그러나 단기간에 작업을 마칠 필요가 있기 때문에 업자의 부담이 크고 문장의 표현이 일부 어려워지는 문제가 있었다.

농어민 대상 AI 상담 서비스도 도입했다. 고령 농어민의 경우 디지털 활용 역량이 낮고, 농정 용어도 생소해 정보 접근성이 취약했던 점이 가장 큰 도입 배경이다.

농림수산성은 대화식 AI의 활용으로 작업의 부담을 줄이고, 이용자가 쉽게 매뉴얼에 접근할 수 있게 하겠다고 밝혔다. 챗GPT의 챗봇을 통해 쉬운 말로 민원을 접수하고, 농정 정보를 알기 쉽게 풀어 알려주는 것이 목표이다. 이제까지는 담당 공무원을 통해서만 가능했던 상담과 문의를 이제는 24시간 언제든 AI를 통해 쉽게 해결할 수 있게 되는 것이다.

이는 우리 지자체에도 시사하는 바가 크다. 일본보다 훨씬 고령화 속도가 빠른 한국의 농어촌에서도 고령인구 비중이 높은 지역일수록 이러한 서비스가 꼭 필요하다. 기존의 전화나 방문 상담을 AI 채널로 전환한다면 주민들의 만족도를 높이면서도 공무원의 업무 부담은 줄일 수 있다. 그러면 지자체 공무원은 보다 창의적이고 전략적인 업무에 주력할 수 있게 될 것이다.

사례 4: 학생들을 위한 교육자의 혁신, 문부과학성

2023년 10월 문부과학성은 교육 현장에서의 챗GPT 활용에 관한 가이드라인을 작성하여 공표하였다. 가이드라인은 교육 현장에서 AI 활용을 촉진하고 보안 위험을 최소화하는 것을 목적으로 하고 있다. 이를 통해 교육 현장에서 챗GPT가 학생의 개별적인 학습 최적화나 학습 의욕의 향상, 교사의 부담 경감 등에 활용될 것으로 기대하고 있다.

문부과학성은 가이드라인에 완전히 대응하는 교육 현장의 교사용 연수 프로그램도 개발하고 있다. 이 교육 프로그램은 챗GPT의 기초 지식과 교육의 실습 사례를 배울 수 있도록 설계되었다. 문부과학성의 가이드라인과 교육 프로그램은 교육 현장에서의 챗GPT 활용을 안전하고 효과적으로 수행하기 위한 것이자, 생성형 AI 시대라는 미래를 살아가야 할 학생들을 위해 교육자들이 먼저 변화하는 적극적인 자기 혁신의 발로라고 본다.

3. 일본 기업의 61%가 생성형 AI 사용에 적극적

일본 정부의 적극적인 움직임은 일본 재계로 이어져, 가을 바람에 번지는 들불처럼 챗GPT의 기업 활용 사례가 늘어나고 있다. 2023년 6월 신용 조사 회사인 테이코쿠 데이터뱅크Teikoku Databank가 발표한 1,380개 기업 대상의 설문조사에 따르면, 일본 기업 60% 이상이 운영에 인공 지능을 사용하는 것에 대해 긍정적인 입장을 가지고 있다.

설문조사에 참여한 기업의 9.1%는 운영에 생성형 AI를 활용하고 있다고 답했고, 52.0%는 이 기술 사용을 고려하고 있다고 답했다. 한편 23.3%는 데이터 유출에 대한 우려를 반영해 운영에 생성형 AI 활용을 고려하고 있지 않다고 답했다. 생성형 AI를 활용하는 기업의 비중은 대기업에서 13.1%, 중소기업에서 8.5%로 나타났다.

아래 표에서 보듯 2023년에 산업별 챗GPT 적용 사례 목록을 훑어보면 일본 기업들이 얼마나 챗GPT 도입에 진심으로 열중하고 있는지 알 수 있다.

〈악 소리나게 많은 일본 기업들의 활용 사례들, 2023년 12월 현재〉

산업	도입 회사명
제조업	파나소닉 홀딩스, 히타치 제작소, NEC 그룹 미쓰비시 전기 그룹, 후지텍, 오므론 등
식음료	아사히 그룹, 닛신 식품 홀딩스, 산토리 등
제약	중외 제약, 고바야시 제약 등
도소매, 상사	세븐일레븐, 파르코, 에도가와 물산, 이토 타다 상사 등
은행	미쓰비시 UFJ 파이낸셜 그룹, 미쓰이 스미토모 파이낸셜 홀딩스, 교토 은행, 요코하마 은행, 동일본 은행 등

증권 회사	야마토 증권, 마넥스 증권, SBI 증권, 라쿠텐 증권 등
보험 회사	손해보험 재팬, 메이지 야스다 생명 보험, 스미토모 생명 보험, 아사히 생명 보험, 라쿠텐 생명 보험 등
부동산	미쓰이 부동산, 오픈 하우스, LIFUL HOME'S 등
광고	덴츠 디지털, 사이버 에이전트, 러버블 마케팅 그룹 등
미디어 엔터테인먼트	아이티 미디어ITmedia, Gunosy, MIXI, 오리콘, 먹는 로그, 야후「PayPay 음식」, 가격.com 등
IT	라인, 소프트뱅크, KDDI, NTT 도코모 그룹, GMO 인터넷 그룹, 메르카리, 일본 정보 통신 등
컨설팅	미쓰비시 종합 연구소, 주식회사 TMJ 등

4. 산업별 일본 기업의 생성형 AI 활용 사례, 10선

산업	회사명	추진 내용
제조업	파나소닉 커넥트	AI 어시스턴트를 도입하여 하루 5000회 이용
	오므론	생성형 AI를 활용한 언어 지시로 움직이는 로봇 개발
소매업	세븐일레븐	생성형 AI 활용하여 상품 기획 기간을 10분의 1로 단축
	파르코	광고 동영상, 나레이션, 음악을 모두 생성형 AI로 작성
식음료업	아사히맥주	생성형 AI를 활용하여 직원의 사내 정보 검색 효율화
IT 업	LINE	엔지니어가 생성형 AI 활용해 하루 2시간의 업무 효율화
	메르카리	AI 어시스턴트가 팔기 쉬운 상품명이나 설명문을 제안
교육업	가켄	생성형 AI를 활용한 학습자에게 개인화된 조언 제공
건축업	오바야시조	생성형 AI가 스케치를 바탕으로 건물의 여러 디자인안을 제안
금융업	SMBC 그룹	독자적인 대화 AI 개발로 직원 생산성 향상

사례 1: 파나소닉 커넥트, AI 어시스턴트를 도입하여 하루 5,000회 이용

파나소닉 커넥트는 사내 데이터베이스와 연계한 AI 어시스턴트를 도입해 업무를 효율화하는 프로젝트를 진행하고 있다. 도입 후 3개월 만에, 계획한 목표의 5배에 달하는 약 26만 회의 누적 사용량을 기록했고, 매일 약 5,000회의 질문이 AI에게 쏟아지고 있다고 밝혔다.

AI에 의해 자사 업무나 현장의 개별 과제에 대응하는 응답을 즉각 생성할 수 있게 되자, 회사는 사외비 정보에 대응하는 자사 특화 AI도 운용하려고 계획하고 있다.

사례 2: 오므론, 생성형 AI를 활용한 언어 지시로 움직이는 로봇 개발

오므론 사이닉 엑스osx는 로봇 암이 자연 언어의 지시에 따라 작동하는 기술을 개발하기 위해 노력하고 있다. 이 기술은 식재료를 자르는 방법 등 특정 작업 동작을 학습한 AI 모델을 생성함으로써 실현된다. 이 프로젝트는 인간과의 자연스러운 대화를 통해 로봇이 보다 인간과 친밀한 상호작용으로 작업을 수행할 수 있도록 하는 것을 목표로 한다.

사례 3: 세븐일레븐, 생성형 AI를 활용하여 상품 기획 시간을 10분의 1로

세븐일레븐 재팬은 상품 기획 시간을 대폭 단축하기 위해 챗GPT를 활용하기 시작했다. 이를 통해 매장 판매 데이터와 SNS에서의 소비자 반응을 분석하고 신제품에 대한 문장과 이미지를 신속하게 생성할 수 있다.

생성형 AI의 도입으로 상품 기획에 걸리는 시간이 최대 90% 삭감되어 시장의 트렌드와 고객의 요구에 신속하게 대응할 수 있는 신상품을 제공할 수 있을 것으로 예상하고 있다.

사례 4: 파르코, 광고의 동영상, 내레이션, 음악을 모두 생성형 AI로 작성

〈파르코 생성형 AI로 만든 패션광고(파르코 홈페이지)〉

파르코는 최첨단 화상 생성형 AI를 이용한 패션 광고인 'HAPPY HOLI DAYS 캠페인' 광고를 제작·공개했다. 이 광고는 실제 모델 촬영 없이 인물부터 배경에 이르기까지 프롬프트로 구성되었으며, 동영상은 물론 내레이션, 음악까지 모두 생성형 AI로 만들었다. 인간 모델이 아니라 생성형 AI가 작성한 모델을 기용하여 색다른 패션 광고를 실현하였다.

사례 5: 아사히맥주, 생성형 AI를 활용하여 직원의 사내 정보 검색 효율화

아사히맥주는 연구개발 부문을 중심으로 생성형 AI를 활용한 사내 정보검색 시스템을 개발하였다. 이 시스템은 맥주 양조 기술 및 상품 개발과 관련된 기술 정보의 요약과 검색을 효율화하는 것을 목표로 한다.

이 시스템을 통해 직원이 필요한 정보에 신속하게 액세스할 수 있게 되어 R&D 속도와 효율성을 향상시킬 것으로 기대한다.

사례 6: LINE, 엔지니어가 생성형 AI를 활용해 업무 시간 하루 2시간 삭감

LINE 야후는 생성형 AI를 소프트웨어 개발 전반에 도입하여 엔지니어의 작업 시간을 하루에 약 2시간 삭감하고 있다. 구체적인 예로 미국 마이크로소프트의 자회사인 깃허브의 'GitHub Copilot'을 이용해, 엔지니어가 실장하고 싶은 기능이나 동작에 필요한 코드를 자동 생성해, 개발 시간을 단축하고 있다.

이에 따라 약 7,000명의 엔지니어가 새로운 서비스의 고안 등 고부가가치 업무에 집중할 수 있게 되어 기업의 경쟁력 향상에 기여할 것으로 기대하고 있다.

사례 7: 메르카리, AI 어시스트가 잘 팔리는 상품명, 설명문 제안

〈개선을 제안하는 AI 어시스트(메르카리)〉

일본의 온라인 중고거래 플랫폼인 메르카리는 생성형 AI를 활용하여 출품자 지원을 강화하는 '메르카리 AI 어시스트' 기능을 제공하기 시작했다.

'메르카리 AI 어시스트'는 판매 출품이 끝난 상품 정보를 AI가 분석해, 상품이 보다 쉽게 팔릴 수 있도록 출품자에게 개선 제안을 하는 기능을 도입했다. 일정 기간 팔리고 남아 있는 출품 상품에 대해서, AI가 메르카리의 과거 정보를 바탕으로 상품 정보의 개선 제안을 하는 것이다. 상품 사이즈나 구입시 가격 등 추가해야 할 내용을 제안할 뿐만 아니라, 추천 상품명 등을 자동 생성한다. 이 노력은 앱 내에서 상품이 구매자의 시야에 머무르기 쉽도록 하기 위한 것으로, 거래 활성화에 기여할 것으로 기대하고 있다.

사례 8: 가켄学研, 생성형 AI를 활용 학습자에게 개별 조언 제공

가켄 홀딩스는 오리지널 학습 시스템 'GDLS'에서 챗GPT를 활용해, 개별적으로 최적의 학습 어드바이스를 제공하는 베타판을 시작했다. 이 시스템은 학생의 학습 이력과 이해도 변화에 따라 개별 학생에게 적절한 학습 조언을 제공하여 학습 효과를 극대화한다.

가켄의 오리지널 학습 시스템은 학생들이 매일 로그인하는 습관을 갖도록 촉진하여 학습에 대한 의욕을 높인다.

사례 9: 오바야시조, AI가 스케치 바탕으로 건물의 여러 제안

오바야시조는 초기 단계의 설계 업무를 효율화할 수 있는, 생성형 AI를 활용한 툴을 개발했다. 이 도구를 사용하면 건물의 대략적인 모양을 그린 스케치와 컴퓨터로 만든 3D 모델을 기반으로 건물의 외관 디자인을 여러 가지로 제안받을 수 있다. 그 결과 신속한 디자인 생성이 가능해져 설계자가 수작업으로 하던, 시간이 걸리는 프로세스를 생략하였다.

이를 통해 설계자는 고객의 요구를 신속하게 반영하고 고객과의 의견 교환을 매끄럽게 진행할 수 있으며 최종 설계에 대한 합의를 신속하게 진행할 수 있다.

사례 10: SMBC 그룹, 독자적인 대화 AI 개발로 직원 생산성 향상

미쓰이 스미토모 파이낸셜 그룹은 'SMBC-GPT'라고 하는, 챗GPT를 활용해 개발한 AI 어시스턴트 툴의 실증 실험을 개시했다. 이 툴은 SMBC 그룹 전용 환경에서 동작하며 문장 작성, 요약, 번역, 소스 코드 생성 등 다양한 업무를 지원하여 직원의 생산성 향상을 도모한다.

AI 어시스턴트 툴이 응답한 내용의 정확성을 종업원이 판단해, 외부 AI의 이용 금지 등의 규제도 순차적으로 재검토해 나갈 예정이다.

인구절벽 위기,
한국의 생성형 AI 도입 준비도는?

1. '회색 코뿔소의 위험'에 직면한 대한민국

〈검은 백조의 위험, DALL-E〉

〈회색 코뿔소의 위험, DALL-E〉

미래의 위험에는 두 가지 유형이 있는데, 하나는 '검은 백조'의 위험으로 코로나19나 이스라엘-하마스 전쟁 등과 같이 갑작스럽게 발생하는, 예측할 수 없는 위험이다. 다른 유형은 '회색 코뿔소'의 위험인데, 이는 미셸 부커Michele Wucker가 제안한 개념이다. 회색 코뿔소는 이미 우리가 명확하게 알고 있지만, 종종 무시하거나 간과하는 위험을 의미한다. 대한민국에 사회, 경제적으로 닥치고 있는 '인구 절벽의 위기'가 바로 회색 코뿔소의 위험에 해당한다.

1996년 이후 태어난 Z세대가 이제 본격적으로 사회에 진출하면서 기업의 실무를 담당하고, 소비의 주체로 등장하기 시작했다. Z세대는 전체 인구의 12%이다. 그런데 현재 산업계 실무의 중추를 담당하고 있는 밀레니엄 세대는 전체 인구의 22%이다. 앞으로 22%가 하던 일을 12%가 하게 된 상황이 현재 대한민국의 현실이다. 게다가 2023년 한국의 합계출산율이 0.72에 불과해 미래에 인구가 현재보다 4분의 1 수준까지 줄어들 것으로 예측된다. 오래 전부터 인구 축소가 불러올 위험에 대해서 수많은 경고의 목소리가 나왔지만 효과적인 대처가 이루어지지 않았고, 이제 눈 앞까지 회색 코뿔소가 돌진해 온 것이다. 무디스는 한국이 저출산으로 인해 경제 성장의 엔진이 꺼질 것이라 경고하고 있다.

인구 절벽은 지방의 인구 소멸, 대학 및 기업의 어려움 가중, 농촌의 궁핍화 등을 초래할 것이다. 이를 극복하기 위해서는 글로벌 시장 진출과 생산성 향상을 동시에 추구해야 한다. 특히 생산성 향상은 시급하다고 말하기에도 촉박한 과제이다. 12%의 인력이 22%의 인구가 하던 일을 해내야 한다. 그 유일하고 가장 강력한 대안은 생성형 AI를 빠르게 받아들여서 한국적 경영 혁신을 이루어내는 것뿐이다. 기존 업무구조를 창의 중심으로 재설계하고, 아이디어 형상화를 지원하는 체계를 만들어내야 한다.

이것이 과연 가능할까? 미국 MIT에서 실험을 했는데 챗GPT를 활용한 그룹은 32분 만에 과제를 마쳤지만, 미활용 그룹은 1시간이 소요되었다고 한다. 게다가 결과물의 품질도 챗GPT를 사용한 그룹이 훨씬 높았다. 이 수치는 대한민국의 Z세대 12%의 인력으로도 충분히 22%의 M세대가 하고 있는 일을 수행할 방법이 있음을 시사한다.

2. 2023년 4월, 이경상 교수가 AI 도입을 촉구한 이유

2023년 4월 30일, 필자는 한국경제신문에 '챗GPT, 기업 혁신의 비밀병기로 만드는 법' 이라는 제목의 컬럼을 기고하였다. 그 기고문의 내용은 다음과 같다.

"팬데믹 이후 제조업 고위 경영진의 84%는 성장 목표를 달성하기 위해 인공지능을 활용해야 한다고 생각하지만, 76%는 추진과 성과 구현에 어려움을 겪고 있다"고 맥킨지컨설팅이 밝혔다. AI를 활용해 기업의 경쟁력을 높이고 싶지만 가치를 실현해 내는 데 너무 오래 걸린다는 기업이 60%에 달했다. 전문가들은 기존 정보시스템을 개발하는 것과는 다른 AI 기술, 인적 자원 및 도구가 부족하기 때문에 이런 현상이 발생한다고 지적했다. 중소기업의 어려움은 더욱 심해서 대기업 대비 16%만이 AI 활용을 시도하고 있다. 이런 상황을 타개할 묘수는 없는 것일까?

챗GPT의 진정한 가치는 개인 활용이 아니라 기업 혁신에 있다. 스탠퍼드대 인간 중심 AI 센터HAI의 전문가 100여 명은 챗GPT가 '거의 모든 산업 또는 기업 활동에 적용할 수 있는 유연하고 재사용이 가능한 AI 모델'이라는 것에 주목하고 이를 기반 모델Foundation Model이라고 이름 지었다.

모건스탠리는 챗GPT에 투자 자료 검색과 정리를 맡기면서 더 많은 시간을 고객과의 대화와 자문에 할애하게 돼 매출이 늘어날 것으로 기대하고 있다. 변호사의 법률비서 케이스텍스트, CRM(고객관계관리) 전문기업 세일즈포스, 식재료 배달기업 인스타카트 등 많은 기업이 앞다퉈 챗GPT를 AI 기반 모델로 활용해 디지털 전환에 성공하고 있으며, 전환에 걸리는 시간도 3개월 이내로 단축하고 있다.

어떻게 이 기업들은 챗GPT를 단기간에 손쉽게 활용할 수 있었을까. 기술적으로 설명하자면 복잡하지만, 간단하게 말하면 지식은 기업 데이터를 쓰고, 자료 분석과 작성 등의 소통 능력은 AI를 활용하는 방식 덕분이다. 지난 3월 14일 등장한 챗GPT-4는 오류 답변을 줄이고, 텍스트와 이미지 입력도 가능할 뿐 아니라 더 똑똑해지고 한국어 번역 능력까지 갖췄다. 그러면서 기업들이 쉽게 챗GPT를 기반 모델로 활용할 수 있도록 API를 강화했고, 텍스트를 음성으로 변환하는 휘스퍼Whisper라는 서비스도 함께 발표했다. 이 새로운 기능들이 챗GPT를 기업의 기존 시스템과 빠르게 통합해 사용 가능하도록 만든 것이다. 이제 경영진들은 챗GPT API로 파생된 기반 모델을 사용하여 회사의 디지털 전환의 속도와 성과를 크게 높이고, 업무의 최적화 및 재창조를 추진할 수 있는 새로운 기회를 획득하여야 한다.

이를 위해 직원의 역량을 높이고, 고객을 만족시키고, 새로운 비즈니스 모델을 도입하며, 새로운 AI 도구를 통해 성공적으로 빠르게 조직의 디지털 전환을 달성할 수 있을 것이다.

3. 한국 기업들의 생성형 AI 도입 준비도에 대한 설문조사 결과

이경상 KAIST 문술미래전략대학원 교수는 생성형 AI를 시범 운영하거나 구현하는 데 관여하는 408명의 국내 비즈니스·기술 리더를 대상으로 설문조사를 실시하고, 이를 전자신문에 기사로 발표하였다. 구체적으로는 이 교수와 전자신문이 2024년 2월 22일 'CIO 서밋 2024' 참석자를 대상으로 설문조사한 결과를, 1월 딜로이트컨설팅이 2,835명을 대상으로 진행한 글로벌 설문조사와 비교·분석한 결과이다.

조사에 따르면, 한국에서 생성형 AI를 통한 조직 혁신이 구현될 것으로 예상하는 시기는 1년 이내가 23%, 3년 이내가 76%로 글로벌 수준과 비슷한 것으로 나타났다. 이 교수는 "우리나라는 글로벌 대비 조금 늦게 생성형 AI 도입을 시작했지만 도입 의지나 관심이 높으며 빠르게 추격하고 있는 것으로 보인다"고 분석했다.

그러나 생성형 AI 도입 준비 상황은 글로벌과 비교해 큰 차이가 있는 것으로 나타났다. 각 기업의 생성형 AI에 대한 전문성 수준을 묻는 질문에 대해 글로벌 기업은 자체 평가 결과 '높다'라는 답변이 34%인 반면 국내 기업은 27.4%로 약 6.6%포인트 낮았다.

기업의 전문성 수준이 '낮다'라는 답변의 경우, 글로벌 기업은 10%였지만 국내 기업은 32.9%로 3배 이상 많았다. 기업은 생성형 AI 채택에 대해 인력(68%), 리스크·거버넌스(67%), 기술 인프라(66%), 전략(34%) 순으로 준비가 부족하다고 생각하고 있었다. 준비가 되지 않았다는 답변이 50% 이하로 나타난 글로벌 답변과 큰 차이가 있는 것으로 확인됐다.

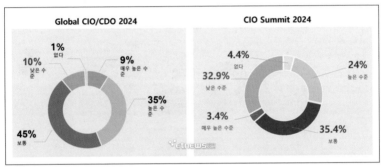

〈"귀사의 생성형 AI에 대한 전문성 수준은 어느 정도인가요?"라는 질문에 대한 글로벌 CIO/CDO에 대한 설문조사(딜로이트 2024.1)와 'CIO 서밋 2024'에 참석한 관계자 설문조사 답변을 비교한 자료〉

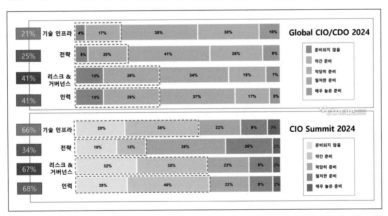

〈"귀사의 생성형 AI 채택에 대한 준비 수준은?" 질문에 대한 글로벌과 국내 기업 설문조사 비교 결과. 글로벌 응답자들은 기술, 전략에 대해서는 준비 수준이 가장 높다고 생각하는 반면, 위험과 인재에 대한 준비는 훨씬 부족하다고 느꼈다. 딜로이트 자료 & CIO 서밋 2024〉

이 교수는 "우리나라는 생성형 AI 도입에서 양극화 현상이 벌어지고 있다"며 "대기업이나 이미 추진하고 있는 기업은 상당히 높은 준비성을 가지고 이끌고 있지만, 아직 준비가 덜 된 기업도 많다는 것을 알 수 있다"고 말했다. 그는 "기업의 체계적 로드맵 구축과 함께 AI 프롬프트 교육을 비롯한 인력 양성에 국가 차원의 지원이 필요하다"고 덧붙였다.

생성형 AI 도입에 사용하려는 솔루션을 묻는 질문에는 응답자의 46%가 챗GPT 등 글로벌 플랫폼을 활용하겠다고 응답했다. 네이버 하이퍼클로바X 등 국내 솔루션을 채택하겠다는 답변은 9%로, 자체 구축(18%)보다 낮은 수준으로 나타났다. 나머지 27%는 전문 분야 생성형 AI 플랫폼을 활용하겠다고 답했다. 이는 국내 솔루션 수준을 기대 이하라고 생각하고 있음을 보여주는 것으로, 이 교수는 국내 생성형 AI 솔루션들이 보다 기업 친화적으로 개선되고 성과 구현 능력을 높여야 시장이 활성화될 것으로 보인다고 지적했다.

이 교수는 "신약 개발 등 전문 분야 생성형 AI 도입에서는 국내 기업도 가능성이 크다"며 "과거 글로벌 기업 중심이던 전사자원관리ERP 시장에서 더존비즈온, 영림원소프트랩 등 토종기업이 돌파구를 찾은 것처럼 특화 부문에서 스타트업의 성공 가능성이 있다"고 말했다.

우리도 국대급 활용 사례가 있는가?
삼성전자와 공군

2024년 들어서 한국도 본격적으로 움직이기 시작했다. 우리나라에도 국가대표급 생성형 AI 적용 사례가 있다. 민간기업 사례로는 삼성전자, 정부·공공 부문 사례로는 대한민국 공군을 들 수 있다. 두 개의 사례를 살펴보면서 미래 통찰력과 교훈을 얻어보자.

1. 삼성전자의 생성형 AI 추진사례

〈삼성전자가 자체 개발한 생성형 AI 삼성 가우스 소개 포스터(삼성전자)〉

1) 2023년 11월, 생성형 AI 삼성 가우스를 공개

2023년 11월 8일, 삼성전자는 '삼성 AI 포럼 2023' 행사에서 삼성리서치가 개발한 생성형 AI 모델 '삼성 가우스Gauss'를 처음으로 공개했다. '삼성 가우스'는 정규분포 이론을 정립한 천재 수학자 칼 프리드리히 가우스Carl Friedrich Gauss로부터 영감을 얻은 생성형 AI 모델이다. 삼성전자는 '삼성 가우스'를 활용해 회사 내 업무 혁신을 추진하고 나아가 사람들의 일상에 새로운 경험을 제공하기 위해 생성형 AI 기술을 발전시킬 계획이라고 밝혔다.

생성형 AI '삼성 가우스'는 크게 텍스트를 생성하는 언어 모델과 코드를 생성하는 코드 모델, 이미지를 생성하는 이미지 모델의 3가지로 구성됐다.

언어 모델은 문서 요약, 번역 등 업무를 더 쉽고 빠르게 처리할 수 있게 해준다. AI 코딩 어시스턴트 '코드아이'는 사내 소프트웨어 개발에 활용할 예정이다. 개발자들이 쉽고 빠르게 코딩할 수 있도록 도와주고 코드 설명이나 테스트 케이스 생성 등의 서비스도 제공한다.

이미지 모델은 DALL-E, Midjourney, Stable Diffusion 등과 비슷한 생성형 AI 이미지 모델로 사진이나 그림 등 창의적인 이미지를 손쉽게 만들 수 있도록 돕는다. 기존 이미지를 원하는 대로 바꿀 수 있는 기능도 탑재돼 저해상도 이미지를 고해상도로 전환하는 기능도 지원한다.

2) 2024년 1월, 그룹 신년사에서 AI 이노베이션 강조

2024년 1월 2일의 '삼성전자 2024년 시무식'에서 한종희 부회장은 "본원적 경쟁력 강화를 최우선으로 추진"함과 동시에 삼성전자가 새로운 게임 체인저가 될 수 있도록 AI, Eco, 라이프스타일 이노베이션 등 '미래 변화 대응력'을 갖출 것을 강조했다.

이중 AI 이노베이션에 대해 "생성형 AI를 적용해 디바이스 사용 경험을 혁신하는 것은 물론, 업무에도 적극 활용해 일하는 방식을 획기적으로 바꿔가자"고 말했다. 생성형 AI를 활용하여 업무의 생산성 향상과 창의 기반의 문화를 만들어 가는 동시에 생성형 AI 고객 경험을 창출하여 경쟁우위를 확보하겠다는 의지를 천명한 것이다.

3) 2024년부터 가전제품에도 생성형 AI 적용

2023년 9월 유럽 최대 가전박람회 'IFA 2023'에서 삼성전자 관계자는 "내년(2024년)부턴 가전에 생성형 AI를 접목해 음성 제어 경험을 향상시킬 것"이라고 예고했다. 기존에는 음성으로 한 가지 명령만 내릴 수 있었지만, 생성형 AI가 적용되면 가전제품과 '대화'가 가능해진다. 또한 두 가지 이상의 명령을 한 문장으로 말해도 의도대로 제어할 수 있다.

관계자는 "삼성전자가 지향하는 AI 가전은 긴밀하게 연결된 가전들이 스스로 상황을 감지하고 패턴을 학습해 자동으로 최적의 솔루션을 제공하는 것"이라면서 "개인별 궁극의 솔루션을 경험할 수 있도록 지속적인 연구개발을 통해 서비스를 고도화해 나갈 것"이라고 말했다.

실제로 2024년 들어 '갤럭시 S22' 시리즈를 비롯해 2023년 출시한 주요 모델을 대상으로 '갤럭시 AI' 기능 업데이트를 실시하고 있다. 업데이트를 통해 사용자들은 생성형 AI 기반으로 사진 일부를 채워주거나 사물을 삭제·이동할 수 있는 '생성형 편집' 기능과 AI가 사진을 분석하여 편집 도구를 추천해주는 '편집 제안Edit Suggestion' 기능을 사용할 수 있다. 또한 다음과 같은 '갤럭시 AI'의 혁신적인 기능을 사용할 수 있게 되었다.

- 실시간 통역Live Translate
- 채팅 어시스트Chat Assist
- 서클 투 서치Circle to Search
- 노트 어시스트Note Assist
- 생성형 편집Generative Edit

2. 대한민국 공군의 챗GPT 도입 성공 사례

1) 국방혁신 4.0의 일환으로 한국 군대 최초로 추진

최근 국방 분야에서도 정부 국정과제인 '국방혁신 4.0' 이행을 위해 업무 생산성 향상과 내부 프로세스 최적화, 일하는 방식의 혁신에 생성형 AI을 도입하여 신속히 적용하기 위한 노력이 이루어지고 있다.

특히 공군은 우수한 개발 인프라HW, SW를 토대로 국방 분야 생성형 AI를 주도하고 있는데, 2024년 5월 서울시 서초구 서울 AI 허브에서 열린 '공군 AI 신기술융합센터' 개소식에서 전군 최초의 군사용 생성형 AI인 '에어워즈AiRWARDS'를 공개했다.

〈공군의 생성형 AI 플랫폼(대한민국 공군)〉

업무 효율성 증진을 목적으로 만들어진 에어워즈는 다음 5종의 서비스를 제공한다.

- 분야별 데이터를 학습해 맞춤형 정보를 제공하는 대화형 AI 서비스 'AI 챗봇'
- 민간에서 쓰이지 않고, 약어가 많은 전문 군사용어로 이뤄진 문장과 문단을 한국어로 자동 변환하는 'AI 번역'
- 규정, 문서, 이미지 등을 검색하면 사용자 의도를 파악해 맞춤형 정보를 나타내는 'AI 통합검색'
- 회의 등 녹음자료(음성파일)를 실시간 자동으로 문서화하는 'AI 음성'
- 문서, 기사 등 보고서와 문장을 요약해주는 'AI 문서 요약'

현재 계룡대에 있는 공군본부 전 부서와 일부 부대 사용자를 대상으로 서비스하고 있으며, AI 서버 증설 작업과 연계하여 운용부대를 단계적으로 확대해 나가고 있다.

2) 독자 연구로 AI 환각과 보안상의 위험 해결

공군은 2020년부터 AI 모델 자체 개발 및 운용을 위한 AI 서버 확보를 단계적으로 추진하고 AI 개발 조직을 지속 보강해 왔다. 그 연속선상에서 2023년부터 생성형 AI의 필요성에 주목하여 에어워즈를 구축해 왔다. 공군은 우수한 인프라와 핵심 기술력을 바탕으로 생성형 AI의 단점인 환각 현상을 미세조정을 통해 보완하였고, 초기 개발 단계부터 폐쇄망(국방망) 기반으로 개발하여 민감 데이터 유출, 사이버 공격 등 보안상의 이슈와 위험 요인을 최소화하였다.

특히 공군 체계단에서 RAG 연구를 통해서 신뢰도를 올리고 임무 개선 효과가 높은 서비스 위주로 우선 개발, 활용하고 있다.

RAGRetrieval-Augmented Generation는 대규모 언어 모델의 출력을 최적화하여 응답을 생성하기 전에 학습 데이터 소스 외부의 신뢰할 수 있는 지식 베이스를 참조하도록 하는 프로세스이다.

RAG는 이미 강력한 LLM의 기능을 특정 도메인이나 조직의 내부 지식 기반으로 확장하므로 생성형 AI 모델을 다시 교육할 필요가 없다. 이는 LLM의 결과를 개선하여 다양한 상황에서 관련성, 정확성 및 유용성을 유지하기 위한 비용 효율적인 접근 방식이다.

3) 국방 전 분야에 확대할 계획

앞으로 공군은 '공군 AI 신기술융합센터'를 중심으로 생성형 AI 소요를 중점 발굴하고, 자체 개발을 통해 적용 분야를 확대할 예정이다. 아울러 작전 분야에 생성형 AI를 도입하기 위한 보안 정책과 세부 도입 전략을 마련하고 산학연 협력체계를 강화하여 생성형 AI 기술을 고도화해 나간다는 방침이다.

한편 국방부는 공군의 생성형 AI 기술을 활용하여 국방 생성형 인공지능 서비스인 '제다이GeDAI: Generative Defense AI for ROK'를 2024년 7월 런칭할 계획이다. 제다이는 국방부 직원을 대상으로 '국방 GPT', '인사관리 GPT', '군軍 특화 번역' 등 6종의 생성형 AI 서비스를 제공한다. 향후 국방부는 군내 생성형 AI의 신속 적용·확산을 위한 정책 및 제도 마련과 함께 표준화된 플랫폼 개발과 인프라 확충을 통해 전군 확산을 추진한다는 계획이다.

〈국방부가 계획 중인 생성형 AI 서비스 6종〉

서비스	주요내용
국방 GPT	국방 관련 지식, 훈령 및 지침에 대한 맞춤형 정보 제공
예산·사업 GPT	예산, 사업 관련 훈령 및 지침에 대한 맞춤형 정보 제공
인사관리 GPT	인사관리 관련 훈령 및 지침에 대한 맞춤형 정보 제공
문서 요약	복잡한 문서의 내용을 간략하게 요약하는 AI
음성 분석	음성파일에서 화자를 구분하고 텍스트로 변환해주는 AI
군(軍) 특화 번역	軍에 특화된 문장을 자동으로 번역하는 AI

4장

챗GPT의 산업별
성공 사례

이경상 교수의 2.2.4 모델이란
무엇인가?

필자는 2023년에 비스니스에 생성형 AI를 도입하기 위한 2.2.4 모델을 만들었다. 이 모델은 생성형 AI 도입 전략을 세우고, 검토할 때 매우 효과적이다. 앞으로 소개할 산업별 챗GPT 사례를 설명할 때 이 모델을 사용할 것이기 때문에, 먼저 이 모델에 대한 기본적 이해가 필요하다.

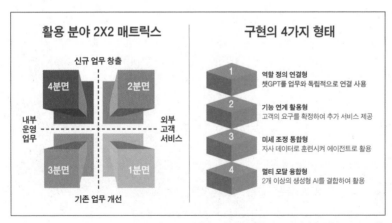

〈이경상 교수의 생성형 AI 도입 전략을 위한 2.2.4 모델〉

1. 2x2 매트릭스 모델은 왜 좋은가?

어떤 기술이나 도구를 기업이 도입하고자 할 때 추진 분야를 결정하고 효과적인 전략을 수립하기 위해 가장 보편적으로 사용하는 프레임워크는 2x2 매트릭스 모델이다. 이경상 교수가 창안한 '생성형 AI의 전략적 활용을 위한 매트릭스' 모델은 다음과 같은 4가지 유용성이 있다.

1) 단순하고 명확한 구조

2x2 매트릭스 모델은 수평축과 수직축으로 나누어진 단순한 구조를 가지고 있다. 이는 복잡한 상황을 간단하게 시각화하고 이해할 수 있도록 도와준다. 앞의 그림에서 수평축은 생성형 AI가 적용되는 대상(외부 고객 서비스 vs 내부 운영 업무)을 나타내고, 수직축은 업무 혁신 유형(기존 업무 개선 vs 신규 업무 창출)을 나타낸다. 단순하고 명확한 2개의 축을 기준으로 다양한 시나리오를 쉽게 분류하고 분석할 수 있다.

2) 포괄적인 접근 방식

이 방식은 기업이 생성형 AI를 적용할 수 있는 주요 영역을 4분면에 모두 포함한다. 외부 고객 서비스와 내부 운영 업무, 그리고 기존 업무 개선과 신규 업무 창출이라는 네 개의 분면을 통해 다양한 응용 가능성을 탐색할 수 있다. 이는 기업이 특정 상황에 맞는 맞춤형 전략을 수립하는 데 도움이 된다.

3) 균형 잡힌 전략 수립

2x2 매트릭스 모델을 사용하면 기업은 AI 도입 시 균형 잡힌 접근 방

식을 취할 수 있다. 한쪽에만 치우치지 않고, 시야를 확장해 기존 업무 개선과 신규 업무 창출을 모두 고려함으로써 전반적인 효율성을 높이고, 새로운 기회를 창출할 수도 있다. 이를 통해 기업은 단기적인 성과와 장기적인 혁신을 동시에 추구할 수 있다.

4) 명확한 우선순위 설정

이 모델은 기업이 AI 도입 시 어디에 우선순위를 둘지 명확하게 설정할 수 있도록 도와준다. 각 4분면에 대해 구체적인 예시를 통해 적용 가능한 업무를 식별하고, 중요한 업무에 집중할 수 있다. 이는 자원과 시간을 효율적으로 사용할 수 있게 한다.

2. 2x2 매트릭스의 4분면 적용 업무 예

2x2 매트릭스 모델의 각 4분면에 대해 챗GPT를 적용할 수 있는 구체적인 업무의 예시를 보면 모델을 더 잘 이해하고, 직접 업무에 적용할 수 있는 통찰을 얻을 수 있을 것이다.

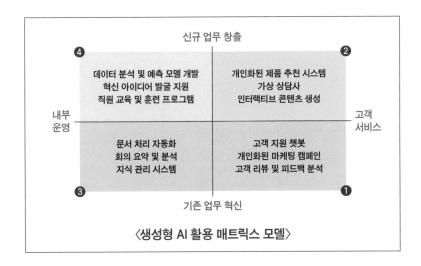

〈생성형 AI 활용 매트릭스 모델〉

1분면: 외부 고객 서비스 - 기존 업무 개선

- 고객 지원 챗봇: 24/7 고객 문의 응대, FAQ 제공, 문제 해결 등 반복적인 고객 지원 업무를 자동화하여 고객 서비스의 효율성을 높인다.
- 개인화된 마케팅 캠페인: 고객 데이터를 분석하여 개별 고객의 관심사와 행동에 맞춘 맞춤형 마케팅 메시지와 프로모션을 제공한다.
- 고객 리뷰 및 피드백 분석: 고객 리뷰와 피드백을 자동으로 분석하여 제품 개선이나 서비스 향상을 위한 인사이트를 도출한다.

2분면: 외부 고객 서비스 - 신규 업무 창출

- 개인화된 제품 추천 시스템: 고객의 구매 이력과 선호도를 분석하여 개인화된 제품 추천을 제공함으로써 새로운 판매 기회를 창출한다.
- 가상 상담사: AI 기반 가상 상담사를 도입하여 고객에게 새로운 방식의 맞춤형 상담 서비스를 제공한다.

- 인터랙티브 콘텐츠 생성: 고객 참여를 유도하는 인터랙티브 콘텐츠 (예: AI가 생성한 퀴즈, 게임, 인터랙티브 스토리 등)를 개발하여 새로운 고객 경험을 제공한다.

3분면: 내부 운영 업무 - 기존 업무 개선

- 문서 자동화: 보고서 작성, 데이터 입력, 문서 정리 등 반복적인 문서 작업을 자동화하여 직원들의 업무 부담을 줄인다.
- 회의 요약 및 분석: 회의 내용을 자동으로 요약하고, 주요 토론 포인트와 액션 아이템을 정리하여 생산성을 높인다.
- 지식 관리 시스템: AI를 활용하여 내부 지식 관리 시스템을 구축하고, 필요한 정보를 신속하게 검색하고 활용할 수 있도록 지원한다.

4분면: 내부 운영 업무 - 신규 업무 창출

- 데이터 분석 및 예측 모델 개발: AI를 활용하여 회사의 데이터를 분석하고, 매출 예측, 시장 트렌드 분석 등을 통해 새로운 인사이트를 제공함으로써 전략적 의사결정을 지원한다.
- 혁신 아이디어 발굴 지원: AI 기반 브레인스토밍 도구를 도입하여 직원들이 창의적인 아이디어를 발굴하고 새로운 프로젝트를 시작할 수 있도록 지원한다.
- 직원 교육 및 훈련 프로그램: AI 기반의 맞춤형 교육 및 훈련 프로그램을 개발하여 직원들의 역량을 강화하고, 새로운 기술이나 지식을 습득할 수 있도록 지원한다.

이러한 4분면 모델을 통해 생성형 AI를 효과적으로 도입하여 활용할 수 있는 구체적인 업무를 선정하여 추진할 수 있으며, 이를 통해 기업은 업무 효율성을 높이고, 새로운 비즈니스 기회를 창출하며, 고객 만족도를 향상시킬 수 있다.

3. 챗GPT와 연결하는 4가지 방법

기업들은 챗GPT를 어떤 방식으로 연계해서 활용할 수 있을까? 지금까지 관찰된 사례를 유형화해보면 크게 4가지 패턴으로 구분해 볼 수 있다. 각 형태별 사례는 뒤에서 구체적으로 설명할 것이다. 앞의 2X2 매트릭스 모델에다 4가지 연결 방법을 결합하여 '생성형 AI의 전략적 활용 2.2.4 모델'이라 명명했다.

1) 역할 정의 연결형

챗GPT의 뛰어난 형상화 능력만 활용해 임직원 개개인의 업무 효율성을 높이는 방식이다. 전자우편 작성, 회의록 요약, 번역, 맞춤법 교정 등 단순 작업을 자동화하는 방식이다. 공공 부문에서 도쿄 시 사례가 이에 해당한다.

2) 기능 연계 활용형

챗GPT의 대화 기능과 기업 내 기존 시스템을 연계해 고객 경험을 개선하는 유형이다. 대표적으로 대화형 봇을 통해 소비자 니즈를 파악한 뒤 최적의 제품과 서비스를 추천하는 것이 그 예이다. 유통부문 인스타카트의 사례가 이에 해당한다.

3) 미세조정 통합형

기업 자체의 전문 데이터를 챗GPT에 학습시켜 맞춤형 지식 봇으로 활용하는 방식이다. 투자은행의 금융 시장 분석 보고서, 제조업체의 제품 설명서, 병원의 의학 논문 등을 챗GPT에 주입해 해당 분야 전문가 수준의 답변을 제공하도록 만들 수 있다. 금융 부문의 모건스탠리 사례가 이에 해당한다.

4) 멀티모달 융합형

챗GPT에 GPT-4o, DALL-E 등 이미지·영상 생성형 AI를 결합해 활용 영역을 확장하는 방식이다. 의류 쇼핑몰에서 챗GPT로 소비자 선호도를 분석한 뒤, DALL-E로 맞춤형 디자인을 제안하는 식의 서비스를 제공하는 형태이다. 의류 부문의 스티치픽스 사례가 이에 해당한다.

유통: 인스타카트는 어떻게
고객 재구매율을 높였는가?

1. 유통 대표 사례: 인스타카트 회사 개요

인스타카트Instacart는 2012년에 설립된 북미를 대표하는 온라인 식료품 배달 서비스 회사로, 고객이 홈페이지나 앱에서 주문하면 쇼퍼Shopper가 1~3시간 안에 대신 구매해서 집까지 배달해준다. 회사에 따르면 2024년 2월 현재 북미에서 인스타카트 서비스는 1,500여 개 리테일러(여기에는 월마트, 코스트코 등 대형 리테일러도 포함된다), 8만 5,000개 매장에서 이용할 수 있다. 유통업체, 고객, 브랜드 및 쇼핑객을 위한 직관적이고 간단한 솔루션을 제공함으로써 전 세계의 쇼핑, 식사, 생활 방식을 변화시키고 있는 회사이다.

2. 챗GPT 적용 분야

2023년 5월 인스타카트는 유통업체로는 처음으로 챗GPT로 구동되는 새로운 AI 검색 도구 'Ask Instacart'의 출시를 발표했다. 인앱 도구는 개인화된 권장 사항을 제공하여 고객이 시간을 절약하고 쇼핑 질문에 답할 수 있도록 돕는다. 또한 새로운 검색 환경이 앱의 검색 표시줄에 통합되어 사용자에게 제품 추천은 물론 음식 준비, 제품 특성, 식이 고려 사항 등에 대한 확장된 정보를 제공한다. 개인화된 질문 프롬프트를 통합함으로써 'Ask Instacart'는 쇼핑 기록을 기반으로 사용자의 요구를 파악하고 새로운 제품의 발견을 촉진하도록 설계되었는데 다음과 같은 대표적인 기능을 지원한다.

1) 레시피 및 식료품 쇼핑 지원

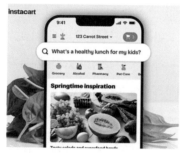

⟨인스타카트 앱(인스타카트 홈페이지)⟩

새로운 도구는 "양갈비에 어떤 반찬을 곁들이면 좋을까요?", "연어와 비슷한 생선은 무엇입니까?" "치킨 구이에 좋은 소스는 무엇입니까?" 또는 "아이들을 위한 유제품이 안 들어간 간식은 무엇인가요?"와 같은 질문에도 응답한다.

"'저녁 식사로 무엇을 먹을까?' 모든 가족이 만족할 만한 답을 얻기 매우 어렵고 자칫 복잡해지기 쉬운 이런 종류의 고민을 우리는 매일 겪게 된다. Ask Instacart는 먹거리 소비 예산, 식품 사양에 대한 결정에서 요리 기술, 개인 선호도 등에 이르기까지 음식에 관한 고객의 모든 질문에 답하고, 완벽한 식사를 준비하는 데 필요한 재료를 대부분 1~2시간 안에 배달해준다.

2) 구매 식품의 검색 및 결정

새로운 AI 기반 검색 경험이 도입되기 전에 인스트카드의 검색 표시줄은 제품, 상점 및 레시피를 찾는 용도로만 사용할 수 있었다. 'Ask Instacart'를 사용하면 앱이 음식 준비를 위한 원스톱 상점으로 전환된다. 과거에는 사용자가 인스타카트에서 주문하기 전에 사전 단계로 구글 검색을 통해 적합한 간식이나 BBQ 필수품 등에 대한 구체적인 권장 사항을 찾아야 했다. 이제 인스타카트는 사용자가 앱 내에서 이러한 쿼리를 직접 입력할 수 있도록 함으로써 사전 검색 단계가 필요 없어졌다. 'Ask Instacart' 출시는 회사가 최근 챗GPT용 인스타카트 플러그인을 구현한 데 따른 것이다. 덕분에 사용자가 음식에 관한 요구 사항을 자연어로 표현한 다음 해당 제품을 쇼핑할 수 있도록 만들어준다. 'Ask Instacart'는 식품 관련 질문에 구체적으로 응답하도록 설계된 고도로 전문화된 모델이다.

3) 고객 맞춤형 개인화 서비스

인스타카트의 챗GPT 플러그인은 개인 사용자의 식습관, 시간 제약, 다이어트 요구사항 등을 반영하여 맞춤형 식사 아이디어와 쇼핑 리스트를 생성한다. 이는 고객이 더 쉽고 빠르게 원하는 식재료를 찾고 주문할 수 있게 할 뿐 아니라, 고객 이탈률을 낮추고 재구매율을 높이는 효과를 주고 있다.

3. 도입 효과

1) 사용자 경험 향상

챗GPT를 통한 자연어 채팅과 개인화된 추천으로 인해 사용자 경험이 크게 향상되었다. 고객은 더 적은 시간과 노력으로 원하는 식재료와 레시피를 찾을 수 있으며, 이는 고객 만족도를 높이는 데 기여한다.

2) 운영 효율성 증가

인스타카트는 챗GPT를 통해 고객 서비스와 내부 운영을 자동화하여 운영 효율성을 크게 향상시켰다. 반복적인 고객 문의를 자동으로 처리하고, 주문 처리를 최적화함으로써 직원들의 업무 부담을 줄였다.

3) 매출 증대

개인화된 추천과 간편한 주문 프로세스로 인해 고객의 구매 빈도가 증가하고, 이는 매출 증대로 이어졌다. 또한 신속하고 효율적인 서비스 제공으로 인해 고객의 재방문율이 높아졌다.

인스타카트의 챗GPT 도입 사례는 전자상거래와 온라인 식료품 배달 서비스에서 AI 기술이 어떻게 혁신을 가져올 수 있는지를 잘 보여준다. 이를 통해 다른 전자상거래 업체들도 비슷한 방식으로 AI를 도입하여 고객 서비스와 운영 효율성을 개선할 수 있다.

4. 전자상거래와 유통업에서 챗GPT 활용 2.2.4 모델

인스타카트의 사례에서 나온 분야 이외에 전자상거래와 유통업체들이
사용할 수 있는 7가지 분야를 소개하면 다음과 같다.

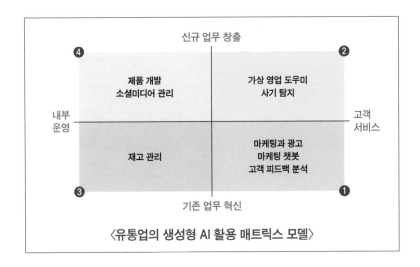

〈유통업의 생성형 AI 활용 매트릭스 모델〉

1) 마케팅과 광고

챗GPT와 같은 고급 유통 봇은 유통 비즈니스가 효과적인 마케팅과
광고 전략을 수립하는 데 도움을 줄 수 있다. GPT 플랫폼의 텍스트 완
성 및 텍스트 생성 기능을 사용하면 GPT 연결 봇이 매력적인 제품 설
명, 홍보 문구, 기타 광고 콘텐츠를 작성하는 데 도움을 줄 수 있다.

2) 가상 영업 도우미

GPT 플랫폼을 기반으로 하는 최첨단 유통 봇은 유통업에서 가상 판

매 도우미 역할을 하여 고객이 쇼핑하는 방식을 변화시키고 있다. 리테일 챗GPT는 제품 선택, 크기 및 가격 정보와 관련한 실시간 권장 사항과 조언을 제공하여 고객이 탐색하는 데 도움을 줄 수 있다. 챗GPT의 추천 기능은 고객 행동 및 선호도 패턴을 분석하여 고객에게 개인화된 상품을 제안함으로써 쇼핑 경험을 더욱 효율적이고 즐겁게 만든다. 또한 챗GPT를 통한 제품 비교를 지원하여, 정보에 입각한 구매 의사결정에 도움을 주고, 이점 및 가격에 대한 구체적인 정보를 제공할 수 있다.

3) 고객 피드백 분석

챗GPT와 같은 유통 봇에는 고객 피드백과 정서를 분석할 수 있는 고급 기능이 탑재되어 있어 기업이 개선할 영역을 식별하고 소비자 문제를 해결하는 데 도움을 준다. GPT 플랫폼의 감정 분석 기능을 통해 리테일 챗GPT는 소셜 미디어, 이메일, 고객 관리 담당자와의 상호작용 등 여러 채널에서 수집된 피드백을 분석하여 고객 감정에 대한 통찰을 제공하고 댓글의 패턴을 감지할 수 있다. 또한 고객 피드백을 분석하여 제품의 품질 문제 또는 배송 지연과 같은 일반적인 불만과 우려 사항을 감지하고 비즈니스 개선에 대한 실행 가능한 통찰을 제공할 수 있다. 또한 GPT 연결 봇은 소비자 만족도 영역에 초점을 맞춰 기업이 강점을 강화하고 전반적인 고객 경험을 개선할 수 있도록 지원한다.

4) 사기 탐지

챗봇은 사기를 탐지하고 예방하는 기능을 지원할 수 있다. 유통업체는 GPT 기반 봇을 사용하여 고객 행동의 불일치 여부를 모니터링할 수 있으며, 이를 통해 사기를 미리 감지하고 예방할 수 있다. 이런 기능을 통해 유통업체는 안전한 쇼핑 환경을 제공하고 고객과의 신뢰를 구축함으로써 고객 충성도와 만족도를 높일 수 있다.

5) 제품 개발

최첨단 유통 봇은 유통업체가 AI 기능을 사용하여 신제품 아이디어를 개발하는 데 도움을 줄 수 있다. 봇이 고객 동향, 경쟁 및 시장 조사를 평가하여 혁신적인 제품 아이디어를 생성할 수 있다. 구문 분석 기능을 사용하여 텍스트, 시각 및 오디오 데이터를 분석함으로써 리테일 챗GPT는 고객 선호도를 이해하고 그에 따라 새로운 제품 아이디어를 생성할 수 있다.

6) 소셜 미디어 관리

유통 봇은 광고 콘텐츠 아이디어를 생성하고, 소셜 미디어 게시물을 추천하고, 고객 지원을 제공하는 데 유용하다. GPT 기반 봇은 텍스트 완성 및 텍스트 생성과 같은 기능을 이용해 대상 고객층의 공감을 불러일으키는 매력적이고 설득력 있는 광고 카피를 만드는 데 도움을 줄 수 있다. 또한 데이터 분석을 통해 업계 동향과 고객 선호도를 파악하고 유통업체 브랜드에 맞는 소셜 미디어 게시물을 추천할 수 있다.

리테일 챗GPT는 자주 묻는 질문을 해결하고 자연어 처리 및 생성 기능을 통해 고객의 문의 및 우려 사항을 처리할 수도 있다. GPT 플랫폼과 연결된 고급 봇은 시기 적절하고 유용한 응답을 제공함으로써 고객의 신뢰를 높이고 참여도를 높일 수 있다. 또한 소셜 미디어 참여, 도달 범위 및 전환율을 추적하는 성과 보고서를 생성할 수 있다. 이는 기업이 소셜 미디어 전략을 최적화하기 위해 데이터 기반 결정을 내리는 데 도움을 준다.

7) 재고 관리

제품 수요 및 재고 수준에 대한 실시간 통찰을 제공하는 챗GPT를 통해 유통업체가 재고 수준을 최적화하고 재고 부족이나 재고 과잉 문제를 방지하는 데 도움을 줄 수 있다. GPT 플랫폼을 사용하여 설계된 유통 봇은 고급 클러스터링 기능을 사용하여 고객 행동 패턴과 구매 내역을 분석하여 향후 수요를 예측하고 각 제품에 이상적인 재고 수준을 추천할 수 있다. 리테일 챗GPT는 또한 유통 속도가 느리거나 쓸모가 없는 제품을 식별하는 데 도움을 주어, 제품 라인 축소 또는 철수 제안에 대해 정보에 입각한 결정을 내릴 수 있도록 지원한다. 유통업체는 챗GPT의 강력한 기능을 활용하여 재고 관리 프로세스를 간소화하고 낭비와 비효율성을 줄이며 궁극적으로 수익성을 높일 수 있다.

금융: 모건스탠리는 왜 월가 최초로 생성형 AI를 도입하였는가?

1. 금융 산업 대표 사례: 모건스탠리 회사 개요

모건스탠리는 1935년에 설립된 글로벌 금융 서비스 기업이다. 모건스탠리는 투자 은행, 증권, 자산 관리, 그리고 웰스 매니지먼트 분야에서 다양한 금융 서비스를 제공하고 있다. 이 회사의 직원은 약 75,000명이고, 2023년 모건 스탠리의 연간 매출은 약 541억 달러였다.

모건스탠리는 전 세계 41개 국에 지사를 두고 있으며, 다양한 기업, 정부, 기관 및 개인 고객을 보유하고 있다. 최근 AI 기반의 'Next Best Action' 시스템을 통해 고객 맞춤형 조언을 제공하여 금융 서비스의 효율성과 정확성을 높이고 있다.

2. 챗GPT 적용 분야

2023년 3월에 오픈AI의 GPT-4를 기반으로 지원 프로그램을 개발 중이라고 발표하여 엄청난 화제를 불러일으켰던 모건스탠리는 그해 9월 오픈

AI의 최신 소프트웨어로 만든 비서가 완전히 활성화되어 금융 자문가와 직원을 지원하기 시작했다고 발표하였다. 앤디 세이퍼 스타인 모건스탠리 공동회장은 메모에서 "재무 자문사는 항상 모건스탠리 자산관리 세계의 중심이 될 것"이라고 말했다. "우리는 또한 생성형 AI가 고객 상호작용에 혁명을 일으키고, 자문 업무에 새로운 수준의 효율성을 가져오고, 궁극적으로 고객에게 가장 잘 하는 일을 할 수 있는 시간을 확보하는 데 도움이 될 것이라고 믿습니다"라고 강조하였다.

모건스탠리는 고객 서비스를 개선하고 내부 운영의 효율성을 높일 수 있는 AI와 머신러닝 기술의 중요성을 인식하고 있었다. 특히 최근 방대한 데이터를 분석하여 맞춤형 금융 서비스를 제공할 필요가 커지고 있는데 그에 대응하기 위해서는 자연어 처리 기술의 도입이 필수적이었다. 챗GPT와 같은 기술은 고객과의 상호작용을 개선하고, 금융 자문가들의 업무를 지원하는 데 큰 도움을 줄 수 있다.

1) 고객 상담 지원

모건스탠리는 챗GPT 기반의 챗봇을 도입하여 고객 문의에 신속하게 응답할 수 있도록 했다. 이 챗봇은 계좌 정보, 투자 포트폴리오, 시장 동향 등에 대한 질문에 답변할 수 있으며, 복잡한 금융 용어를 쉽게 설명해 준다. 이를 통해 고객은 언제든지 필요한 정보를 얻을 수 있어 만족도가 높아졌다.

2) 내부 지식 관리

모건스탠리는 내부적으로도 챗GPT를 활용하여 직원들이 필요한 정보를 빠르게 찾을 수 있도록 했다. 예를 들어, 금융 자문가들이 특정 금융 상품이나 규제에 대한 정보를 찾을 때, AI가 신속하게 관련 자료를 제공하여 업무 효율성을 높였다.

3) 리서치 및 보고서 작성

AI는 방대한 데이터를 분석하여 중요한 통찰을 도출하고, 이를 바탕으로 리서치 보고서를 작성하는 데도 활용되었다. 모건스탠리의 애널리스트들은 AI가 제공하는 데이터를 바탕으로 보다 정확하고 신속한 시장 예측을 할 수 있게 되었다.

4) 개인화된 투자 조언

AI 시스템은 고객의 투자 성향, 목표, 리스크 허용 범위를 분석하여 맞춤형 투자 전략을 제안한다. 이러한 개인화된 서비스는 고객의 신뢰를 높이고, 자산 관리의 성과를 향상시키는 데 기여했다.

〈GPT-4를 사용하는 Morgan Stanley Assistant의 오픈AI 예시 모형〉

모건스탠리가 챗GPT와 같은 AI 기술을 도입한 것은 고객에게 더 나은 서비스를 제공하고 내부 운영의 효율성을 극대화하기 위한 전략적 선택이었다. 모건스탠리의 디지털 혁신 책임자인 맥밀란McMillan은 최근 인터뷰에서 AI @ Morgan Stanley Assistant라고 불리는 이 도구를 통해 금융 자문가가 약 100,000개의 연구 보고서 및 문서로 구성된 데이터베이스라는 은행의 '지적 자본'에 빠르게 액세스할 수 있게 되었다고 말했다. 그는 시장, 추천, 내부 프로세스에 대한 질문에 대해 자문가와 고객 서비스 직원의 시간을 절약함으로써 이들에게 고객과 더 많이 소통할 수 있는 자유를 준다고 강조했다.

맥밀란에 따르면, 도입 초기에 챗GPT를 활용한 프로그램이 양질의 응답을 생성하는지 확인하는 데 어려움을 겪었다. 그래서 몇 개월에 걸쳐 문서를 선별하고 인간 전문가를 활용하여 응답을 테스트했다. 생성형 AI를 잘 사용하려면 검색 엔진 쿼리에서처럼 키워드에 의존하는 대신 마치 인간과 대화하는 것처럼 완전한 문장으로 질문을 표현해야 하는데,

직원들이 기계와 대화하는 것이 익숙하지 않아서 이들을 교육하고 미세조정을 하는 것이 필요했다고 한다. 이는 다른 기업에서도 AI 도입 시에 고려해야 할 사항이다.

현재 모건스탠리는 챗GPT를 이용하여 고객과의 미팅 내용을 자동으로 요약하고 후속 이메일을 생성하는 Debrief라는 도구를 추가적으로 개발하고 있다.

> "나는 20년 동안 인공지능 분야에서 일했는데도 (생성형 AI와 같은) 이런 것을 본 적이 없습니다. 그러나 우리는 완전히 파괴적인 기회의 창을 보았고, 조직으로서 우리는 뒤처지고 싶지 않았습니다."

챗GPT 도입을 주저하는 기업이라면 맥밀란의 이 말에서 교훈을 얻어야 할 것이다.

3. 금융산업 챗GPT 활용의 매트릭스 모델

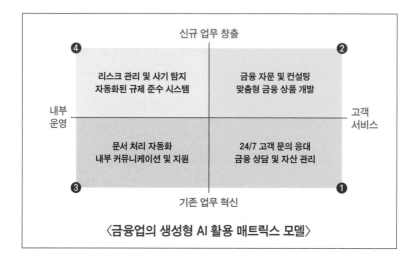

〈금융업의 생성형 AI 활용 매트릭스 모델〉

챗GPT를 이용해 금융업에서 변화를 이룰 수 있는 분야는 위 매트릭스 모델에서처럼 다양하다.

몇 가지 예를 들어보자.

1) 고객 서비스 개선

많은 은행과 보험사, 증권사가 고객 문의에 빠르게 응답하기 위해서 챗GPT 기반 챗봇을 활용하고 있다. 이는 고객 만족도를 높이고, 고객 서비스 팀의 업무 부담을 줄여준다. 예를 들어 미국의 여러 은행들이 챗GPT를 통해 고객의 계좌 잔고 확인, 거래 내역 조회, 일반적인 금융 상품 안내 등을 자동화하고 있다.

인터넷 보험 핀테크 회사인 레모네이드Lemonade는 챗GPT와 같은 AI 기술을 활용해 보험 청구 과정을 자동화했다. 고객이 청구서를 제출하면, AI가 이를 분석하고 필요 시 빠르게 보험금 지급 절차를 진행한다. 이로 인해 보험 청구 과정이 몇 초만에 처리되기도 한다. 레모네이드는 이를 통해 고객 만족도를 높이고 운영 비용을 절감했다.

2) 투자 상담 및 분석

증권사에서는 챗GPT를 이용해 실시간으로 시장 분석과 투자 전략을 제공하고 있다. 고객은 질문을 통해 특정 주식이나 채권에 대한 정보를 얻고, 맞춤형 투자 조언을 받을 수 있다. 이는 고객이 더 나은 투자 결정을 내릴 수 있도록 돕는다.

찰스 슈왑Charles Schwab은 AI 기반 챗봇 'Intelligent Assistant'를 도입하여 고객에게 투자 조언을 제공하고 있다. 이 챗봇은 고객의 질문에 답하고, 맞춤형 투자 전략을 제안하며, 계좌 관리에 도움을 준다. 이를 통해 고객은 더 나은 투자 의사결정을 내릴 수 있고, 회사는 더 많은 고객을 효율적으로 지원할 수 있다

3) 위험 관리

보험사에서는 챗GPT를 활용해 보험 청구서를 분석하고, 부정 청구를 감지하는 데 사용하고 있다. 챗GPT의 자연어 처리 능력을 이용해 복잡한 서류를 신속하게 검토하고, 이상 징후를 발견해내는 것이 가능하다.

일본의 스미노부SBI넷 은행은 여신, 마케팅, 부정 감지 등 다방면에 걸친 업무에 AI를 활용해 온 경험을 바탕으로, 챗GPT와 조합한 업무의 실증 테스트를 진행하고 있다. 정보 자산을 보호하면서 고급 자사 AI 모델 개발과 고객 대응 향상을 목표로 한다.

4) 교육 및 트레이닝

금융 기관 내부에서 직원 교육에 챗GPT를 활용할 수 있다. 복잡한 금융 규제나 내부 절차를 배우는 데 도움을 주고, 시뮬레이션을 통해 실제 상황에 대비할 수 있도록 교육한다.

의류: 스티치픽스가 미세조정 사용의 최고 기업이 된 비법은?

---

1. 의류 산업의 대표 사례: 스티치픽스 회사 개요

이번에 살펴볼 챗GPT 활용의 성공 모델은 챗GPT에 다른 AI 기술을 접목한 '멀티모달 활용형'이다. 대화 기반 챗GPT에 이미지 생성형 AI인 DALL-E, 동영상 AI 등을 결합해 활용 영역을 대폭 확장하는 방식이다.

스티치픽스는 2011년에 설립되어 2017년에 나스닥에 상장된 온라인 개인 스타일링 서비스 회사로, 오프라인 매장이 없이 온라인으로만 고객들에게 맞춤형 의류, 신발, 액세서리를 제공하는 것을 목표로 한다. 본사는 샌프란시스코에 있으며, 미국과 영국에서 운영되고 있다. 스티치픽스는 데이터 과학과 인간의 판단을 결합하여 고객의 취향, 라이프스타일, 예산에 맞춘 개인화된 상품을 제공한다.

2023년에 약 340만 명의 활성 고객을 보유하고, 약 16억 4천만 달러의 매출을 기록했으며, 약 7,920명의 직원을 고용하고 있다.

스티치픽스의 오프라인 매장없이 온라인으로만 판매하는 독특한 방식을 구체적으로 살펴보려면 아래 QR 코드를 스캔하여, 유튜브 공식채

널을 방문하여 체험하기 바란다.

 스티치픽스 유튜브 공식채널

2. 3가지 핵심 적용 분야

의류 쇼핑몰 '스티치픽스'의 챗GPT 도입과 활용은 그 다양성과 깊이에서
단연 역대급 모범 사례이다.

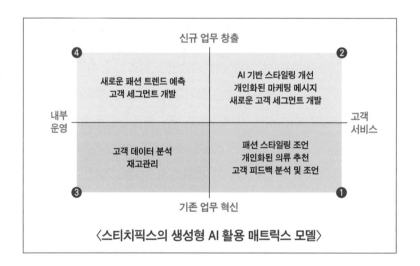

〈스티치픽스의 생성형 AI 활용 매트릭스 모델〉

1) 광고 카피 생성

스티치픽스는 광고 카피를 생성하는 데 챗GPT를 사용한다. 스타일 키

워드나 제품 속성을 입력하면 챗GPT가 이를 바탕으로 광고 문구를 생성한다. 생성된 문구는 카피라이터가 검토하여 정확성과 매력을 더한 문구로 완성한다. 이를 통해 광고 캠페인의 준비 시간이 크게 단축되었다

〈키워드를 입력하면 제품 설명을 생성(스티치픽스)〉

2) 제품 설명 작성

보유 재고에 있는 수십만 가지 스타일에 대한 설명을 작성하고, 검토하고 승인하는 것은 카피라이터 혼자하기는 어려운 작업이다. 스티치픽스는 카피라이터가 작성한 수백 개의 기존 제품 설명과 고객의 미묘한 피드백에 대해 챗GPT에게 추가 교육을 실시했다. 예를 들어 "이 드레스는 좀 더 격식을 차린 스타일이라 결혼식에 입고 가면 좋을 것 같다"라는 인간 스타일리스트의 경험을 챗GPT와 공유하는 것이다. 고품질 제품 설명을 위한 언어, 스타일 및 템플릿을 이해함으로써 AI 모델이 재고에 있는 수천 개의 제품에 대한 설명을 신속하게 작성할 수 있다. 전문 카피라이터와 MD가 그 정확성을 검토한다. 이러한 과정을 통해 챗GPT는 30분마다 10,000개의 유익한 제품 설명을 생성할 수 있으며 각 설명은 인간 스타일리스트가 1분 이내에 검토할 수 있게 되었다.

3) 고객에게 4,300만 개의 스타일 영감을 제공

고객은 영감을 얻기 위해 스티치픽스를 방문한다. 스티치픽스가 영감을 제공하는 한 가지 방법은 그들이 잠재적으로 구매할 품목 또는 이미 소유하고 있는 품목을 다른 쇼핑 가능한 품목과 함께 스타일링하는 방법을 더 잘 이해하도록 돕는 것이다.

스티치픽스는 고객의 개인 쇼핑 피드나 개인화된 이메일과 광고를 통해 형성되는 다양한 접점을 통해 매일 약 4,300만 개의 의상 조합을 고객에게 선보이고 있다. 스티치픽스의 의류 상품들은 끊임없이 변하고 수가 늘어난다. 회사는 고객에게 시의적절하고 트렌드에 맞는 스타일을 보여주려고 매일 1,300만 개의 새로운 의상 조합을 생성해야 했다. 이를 위해서 챗GPT를 기반으로 OCMOutfit Creation Model을 만들었다.

OCM은 스타일리스트가 제작한 수백만 개의 의상을 챗GPT가 실시간 재고 품목과 고객의 선호도, 과거 구매 내역을 고려하여 의상 제안을 수집한다. 그리고 고객이 상품을 볼 때 개별 쇼핑 피드에서 이를 보여줄 수 있다. 개인화된 의상을 전시함으로써 고객은 옷의 다양성에 대한 귀중한 통찰을 얻고 신선하고 흥미로운 스타일을 경험한다.

Stylist Generated Outfits* (SGOs)

Algorithmically Generated Outfits* (AGOs)

〈위는 인간이 만든 고정형 추천 방식, 아래는 고객이 선택한 의류와 적합한 스타일을 물음표(?) 자리에 생성형 AI를 통해 변동적으로 다양하게 추천할 수 있는 방식(스티치픽스)〉

---

3. 챗GPT를 미세조정한 스티치픽스의 방식

오프라인 매장이 없는 스티치픽스 사업의 핵심은 스타일리스트들이 고객과 대화하면서 고객과의 관계를 구축하고, 창의성을 발휘하고, 고객 요청의 뉘앙스와 맥락을 이해하는 데 집중하는 것이다.

고객은 자신의 선호도와 특정 요구사항을 설명할 때 모호한 용어로 설명하거나 두서없이 많은 양의 의견을 제시한다. 그래서 스타일리스트가 빠르게 고객의 요구사항을 요약하고 상품을 찾아 내는데 상당한 시간이 걸렸었다.

1) 훈련 데이터 수집 및 준비

스티치픽스는 고품질의 데이터 세트를 수집하여 모델을 훈련시켰다. 이 데이터 세트는 고객의 피드백, 스타일 선호도, 상품 설명 등 다양한 텍스트 데이터를 포함하고 있다. 특히 과거에 스타일리스트가 고객과 상호작용을 했던 실제 고객 피드백을 바탕으로 한 데이터를 기반으로 약 10,000개의 챗GPT 훈련 예제를 생성했다. 다음 표는 예제의 샘플이다.

〈챗GPT 훈련 예제〉

미세조정을 위한 고객 데이터	상품 추천을 위한 키워드 추출
매우 부드럽고 신축성이 좋습니다. 패턴이 마음에 들어요.	부드러움, 신축성, 패턴이 있음
나에게는 모든 것이 너무 비즈니스 캐주얼인 것 같습니다. 좀 더 보헤미안적이고 캐주얼한 것을 찾고 있어요. 오스틴 콘서트를 위한 더욱 펑키한 스타일이 좋을 것 같기도 해요	비즈니스 캐주얼을 싫어함, 보헤미안을 좋아함, 캐주얼을 좋아함, 펑키한 스타일을 좋아함

2) 모델 미세조정

미세조정은 사전 훈련된 대형 언어 모델(GPT-3 또는 GPT-4)을 특정 작업에 맞게 재훈련하는 과정이다. 스티치픽스는 다음과 같은 방법으로 모델의 미세조정을 실시했다.

- 먼저 훈련 데이터 세트를 구성했다.
- 이 훈련 데이터 세트를 사용하여 모델을 미세조정하고, 스티

치픽스의 고유한 언어, 스타일, 템플릿을 학습하도록 했다.

3) 제품 시각화 실험

고객 피드백으로부터 챗GPT가 추출한 구조화된 제품 특성을 기반으로 DALL-E를 이용해 상품을 시각화하는 실험을 했다. 고객이 원하는 것을 빠르게 시각화하는 일은 실제 상품을 검색하여 추출하는 과정이 적합했는지 확인하는 과정이면서 동시에 추천 프로세스를 더 개선할 수 있는 기회를 탐색하는 역할을 하게 된다.

챗GPT가 추출한 제품 특성 요소: 하이라이즈, 스키니, 색상이 훌륭함, 빨간색, 재미있는 색상, 핏이 훌륭함, 신축성이 좋음, 고민되지 않는 청바지

DALL-E 가 생성한 이미지   **실제 판매하고 있는 제품**

4) 전문가 검토 및 피드백

미세조정된 모델이 생성한 텍스트는 인간 전문가가 검토하여 품질을 보장하도록 했다. 이 과정에서 전문가들은 생성된 텍스트를 평가하고, 필요한 경우 최종적으로 수정하여 사용하였다. 이를 통해 모델이 생성하는 텍스트의 정확성과 자연스러움을 유지할 수 있었다.

5) 챗GPT와 상호작용하는 프로세스의 지속적인 개선

모델의 성능을 지속적으로 개선하기 위해, 스티치픽스는 고객 피드백과 새로운 데이터를 기반으로 모델을 정기적으로 재훈련하고 있다. 이를 통해 모델이 최신 정보를 반영하고, 고객 요구사항을 더욱 잘 이해할 수 있도록 한다. 예를 들어 미세조정 과정에서 고객이 '싫어요'라고 표현한 내용보다 '좋아하는 스타일'이라는 긍정적 표현으로 유도할 때 챗GPT가 더 효과적으로 반응한다는 것을 알게 되었다.

추가 훈련 데이터를 확보하기 위해서 인간 스타일리스트들이 고객과 대화하는 방법을 바꾸어 추가적인 양질의 미세조정 훈련 데이터를 확보하였다. 이러한 과정을 통해 스티치픽스는 챗GPT를 활용하여 고객의 요구사항을 더 효과적으로 처리하고, 더 훌륭한 맞춤형 정보를 제공할 수 있게 되었다.

제조: 8가지 제조 영역에서 생산성을 얼마나 높여주고 있는가?

1. 챗GPT는 제조업에 어떤 도움이 될까?

최근 설문조사에 따르면, 글로벌 제조 기업의 52%가 2024년말까지 생성형 AI를 사용할 예정이다. 제조업에서 챗GPT를 활용하는 용도와 방법은 매우 다양하다. 제품의 기능, 접근성, 주문 상태에 대한 고객의 질문에 대해 답변하는 기능을 자동화해서 고객 서비스 및 제품 정보 제공에 도움을 줄 수 있다. 또한 챗GPT는 공급망 관리, 유지 관리 및 장비 관리, 작업장 안전 및 교육, 데이터 분석 및 최적화, 현재 시스템과의 상호작용에 도움을 줄 수 있다. 그리고 기업 직원 및 고객을 연결하여 효율적인 정보 공유를 촉진하고 대응 시간을 가속화한다. 궁극적으로는 챗GPT를 제조 부문에 통합하면 제조업체는 AI 및 자연어 처리 기술을 사용하여 의사결정을 강화하고 생산 프로세스를 최적화하여 급변하는 제조 환경에 성공적으로 대응할 수 있다.

2. 제조 분야별 활용 가능한 8가지 핵심 영역과 사례

제조업에서 챗GPT를 효과적으로 활용할 수 있는 몇 가지 주요 분야와
사례들을 살펴보자.

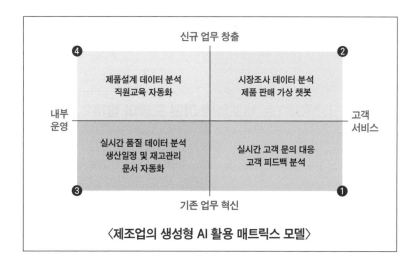

〈제조업의 생성형 AI 활용 매트릭스 모델〉

1) 고객 서비스 및 지원

제조업에서 생성형 AI를 활용하면 고객 서비스를 효율화하고 참여도
를 높이는 데도 큰 도움이 된다. 예를 들어 고객의 문의에 실시간으로
대응하는 생성형 AI 챗봇을 활용함으로써 고객 스스로 문제를 해결하
는 비율과 고객 경험을 향상시킬 수 있다.

생성형 AI가 고객의 행동과 선호도를 분석하고 개인화된 메시지를 생성
함으로써 고객의 관심을 높여 참여도를 향상시킬 수 있다. 생성형 AI를 사
용하여 고객의 피드백과 리뷰를 분석하면 제품 및 서비스의 개선점을 파악
하고 이를 바탕으로 제품 개발 및 고객 서비스의 질을 향상시킬 수도 있다.

일본의 후지텍은 '챗GPT'를 비즈니스용 커뮤니케이션 툴 'Slack'을 통해 전 직원에게 도입하였다. 예를 들어 영업사원은 고객 상담이나 프레젠테이션 자료를 작성하는 데 활용하고 있다. 앞으로는 해외 영업사원에게도 공개할 예정이다.

2) 품질 관리

생산 과정에서 발생하는 데이터를 실시간으로 분석하여 품질 문제를 조기에 감지하고 대응할 수 있다. 예를 들어 챗GPT는 생산 라인의 센서 데이터를 분석하여 품질 이상을 종업원들과 자연어로 상호작용할 수 있는 유용한 인터페이스 도구로 활용될 수 있다.

3) 설계 및 개발 아이디어 촉진

제조업에서 제품 설계에 생성형 AI를 활용하면 고객의 요구와 시장 트렌드에서 얻은 데이터를 분석하여 이에 기반한 제품 설계안을 생성할 수 있다. 이를 통해 디자이너는 다양한 옵션을 신속하게 비교하고 검토하여 최적의 설계를 선택할 수 있다.

게다가 고객으로부터 수집한 피드백을 생성형 AI가 분석함으로써 제품의 개선 사항을 순간적으로 특정하고, 고객의 요구에 보다 잘 맞는 제품 개선이나 신제품 개발로 연결할 수 있다. 결국 생성형 AI를 제조업에서 활용함으로써 신속하게 시장의 요구에 부응하는 제품을 제공할 수 있다.

아사히맥주는 2023년 10월 고부가가치 제품을 보다 빨리 시장에 출시하기 위해서는 최상류에 있는 R&D 업무를 더욱 효율화할 필요가 있다고 판단하여 챗GPT를 도입했다. 이 회사는 사내 지식 매니지먼트 툴

'saguroot'에 애저 오픈AI 서비스를 조합하는 형태를 선택했다.

기존에는 기술 자료를 찾는 데에도, 찾은 자료를 읽는 데에도 많은 시간이 걸렸다. 한 번 검색할 때마다 3~4개, 많을 때는 10개나 살펴야 했다. 챗GPT는 모든 자료 내용을 100자로 간단하게 요약해주기 때문에, 기술 문서를 읽기 전에 목적에 부합하는 문서인지를 신속하게 판단할 수 있어 문서 읽는 시간을 크게 줄여주었다.

4) 생산 계획 및 관리

생산 일정, 재고 관리, 자재 조달 등의 복잡한 생산 계획 업무를 챗GPT를 통해 자동화하고 최적화할 수 있다. 예를 들어 생산 일정 조정을 통해 납기 준수율을 높일 수 있다.

도요타자동차는 AI 기반의 생산 계획 시스템을 도입하여 생산 일정을 최적화하고 있다. 이를 통해 재고 관리와 자재 조달을 효율적으로 수행하며, 생산 라인의 가동률을 극대화하고 있다.

5) 물류 경로 최적화와 데이터 분석

물류 네트워크의 복잡한 경로를 분석하고 최적의 운송 경로를 추천하여 비용을 절감하고 효율성 향상을 도모할 수 있다. 또한 물류 운영 데이터(배송 시간, 비용, 오류율 등)를 분석하여 성과를 평가하고 개선할 수 있는 인사이트도 제공할 뿐만 아니라 송장, 운송장 등 물류 관련 문서를 자동으로 작성하고 관리할 수 있는 도구로 활용할 수도 있다.

2024년 5월 삼성SDS는 기존의 물류 서비스 플랫폼인 첼로스퀘어에 챗GPT 기술을 결합하여 하이퍼오토메이션(초자동화)을 구현하고 있다고 밝혔다. 첼로스퀘어는 고객사가 견적부터 예약, 운송, 추적, 정산까지 모든 물류 서비스를 이용할 수 있는 디지털 물류 플랫폼이다. 삼성SDS는 GPT 스토어에 대화형 물류서비스인 '첼로스퀘어 로지스틱스 서비스'를 출시했다.

첼로스퀘어는 데이터 수집을 기반으로 공급망 리스크를 줄이고 있다. 매일 글로벌 공급망 이슈 관련 뉴스 6만 건을 수집한다. 이후 머신러닝으로 실제 물류 리스크 연계도를 판별한다. 과거 공급망 리스크 이슈를 2만여 건 학습한 생성형 AI가 리스크가 큰 뉴스를 하루 평균 70여 건으로 추려 관리자에게 전달한다. 대응 방안 수립에 걸리는 시간이 과거 1일에서 지금은 2시간으로 단축되었다.

첼로스퀘어의 챗GPT 결합 서비스 내역은 아래 QR 코드를 스캔하면 볼 수 있다.

첼로스퀘어의 챗GPT 결합 서비스 내역

6) 고객 대응과 시장 분석

챗GPT를 활용하여 고객 요구에 빠르게 대응하고, 시장 조사 데이터를 분석하고, 최신 시장 동향과 경쟁사 활동을 파악하여 전략적 의사결정을 지원할 수 있다.

영국의 유니레버Unilever는 챗GPT API를 기반으로 하는 Alex를 이용해서 유니레버의 소비자 참여 센터에서 스팸 이메일을 필터링하고, 합법적인 메시지를 선별해서 유니레버의 상담원에게 응답을 권장함으로써 업무 시간의 90%를 절약해 주었다. 또한 AI를 사용하여 시장 데이터를 분석하고, 최신 소비자 트렌드를 파악하여 제품 개발과 마케팅 전략을 수립한다. 이를 통해 시장 변화에 빠르게 대응하고 있다.

7) 문서 자동화

표준 운영 절차SOP, 안전 지침, 보고서 등 다양한 문서 작성 업무를 자동화하여 시간과 비용을 절약할 수 있다.

일본의 파나소닉은 챗GPT를 활용한 AI 어시스턴트 서비스 'PX-GPT'를 전 직원에게 전개해 약 9만 명이 이용하고 있다. 전 직원이 AI를 활용하여 생산성 향상, 업무 프로세스 개선, 새로운 비즈니스 아이디어 창출을 촉진하고 최첨단 AI 기술을 배울 수 있는 환경을 제공하는 것을 목표로 한다.

8) 교육 및 훈련

직원 교육과 훈련 프로그램을 챗GPT를 통해 진행할 수 있다. 새로운 기술이나 절차에 대한 교육 자료를 제공하고, 직원들의 질문에 실시간으로 답변할 수 있다.

보쉬는 AI를 활용하여 직원 교육 프로그램을 자동화하고 있다. AI는 직원들에게 새로운 기술과 절차를 교육하고, 실시간으로 질문에 답변하여 교육의 효과를 높인다

제조 부문에서 스마트팩토리를 추진하고, 데이터 중심 의사결정을 점점 더 많이 채택할수록 챗GPT는 데이터 분석 및 최적화를 위한 강력한 도구가 될 것이다. 제조업체는 챗GPT의 기능을 활용하여 데이터에서 유용한 통찰을 얻고 탁월한 기업 운영을 촉진할 수 있다.

챗GPT는 제조 부문에서 사용할 수 있는 엄청난 잠재력을 가지고 있

지만 모델링 교육, 산업별 질문 관리, 자동화와 인력 지원의 균형을 포함하여 몇 가지 문제는 여전히 해결되어야 한다. 이러한 어려움은 인공지능과 자연어 처리 성능이 한 단계 더 발전하면 해결될 것으로 예상된다.

결론적으로 챗GPT는 제조 부문에서 점점 더 확산할 것이다. 챗GPT는 즉각적인 고객 서비스 제공, 품질 관리 개선, 공급망 관리 간소화, 생산 프로세스 최적화 및 기존 시스템과의 통합 기능 덕분에 업계를 변화시키는 핵심 역할을 할 것이다. 제조업체는 챗GPT와 그 가능성을 수용하여 경쟁 우위를 확보하고 혁신을 촉진하며 고객에게 특별한 가치를 제공할 수 있도록 지금부터 챗GPT에 대한 적응력을 높여가야 한다.

제품: 메르세데스 벤츠는 왜 챗GPT를 자동차에 탑재하였나?

자동차 산업에서는 기존의 내비게이션을 챗GPT 기반 AI 스피커로 대체하는 것을 검토하기 시작했다. 맥락을 이해하고 대화를 이어갈 수 있는 챗GPT의 기능은 음성 제어 내비게이션, 실시간 교통 정보 업데이트, 개인화된 추천 및 예상 경로 등을 위한 강력한 도구가 될 수 있다.

1. 메스세데스 벤츠: 챗GPT를 통한 자동차 혁신 사례

2023년 6월 중순, 메르세데스 벤츠는 미국에서 챗GPT 베타 서비스를 시작해서 세상을 놀라게 했다. 당시는 BMW의 말하는 컨셉트카 디DEE가 미국의 라스베가스에서 열린 CES 2023의 메인 스테이지를 장식하고, GM, 포드, 도요타 등이 인포테인먼트 시스템에 챗GPT 접목을 검토하고 있는 상황이었다.

메르세데스 벤츠는 "챗GPT를 자사의 MBUXMercedes-Benz User Experience 인포테인먼트 시스템에 통합하여 차량 내 음성 제어 기능을 혁신하고, 이를 통해 운전자와 승객은 더 직관적이고 자연스러운 대화로 차량의 다양한 기능을 제어할 수 있다"고 말했다.

벤츠의 챗GPT 활용을 소개하는 동영상을 시청하려면 다음 QR 코드를 스캔하면 된다.

 벤츠의 챗GPT 활용

메르세데스 벤츠가 자동차업계 최초로 챗GPT를 탑재하는 데 성공한 것이다. 음성 제어에 AI 생성 응답을 추가한 이 베타 프로그램은 MBUX 인포테인먼트 시스템이 장착된 900,000대 이상의 기존 판매 차량에서 실제 테스트된다. 운전자는 "Hey Mercedes, I want to join the beta program"이라는 음성 명령을 통해 이 기능을 사용할 수 있고, 인터페이스 프로그램은 무선 OTAOver-The-Air 업데이트를 통해 배포되었다.

기존 차량용 음성비서가 "최종 목적지 안내", "에어컨 온도 2도 낮춰줘" 정도의 단순 명령 수준의 상호작용이었다면, 새로운 AI 비서는 마치 옆자리 동승자와 대화를 나누듯 운전자와 다양한 분야에서 자연스러운 대화를 통해 적극적으로 소통한다는 점이 특징이다. 운전자와 자유로운 대화를 나누며 운전에 필요한 모든 것을 지원하는 '인카 비서' 개념이 도입된 것이다.

메르세데스 벤츠의 마커스 셰퍼Markus Schafer CTO는 "통제된 클라우드 환경에서 챗GPT와 마이크로소프트(애저 오픈AI 서비스)를 통합한 것은 자동차를 고객의 디지털 라이프의 중심으로 만들기 위한 이정표이다. 베타 프로그램은 내비게이션 쿼리, 날씨 요청과 같은 기존 Hey Mercedes 기능을 강화한다"라며 "챗GPT를 통해 자연스러운 대화를 하고 후속 질문으로 소통을 지원하는 것을 목표한다"라고 말했다.

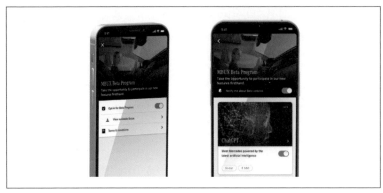

〈챗GPT가 차량과 스마트폰으로 연결된다(벤츠의 홈페이지)〉

2. 생성형 AI 적용한 기능 예시

1) **내비게이션 및 정보 제공:** 운전자는 "Hey Mercedes" 명령으로 인근 지역의 정보나 날씨 업데이트를 받을 수 있으며, 특정 목적지에 대한 상세 정보를 요청할 수 있다.

2) **스마트 홈 제어:** 차량 내에서 음성 명령을 통해 스마트 홈 장치를 제어할 수 있는 기능이 포함되어 있어, 운전 중에도 집안의 기기를 조작할 수 있다.

3) **대화형 기능:** 챗GPT의 도입으로 MBUX 시스템은 단순 명령 수행을 넘어서 대화형 기능을 제공하여 운전자가 요리법을 요청하거나, 여행 중 할 수 있는 활동을 추천받는 등 생활과 비즈니스 수행에 필요한 다양한 정보를 제공받을 수 있다.

4) 프라이버시 보호: 메르세데스 벤츠는 모든 음성 명령 데이터를 자사의 클라우드에서 익명화하여 분석함으로써 데이터 프라이버시를 보호하고 있다. 이로써 사용자 데이터가 안전하게 관리된다. 메르세데스 벤츠는 마이크로소프트 클라우드 플랫폼의 엔터프라이즈급 보안 및 안정성을 활용하기 위해 애저 오픈AI 서비스를 통해 챗GPT를 통합했다. 모든 데이터는 Mercedes-Benz IntelligentCloud에서 직접 익명화되어 분석된다. 마이크로소프트와 오픈AI는 메르세데스 벤츠나 파트너의 데이터에 액세스할 수 없다.

5) 업데이트 및 확장 가능성: 파일럿 프로그램의 데이터를 통해 시스템을 지속적으로 개선하고, 향후 글로벌 적용을 위한 준비를 하고 있다.

사용후기에서 고객들은 자연스러운 음성 인터페이스를 통해 운전자와 승객의 차량 내 경험이 더욱 편리하고 즐거워졌다고 말하고 있다. 운전자의 편의성과 안전성도 크게 향상시킬 수 있었다.

벤츠의 사례는 챗GPT가 차량 내 인포테인먼트 시스템을 어떻게 혁신할 수 있는지 잘 보여준다.

---

3. 벤츠의 생산 현장에서 직원들과 소통하는 챗GPT

또한 메르세데스 벤츠는 챗GPT를 생산 환경에 통합했다. 이 기술은 음성 기반 인터페이스로 작동하며, 생산 현장의 직원들이 생산 데이터에 접근하고 분석하는 방식을 혁신적으로 변화시키고 있다. 챗GPT는 품질 관리 데이터의 클러스터링과 분석을 지원하여, 생산 중 발생할 수 있는 문제를

신속하게 식별하고 해결할 수 있도록 돕는다. 메르세데스 벤츠가 챗GPT
를 기존 디지털 혁신 플랫폼과 통합해서 얻은 효과는 아래와 같다.

- **효율성 향상:** 복잡한 데이터 분석과 품질 관리 프로세스가
  단순화되었다. 직원들이 보다 신속 정확하게 데이터를 처리
  할 수 있어 생산 효율성을 크게 향상시켰다.
- **시간 절약:** 예를 들어 회의록 작성 시간이 30분에서 5분으
  로 단축되었고, 소스 코드 작성 시간이 80% 감소하였다.
- **품질 관리 강화:** 챗GPT는 생산 관련 데이터와 고객 경험
  데이터를 연결하여 품질 관리팀이 제품 결함을 조기에 발
  견하고 수정할 수 있도록 지원한다. 이를 통해 제품 품질이
  향상되고, 생산 라인의 중단 시간을 줄일 수 있었다.

메르세데스 벤츠는 AI 기술을 통해 어떻게 제조업 혁신을 이루고 있는
지를 잘 보여준다.

예를 들어 살펴보자. 챗GPT의 도움으로 생산 관련 데이터 및 품질 관
리 데이터의 복잡한 평가 및 프레젠테이션이 크게 간소화되었다. 복잡한
프로그래밍 과정을 챗GPT가 해결해주므로 엔지니어뿐만 아니라 프로
그래밍 지식이 없는 직원도 필요한 데이터를 사용하여 마음대로 분석할
수 있다. 세부적인 탐색과 평가도 챗봇과 대화하는 디지털 평가 프로세
스를 통해 가능하다. 일일 생산계획의 개요를 실시간으로 확인하고 필요
에 따라 유연하게 조정할 수도 있다. 조정이 필요할 경우 챗GPT는 가능

〈생산현장에서 챗GPT와 소통하며 작업(출처: 벤츠의 홈페이지)〉

한 최단 시간 내에 전체 생산망에 대한 전략적 의사결정을 지원한다.

이 새로운 디지털 도구를 통해 메르세데스 벤츠의 직원들은 지속가능한 방식으로 생산 프로세스와 품질 관리를 최적화할 수 있는 권한을 더욱 강화할 것이고, 프로젝트의 성과에 따라 챗GPT는 메르세데스 벤츠의 글로벌 생산 네트워크 전체에서 사용될 예정이다. 챗GPT의 통합은 혁신적인 AI 솔루션의 이점을 직원들이 이용할 수 있도록 함과 동시에 잠재적인 위험을 면밀히 주시한다는 메르세데스 벤츠의 AI 원칙을 따른다.

이처럼 기업들이 단순히 업무를 자동화하는 수준을 넘어, 기업 DNA에 AI를 녹여내 궁극의 고객 가치를 실현하려는 움직임이 가파르게 확산되고 있다.

소기업: 시드니면세점이 일손 부족 이겨내고 성장 기회 잡은 비법은?

소기업은 인력이 한정되어 한 사람이나 팀이 여러 업무를 동시에 수행해야 하는 경우가 종종 발생하는데 그로 인해 여러 문제에 직면하게 된다. 여러 업무를 동시에 처리하느라 중요한 기회를 놓치기 쉽고, 반복적이고 시간 소모적인 업무로 인해 생산성이 떨어지며, 핵심 업무에 집중하기 어려워 창의성을 발휘하기 어렵다. 자원과 시간이 부족하니 새로운 기회를 탐색하고 사업을 확장하는 데 한계가 있을 수밖에 없다. 호주에 있는 한인 기업 시드니면세점은 소기업들이 타산지석으로 삼을 만한 훌륭한 챗GPT 도입 사례이다.

1. 제임스 문(James Moon, 한글 이름 문진섭) 회장이 얘기하는 챗GPT 도입 효과

"2023년 6월 이경상 교수에게 CEO를 비롯한 핵심 직원들이 줌 원격 교육으로 '챗GPT란 무엇이고, 왜 이것을 시드니면세점이 써야 하는지'에 대한 강의를 받은 것은 우리에게 엄청난 충격이었다. 강의 후 나는 직원들에게 이제 여러분 각각은 IQ200짜리 AI 비서를 데리고 일을 수행하자고 지시하고, 모든 업무에 챗GPT를 도입하는 시험적 혁신을 추진하기 시작했다.

추진 1년 후 모든 임직원들은 업무를 AI에게 묻고 상의해서 추진하고 문서와 이미지를 만들고, 직원들은 보다 창의적이고 상상력이 필요한 업무에 집중하고 있다. 다양한 업무에서 생산성은 거의 30% 정도 상승했다.

생산성 향상의 측면 이외에 자율적이고 주도적인 기업문화가 같이 따라오면서 정착된 것이 더욱 놀라운 효과이다. 처음으로 시도하는 일에 대해 과거에는 주저하고 회피하는 소극적 자세를 보였는데, 이제 적극적인 자율학습과 혁신이 새로운 기업문화로 자리 잡았다. 과거에는 처음으로 하는 일에 대해서 실무자들이 상사에게 묻지만, (상사도 처음 하는 일이니) 서로 혼돈 속에서 추진하면서 시행착오를 겪는 일이 다반사였다. 지금은 스스로 AI에게 묻고 지식과 간접 경험을 흡수할 뿐 아니라, 챗GPT와 협력해 프로세스를 만들면서 자율적이고 주도적인 기업문화로 바뀌었다."

2. 시드니면세점의 챗GPT 도입 배경

1993년 설립된 시드니면세점은 호주의 대표적인 면세점으로, 다양한 고급 브랜드 제품을 제공하며 관광객과 현지 주민들에게 사랑받는 기업이다. 시드니의 중심부에 위치한 이 면세점은 뛰어난 품질의 상품과 독특하고 우수한 고객 서비스로 명성을 쌓아서, 호주를 방문하는 관광객들에게 인기 있는 쇼핑 명소로 자리잡았다. 그런데 최근 어려움을 겪게 되었다.

1) 관광객 수의 급격한 증가: 코로나19 팬데믹이 끝나고 전 세계적으로 여행 제한이 완화되면서, 시드니를 방문하는 관광객 수가 급격히 증가했다. 이는 면세점의 고객 수요를 빠르게 증가시켜서, 기존의 운영 방식으로는 감당하기 어려운 상황이 되었다. 특히 고객 문의와 서비스 요청이 폭주하면서 고객 서비스 팀은 과부하 상태에 놓이게 되었다.

2) 인력 부족과 인건비 상승: 인력 부족 문제는 호주의 모든 산업에 걸쳐 큰 도전 과제가 되고 있다. 시드니면세점도 예외는 아니어서, 인력을 채용하고 유지하는 데 어려움을 겪고 있었다. 또한 인건비의 상승은 운영 비용을 크게 증가시켜 면세점의 수익성에 부정적인 영향을 미쳤다. 이러한 상황에서, 인력을 효과적으로 활용하고 운영 비용을 절감할 수 있는 방안이 절실히 필요했다.

시드니면세점의 사업과 독특한 운영 방식을 알고 싶은 독자는 QR 코드를 스캔하면 된다.

시드니면세점 홈페이지

---

3. 챗GPT의 업무 분야별 활용 사례

시드니면세점에 적용된 챗GPT는 반복적인 루틴의 업무를 자동화하고, 직원들이 보다 전략적인 업무에 집중할 수 있도록 지원했다. 이는 단순히 문제를 해결하는 것을 넘어, 비즈니스 기회를 포착하고 경쟁력을 강화하는 중요한 도구가 되었다.

1) 고객 서비스 자동화: 코로나19 팬데믹 종료 이후 급증한 고객 응대와 온라인 문의는 직원들의 업무 과부하를 초래했고, 응답 시간은 평균 6시간 이상 소요되었다. 챗GPT 도입 후, 자주 묻는 질문FAQ에 대한 응답은 자동으로 즉시 처리되었으며, 복잡한 문제만 직원이 대응하도록 시스템을 개선했다. 이를 통해 응답 시간은 평균 6시간에서 5분 이내로 크게 단축되었고, 고객 만족도는 눈에 띄게 향상되었다.

2) 마케팅 및 콘텐츠 생성: 시드니면세점에서 판매하는 상품의 마케팅 콘텐츠 생성에 많은 시간과 인력이 필요했다. 예를 들어 소셜 미디어 포스트 작성, 블로그 콘텐츠 제작, 광고 문구 작성 등에 각각 하루 이상의 시간이 소요되어서 팀의 빠른 대응을 어렵게 만들고 있었다.

챗GPT는 소셜 미디어 포스트, 블로그 콘텐츠, 광고 문구 등을 자동으로 생성하여 마케팅 팀의 작업 시간을 단축했다. 특히 특정 상품의 재고 소진을 위한 단발성 타임 오퍼 이벤트와 같은 긴급한 마케팅 캠페인을 위한 콘텐츠를 몇 분 만에 생성할 수 있게 되었다.

3) 운영 및 물류 최적화: 그동안 재고 관리와 물류는 주로 수작업으로 이루어졌는데, 종종 재고 부족이나 과잉 문제를 초래했다. 이는 운영 비용을 증가시키고 고객 만족도를 낮추는 주요 원인이었다.

챗GPT의 예측 분석 기능을 이용해 판매 데이터를 기반으로 수요를 예측하고, 재고 관리를 자동화했다. 이를 통해 재고 과잉 및 부족 문제를 효과적으로 해결할 수 있었으며, 운영 효율성이 크게 향상되었다.

4) 문서 작성 및 기획 지원

중요한 문서와 기획안을 작성하는 데는 많은 시간이 소요되었다. 이는 직원들의 생산성을 제한하고, 중요한 기회를 놓치는 결과를 초래하고 있었다. 챗GPT는 새로운 마케팅 전략을 위한 기획안을 몇 시간 내에 준비할 수 있도록 지원하였다.

5) 제품 패키지 디자인 최적화

기존의 제품 패키지 디자인 과정은 수작업으로 이루어져서 디자인 아이디어를 구상하고 시안을 작성하는 데까지 오랜 시간이 걸렸다. 이는 제품 생산과 제품 영업 및 마케팅의 실행을 지연시키고, 고객의 기대에 부응하는 새로운 디자인을 신속하게 제공하기 어렵게 만들곤 하였다.

챗GPT를 활용하여 다양한 패키지 디자인 아이디어를 신속하게 생성하고 시각화할 수 있었다. 이를 통해 디자인 팀은 더 많은 시간을 창의적인 작업에 할애할 수 있었고, 고객의 요구에 맞는 맞춤형 패키지를 빠르게 제공할 수 있었다.

〈챗GPT를 이용한 시드니면세점의 패키지 디자인〉

4. 향후 확장 계획

시드니면세점은 더욱 효율적이고 고객 중심적인 비즈니스 운영을 목표로, 앞으로도 챗GPT의 기능을 지속적으로 확장하려고 한다. 구체적인 계획은 다음과 같다.

- **고객 맞춤형 서비스 강화:** 챗GPT의 머신러닝 기능을 활용하여 고객 행동 데이터를 분석하고, 개인화된 쇼핑 경험을 제공할 계획이다. 이를 통해 고객 만족도를 더욱 높일 수 있을 것으로 기대하고 있다.
- **내부 운영 프로세스 최적화:** 챗GPT를 더욱 깊이 통합하여, 내부 운영 프로세스를 자동화하고 효율성을 극대화할 것이다. 이는 운영 비용을 추가로 절감하고, 직원들이 보다 전략적이고 가치 있는 업무에 집중할 수 있도록 도울 것이다.
- **지속적인 AI 기술 통합:** 챗GPT 외에도 다양한 AI 기술을 도입하여, 비즈니스의 전반적인 경쟁력을 강화할 계획이다. 이는 고객 서비스, 마케팅, 운영, 인력관리, 성과관리 등 모든 비즈니스 영역에서 혁신을 가져올 것이다.
- **디자인 혁신:** 챗GPT를 활용한 패키지 디자인 최적화 전략을 더욱 발전시켜, 시장의 요구에 민첩하게 대응하고 독창적인 디자인 솔루션을 제공할 계획이다.

시드니면세점의 챗GPT 도입 사례는 소기업들이 어떻게 AI 기술을 활용하여 비즈니스 문제를 해결하고 새로운 기회를 포착할 수 있는지를 보여주는 좋은 사례이다. 시드니면세점의 혁신적인 비즈니스 전략과 챗GPT 활용 사례를 통해 더 많은 소기업들이 AI 기술의 잠재력을 깨닫고 활용하게 되기를 기대한다.

시드니면세점의 다양한 서비스를 영상으로 보고 싶다면, 아래의 QR코드를 스캔하면 된다.

 시드니면세점의 다양한 서비스 영상

정부: 국민 서비스를 개선하고
공무원들의 업무를 줄여줄 수 있나?

정부는 경제발전을 주도하는 생성형 AI 산업 생태계의 발전 정책을 실행하는 것과 더불어 시민과 상호작용하는 방식, 공공 인력이 사회 문제를 해결하는 방식, 미래 지향적인 교육 등을 혁신하기 위해 생성형 AI를 활용하고 책임감 있게 사용하는 방법에 대해 생각해야 한다. 정부와 공공 부문에서 챗GPT를 활용하는 방법은 매우 다양하며, 이를 통해 국민 서비스의 효율성을 높이고, 공무원들의 업무를 개선할 수 있다.

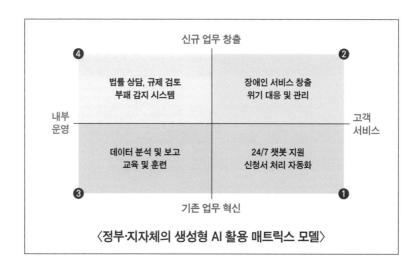

〈정부·지자체의 생성형 AI 활용 매트릭스 모델〉

1. 국민 서비스 개선

1) 24/7 챗봇 지원

챗GPT를 기반으로 한 챗봇을 도입하면 국민들은 언제든지(24/7 즉, 24시간, 7일 내내) 정부 서비스에 대한 질문을 하고 신속하게 답변을 받을 수 있다. 예를 들어 세금 신고, 교통 법규, 사회 복지 혜택 등에 대한 정보를 제공할 수 있다. 현행 일방향 정보 제공 방식을 넘어, 개개인의 문의사항을 맥락까지 이해하며 양방향 소통하는 지능형 서비스 체제로의 전환이 가능해질 것이다.

2) 신청서 처리 자동화

시민들이 제출하는 각종 신청서를 자동으로 검토하고 처리할 수 있다. 이를 통해 행정 절차를 간소화하고, 대기 시간을 줄일 수 있다. 다음 사례는 챗GPT에게 공무원 역할을 수행하도록 명령하고, 가상으로 농민의 입장에서 챗GPT로부터 서류 작성에 대한 도움을 받은 예이다.

프롬프트: 가뭄으로 농작물의 피해를 보았습니다. 관련 신청서를 작성해야 하는데, 어떤 종류의 신청서가 있나요? 그리고 작성 요령에 대해 설명해 주세요.

챗GPT: 가뭄 피해로 인한 농작물 보상을 신청하기 위해서는 일반적으로 '가뭄 피해 보상 신청서'를 작성해야 합니다. 이 신청서에는 보상을 받기 위한 기본 정보와 농작물 피해에 관한 세부 정보를 기재해야 합니다. 작성 요령은 다음과 같습니다:

1. 신청서 작성: 신청서는 주관적이거나 모호하지 않도록 명확하게 작성해야 합니다. 필요한 정보는 이름, 주소, 농작물 피해에 대한 구체적인 내용 등이 있습니다.

2. 증빙 자료 첨부: 농작물 피해를 입증할 수 있는 자료를 첨부해야 합니다. 이는 사진, 동영상, 농업 전문가의 검토 보고서 등이 될 수 있습니다.

3. 정확한 금액 제시: 피해액을 정확히 계산하여 제시해야 합니다. 이를 위해 피해를 입은 농작물의 종류와 면적, 피해 정도 등을 상세히 기재해야 합니다.

4. 기간 및 제출처 확인: 신청 기간과 제출처를 정확히 확인해야 합니다. 늦은 제출로 인해 보상을 받지 못할 수도 있으니 주의가 필요합니다.

5. 상세한 설명: 피해를 입은 상황을 최대한 상세히 설명하여 보상 신청의 타당성을 강화해야 합니다.

위 요령을 따르면 보상 신청서를 효과적으로 작성할 수 있을 것입니다. 추가적으로 현지 농림축산식품부 등 관련 기관에서 제공하는 안내를 참고하는 것이 도움이 될 것입니다.

2. 장애인 서비스의 획기적 개선

시각장애인 대상 정책 자료의 음성 변환, 청각장애인 민원의 수화 상담 등 사회적 약자 대상 서비스의 질적 도약도 가능하다. 정부가 전향적으로 챗GPT를 도입하면 교육, 복지, 고용 등 생활과 밀접한 분야를 중심으로 AI 기술을 적용한 장애인 맞춤형 서비스가 확산될 것이다. 생성형 AI가 장애인 서비스 분야에 어떻게 혁신을 가져올 수 있는지 사례를 통해 살펴보자.

덴마크의 스타트업이 만든 비마이아이스Be My Eyes라는 스마트폰 앱은 시각 장애가 있는 사람이 길을 잃거나 지하 시설에서 불편함을 겪을 때, 스마트폰으로 도움을 요청할 수 있는 앱 서비스이다. 이 앱은 전 세계 2억 5천만 명이 넘는 시각 장애인이나 시력이 낮은 사람들을 대상으로, 자원 봉사자와 연결하여 제품 식별, 공항 탐색과 같은 수백 가지 일상생활의 활동에 도움을 주고 있다. 그러나 다양한 언어를 구사하는 도우미들을 구하기 어렵고, 24시간 내내 도움을 주기는 더욱 어려운 실정이었다.

비마이아이스는 챗GPT-4를 이용해 해결책을 찾았다. 이미지와 동영상을 입력할 수 있는 기능을 이용해서 인간 자원봉사자와 동일한 수준으로 맥락을 이해하고 사물을 식별할 수 있는 챗GPT-4 기반 Virtual Volunteer™를 개발하여 앱에 통합한 것이다. 시각장애인이 냉장고에 있는 재료를 찍어 무엇을 만들어 먹을 수 있는지를 물어보면, 챗GPT-4 기술로 스마트폰의 이미지를 읽어서 무슨 재료가 있는지를 인식하여 이름을 알려주고, 해당 재료로 만들 수 있는 요리를 추천해주며, 좋은 요리법까지 제공해 줄 수 있다. 또한 장애인이 어려움을 겪고 있는 정확한 위치와 상황을 파악할 수 있어서, 자원봉사자나 긴급 서비스 제공자에게

이 정보를 전달해서 신속한 도움을 받을 수 있게 해준다. 장애인들에게 '새로운 눈'을 주는 셈이다. 이 AI 시스템은 24시간 도움을 제공하는 체계로 구축되어 있어, 시각장애인에게는 물론 여러가지 서비스가 필요한 다른 장애인들에게도 큰 도움을 준다.

〈출처: be my eyes 홈페이지〉

3. 공무원의 업무 생산성 향상

생성형 AI는 특히 다음과 같은 업무를 지원해서 생산성을 크게 높일 수 있다.

  1) **문서 작성 및 검토:** 공무원들이 작성해야 하는 보고서, 정책 문서, 공고문 등을 자동으로 생성하거나 검토할 수 있다. 나아가 챗GPT는 문

서의 정확성을 높이고, 작성 시간을 단축할 수 있다.

2) 데이터 분석 및 보고: 대규모 데이터를 분석하고, 인사이트를 도출하여 정책 결정에 도움을 줄 수 있다. 예를 들어 범죄 통계 분석, 건강 데이터 분석 등을 통해 문제를 개선할 수 있는 더 나은 정책을 수립할 수 있다.

미국 펜실베이니아 주정부의 활용 사례

2024년 1월 9일, 펜실베이니아 주지사 조쉬 사피로Josh Shapiro는 연방 직원을 위한 '챗GPT 엔터프라이즈'를 이용한 파일럿 프로그램을 발표했다. 사피로 주지사는 펜실베이니아 주정부가 생성형 AI를 통해 시민들을 위한 서비스를 획기적으로 개선할 방법을 찾겠다고 선언했다. 한편 파트너십을 맺은 오픈AI의 CEO인 샘 알트만은 챗GPT가 미국 주정부의 서비스를 책임감 있고 비약적으로 향상시킬 수 있는 귀중한 통찰력을 제공할 것이라며 적극적인 지원을 약속했다. 펜실베이니아 행정실 비서인 네일 위버Neil Weaver는 "파일럿 프로그램의 목표는 소수의 직원과 긴밀히 협력해서 생성형 AI 도구를 사용하여 가장 큰 영향을 미칠 수 있는 부분을 파악하는 것입니다"라고 말했다.

펜실베이니아 주정부 공무원들은 정책을 입안하는 과정에서 '카피 작성, 오래된 정책 용어의 접근성 향상, 채용 및 고용에 도움이 되는 직무 설명 초안 작성 및 중복되거나 상충하는 지침의 문제 해결과 같은 작업'에 챗GPT 엔터프라이즈를 사용하게 되었다. 주정부는 이 정책을 위해 생성형 AI 거버넌스 위원회Generative AI Governing Board를 구성하였다.

4. 공무원 교육 및 위기 대응 능력 향상

1) 공무원 교육: 챗GPT를 활용하여 공무원들에게 필요한 교육 자료를 제공하고, 실시간으로 질문에 답변할 수 있다. 이는 공무원들이 최신 법규나 정책에 대한 이해를 높이는 데 도움이 된다.

2) 훈련 시뮬레이션: 실제 상황을 가정한 모의 훈련 시나리오를 통해 공무원들이 다양한 상황에 대비할 수 있도록 돕는다. 예를 들어 재난 대응 훈련, 민원 처리 훈련 등이 가능하다.

_ □ ×

프롬프트: 침수된 지역에서 재산 파괴에 대처하고 위험에 처한 시민을 구출하는 등의 대응 프로세스를 알려 주세요.

챗GPT: 갑작스런 폭우로 인한 지하도 파괴와 침수는 긴급한 상황으로 취급되어야 합니다. 이에 대한 대응 절차는 다음과 같을 것입니다.

1. **안전 확인:** 먼저 침수된 지역과 파괴된 지하도 주변의 안전을 확인해야 합니다. 추가적인 위험 요소가 없는지 확인하고, 주변 주민들의 안전을 최우선으로 고려해야 합니다.

2. **긴급 구조:** 침수된 지역에서 국민 구조 작업을 실시해야 합니다. 이는 구조 대상자들을 최대한 빨리 발견하고 안전한 장소로 이동시키기 위한 것입니다.

3. **피해 파악:** 침수된 지역에서의 피해를 파악하고, 주변 건물 및 시설물의 재산 피해 정도를 평가해야 합니다. 이를 위해 필요한 경우 현장 조사 및 사진 촬영 등을 실시해야 합니다.

4. **긴급 대피 및 대처:** 침수된 지역 주민들을 대피시키고, 필요한 응급 구호를 제공해야 합니다. 응급 대피소를 마련하고 필요한 음식, 물, 의료 서비스 등을 제공하는 것이 중요합니다.

5. **재건 및 복구:** 침수로 인한 피해를 최소화하기 위해 가능한 한 빨리 지하도와 인근 시설물을 복구해야 합니다. 이를 위해서는 추가적인 자원과 재정 지원이 필요할 수 있습니다.

6. **재발 방지를 위한 조치:** 폭우로 인한 침수와 지하도 파괴의 원인을 분석하고, 이를 방지하기 위한 추가적인 조치를 취해야 합니다. 이는 미래에 발생할 수 있는 재난을 예방하고 대비하는 것에

도움이 될 것입니다.

긴급 상황에서는 빠른 대응과 현장 상황에 따른 적절한 조치가 중요합니다. 추가적으로 현지 관련 기관이나 당국의 지원과 안내를 받는 것이 중요합니다.

5. 여론 분석과 정책 결정 지원

1) 여론 분석: 챗GPT를 활용하여 소셜 미디어나 뉴스 기사를 통해 여론을 분석하고, 국민들의 의견을 수집하여 정책 결정에 반영할 수 있다. 이를 통해 국민의 요구를 더 잘 반영하는 정책을 수립할 수 있다.

2) 정책 시뮬레이션: 새로운 정책의 영향을 시뮬레이션하고, 예상되는 결과를 분석하여 정책의 효과를 미리 평가할 수 있다.

6. 법률 및 규제 지원

1) 법률 상담: 국민에게 챗GPT가 기본적인 법률 상담을 제공할 수 있다. 이를 통해 법률 서비스 접근성을 높일 수 있다.

2) 규제 준수 검토: 기업이나 개인이 새로운 규제를 준수하는지 자동으로 검토하고, 필요한 조치를 안내할 수 있다.

_ □ ×

프롬프트: 아버지가 돌아가시면서 사채업자로부터 5천만 원의 빚을 지고 있다는 것을 알게 되었습니다. 법률적으로 아들인 제가 이것을 갚아야 하나요? 사채업자가 저에게 갚으라고 간접 또는 직접적 위협을 하게 되면 어떻게 법적 대처를 해야 하나요?

챗GPT: 법적으로 아버지가 사채업자로부터 대출을 받은 경우, 그 빚은 아버지 본인의 책임으로 간주됩니다. 즉, 아들이 아버지의 빚을 갚아야 하는 법적 의무는 없습니다. 당신이 아버지의 빚을 갚을 의향이 없다면, 사채업자가 당신에게 직접적 또는 간접적인 위협을 한다 해도 법적 의무는 없습니다.

그러나 사채업자가 위협을 가할 경우에는 해당 상황에 대해 법률 전문가로부터 법률 조언을 받는 것이 좋습니다. 그리고 위협이나 폭력 행위 등이 있을 경우 관할 지역의 경찰에 신고하는 것이 바람직합니다. 또한 위협에 대비하여 통화나 문자 등을 통해 대화 내용을 기록하는 것도 도움이 될 수 있습니다. 위협이나 폭력 행위는 법적으로 처벌될 수 있는 범죄 행위이므로 즉시 조치를 취하는 것이 중요합니다.

7. 내부 커뮤니케이션 개선

1) 정보 공유 플랫폼: 공무원들 간의 정보 공유를 원활하게 하고, 중요한 공지 사항이나 정책 변경 사항을 신속하게 전달할 수 있다.

2) 팀 협업 도구: 프로젝트 관리 및 팀 협업을 지원하는 도구로 활용하여, 공무원들이 효율적으로 협업할 수 있도록 돕는다.

이제까지 설명한 7가지 분야 이외에도 챗GPT는 정부와 공공 부문의 다양한 분야에서 대국민 서비스의 질을 높이고, 공무원들의 업무 효율성을 향상시키는 중요한 도구가 될 수 있다.

업무 효율화 측면에서는 특히, 단순 반복 업무의 자동화를 통한 행정 슬림화가 기대된다. 문서 요약, 편집, 데이터 분석 등 인력과 시간이 많이 소요되던 영역에서 30% 이상의 업무량 감축을 기대할 수 있다. 공무원이 일상적인 단순 업무에 쓰는 시간을 줄이고, 시민 서비스에 더 집중하고 사회에 꼭 필요한 고부가가치 정책 개발에 주력할 수 있게 될 것이다.

공공: 전쟁과 재난 상황에서 어떻게 수습을 도와줄까?

챗GPT는 전쟁이나 재난 상황에서 실시간 정보 제공, 의사소통 지원, 데이터 분석 및 의사결정 지원, 커뮤니케이션 허브 역할, 교육 및 훈련 등 다양한 방식으로 활용될 수 있다. 이를 통해 인명 피해를 줄이고, 효율적인 구호 활동을 지원하며, 재난 대응의 효과를 극대화할 수 있다.

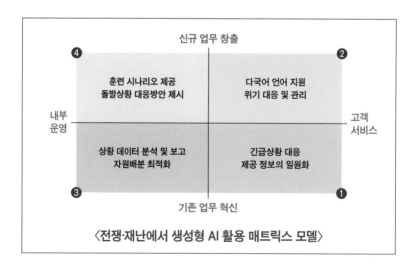

〈전쟁·재난에서 생성형 AI 활용 매트릭스 모델〉

사례 1: 미국 국방부, 군대에서 대규모 언어 모델 활용 시작

대규모 언어 모델은 군사 분야에서도 외면하기 어려운 매력을 가지고 있다. 복잡한 쿼리에 대한 유용한 응답을 놀라울 정도로 빠르게 생성할 수 있고, 자연어(실제로는 여러 언어)로 응답을 수행할 수 있으며, 끝이 없어 보이는 데이터 세트를 기반으로 빠른 보고서를 제시하고 비교할 수 있는 능력을 갖추고 있다.

미국 국방부는 2023년 7월 리마 태스크포스Task Force Lima를 구성했다. 국방부 조직 전반에 걸쳐 생성형 AI 도구의 기능을 분석하고 업무와 통합하는 데 주도적인 역할을 수행하기 위해서이다. 전쟁 수행, 운영 계획, 관리 및 업무 프로세스 개선 등에서 가진 생성형 AI의 잠재력을 테스트하고, 관련된 위험을 파악하고 효과적으로 관리하기 위한 보안 지침도 테스트했다.

테스트 결과 어려운 상황에서 필요한 정보를 생산하는 시간을 3일에서 10분으로 단축하는 효과를 확인했다고 밝혔다. 그리고 생성형 AI의 상호작용 능력을 활용하여 다양한 분야의 신병 교육과 훈련에 사용하기 시작하였다. 향후 인도 태평양 지역으로 확대되는 글로벌 위기에 대한 군사적 대응 계획을 세우는 데 대규모 언어 모델에 도움을 요청하는 방식으로 실험을 진행할 예정이라고 한다.

가장 먼저는 효율성과 생산성을 향상하고 관리 및 비즈니스 업무, 내부 커뮤니케이션, 물류 및 공급망, 인적 자원, 교육, 의료 및 사이버 보안 분야에서 비용을 절감하는 데 생성형 AI가 사용될 것이다. 그러나 머지 않은 미래에 작전 계획, 정보 분석 및 전장 의사결정 지원을 위해 개발된 생성형 AI 애플리케이션을 보게 될 것이다.

예를 들면 군대에서 지휘관이 과거 데이터와 현재 데이터, 그리고 예측 분석을 기반으로 전장 시나리오를 단 몇 초만에 대조하고 비교할 수 있게 될 것이다. 적의 움직임, 공격 목표와 전술을 분석할 수 있고, 통신 내용을 번역하고 주석을 달 수 있으며, 군사적 목표의 잠재적 가치와 권장 우선순위를 단 몇 초 만에 제공할 수 있게 될 것이다.

〈컴퓨터 트레이닝(미국 국방부)〉

사례 2: 전투 시뮬레이션 로봇에
챗GPT를 추가하려는 영국 국방부

2023년 11월 영국 국방부MoD는 증강현실AR 훈련 로봇인 심스트라이커 SimStriker에 챗GPT 언어 모델을 추가하기 위해 전투 훈련 전문 회사인 4GD와 계약을 체결하였다.

미사일, 드론, 로봇, 원격 센서의 발달로 현대 군사 지휘부는 적과 직접적으로 접촉하지 않고 스크린 앞에 앉아 전쟁을 수행한다. 이러한 전쟁에서는 종종 불완전한 정보를 바탕으로 순간적인 결정을 내려야 하기 때문에 강도 높은 전문 훈련이 필요하다. 임무를 완수하는 것은 물론 전투 부대의 안전을 유지하고 적을 민간인과 인질로부터 분리할 수 있어야 하며, 매복을 위해 엎드려 있는 군인과 쓰러져 있는 사상자를 구분할 수 있어야 한다.

이런 능력을 갖추기 위해서는 의식적인 결정으로 대응하는 수준을 넘어서 반사적으로 반응할 수 있도록 몸에 각인될 때까지 다양한 현장의 가능성을 반영한 시나리오들을 가지고 지속적으로 훈련해야 한다. 효과적인 훈련을 위해서는 훈련 환경이 매우 현실적이어야 한다.

4GD가 개발한 훈련용 로봇 심스트라이커는 실물은 단순한 인형 타겟이지만 AR 고글을 쓰고 보면 무장한 적군처럼 공격해온다. 이 로봇은 군인의 움직임을 파악하고 빛과 소리를 감지해서 훈련 부대를 향해서 훈련용 에어건으로 총격을 가한다.

현재 심스트라이커 훈련 시설은 콜체스터에 있는 영국군 제16 공습여단, 에식스 경찰, 국방부 경찰이 사용하고 있다.

영국 국방부는 여기에 오픈AI의 챗GPT 시스템을 통합하여 타겟에 소위 '합성 대화'를 수행할 수 있는 수단을 제공함으로써 상황의 현실성을 더욱 높이려고 하는 것이다. 이를 통해 교육 세션을 더욱 다양하고 더 역동적이며 더 상황에 몰입할 수 있게 만들고 훈련 감독관에게는 더욱 다양한 맞춤형 시나리오를 제공할 수 있게 된다.

사례 3: 전쟁 중 국민에게 정신과 상담을 제공하는 이스라엘

계속되는 전쟁으로 불안을 느끼는 이스라엘 국민이 급증하는 가운데, 새로운 생성형 AI 플랫폼이 더 빠르고 효과적인 정신 건강 검진 서비스를 제공하기 시작했다. Liv라고 불리는 이 플랫폼은 인공지능을 활용해 사용자의 감정 상태를 분석하고, 개인 맞춤형 상담을 제공한다. 사용자가 입력하는 데이터를 바탕으로 AI가 적절한 대응과 조언을 제공한다.

Liv를 사용해본 사람들은 상담이 실제 사람과 마음을 터놓고 대화를 나누는 것과 거의 유사하며, 정신과 의사 못지 않게 올바른 질문을 통해 대화를 부드럽게 진행하는 능력이 있다고 말했다. Liv는 환자와의 사전 대화를 통해 파악된 고품질 정보를 포함하는 자세한 보고서를 의사에게 제공하기 때문에 의사는 초기 진료에 소요되는 시간을 줄일 수 있다.

여러가지 테스트 결과 Liv는 94%의 확률로 증상에 대해 정확한 진단을 내린 것으로 확인되었다. 그리고 환자 증상의 심각도를 평가하는 데 있어서 Liv는 81%의 정확도를 보인데 반해 의사의 진단 정확도는 79%여서 인간 의사보다 우수한 능력을 보였다. 이 실험을 주도한 연구 책임자는 "Liv는 특정 환자를 치료하는 데 어떤 약물이 적합한지 결정하는 데 있어서도 의사보다 더 뛰어났습니다"라고 강조하였다.

사례 4: 재난과 사고 현장에서 응급환자를 지원하는 챗GPT

2023년 9월호 Annals of Emergency Medicine에 네덜란드 Jeroen Bosch 병원의 연구원들이 응급실 환자 진단에서 챗GPT의 성능을 평가한 연구 결과를 발표했다. 연구팀은 2022년에 Jeroen Bosch 병원의 응급실에서 치료받은 30명의 환자 사례를 사용해서 증상, 징후, 신체 검사 결과 등이 포함된 의사의 노트와 혈액과 소변 검사 결과를 챗GPT의 2가지 버전(챗GPT-3.5와 4.0)에 입력하여 환자 사례를 분석했다. 그리고 환자별로 챗GPT와 의사가 생성한 상위 5개의 가능성 있는 진단 목록을 비교한 결과 4.0 버전은 97%의 정확도로 올바른 진단을 했으며, 3.5 버전과 인간 의사는 모두 87%의 정확도를 보였다. 그리고 반복적인 관절 통증, 발열, 인후통, 손가락 끝 변색 등의 증상을 보인 환자에 대해, 의사들은 류마티스 열을 의심했지만 챗GPT는 정확하게 혈관염을 진단했다.

챗GPT가 응급실에서 인간 의사와 비슷한 수준으로 진단을 생성할 수 있음을 보여주는 결과이다. 연구팀은 AI 도구가 응급실의 대기 시간을 줄이고 경험이 적은 의사를 지원하는 데 도움이 될 수 있으며, 특히 드문 질병을 발견하는 데 유용할 수 있다고 평가했다.

AI를 도입하면 긴급성을 요구하는 응급실이나 재난 현장에서 큰 부상을 입은 환자에 대해 의사의 시간을 절약하고, 진단을 돕거나, 의료 시스템의 행정적 부담을 일부 완화할 수 있을 것이다. 또한 의사가 없는 사고 현장에서라면 환자 주변에 있는 일반인들이 평소 AI의 도움을 받아 응급처치를 할 수 있도록 훈련받는다면, 골든타임 안에 적절한 조치를 취해서 많은 생명을 구조할 가능성을 높일 수 있다.

물론 의료 분야의 특성상 법적 규제와 윤리적인 문제가 있어 신중한 추가 연구와 검토가 필요하지만, 머지않아 AI가 의료 현장에 들어가 의사를 보조하게 될 가능성이 매우 높다. 부가적으로 LLM 플랫폼의 40여 개 언어간 번역 기능을 사용하면 다양한 국적의 환자들에게 언어의 장벽을 느끼지 않고 정확하게 정보를 제공할 수 있게 된다.

## 5장

챗GPT 도입에
성공하기 위해
놓치지 말아야 할 5가지

기업은 어떤 계정을 사용하고
어떻게 관리해야 하나?

FAQ1. 챗GPT의 Team과 Enterprise 계정 중
무엇을 선택해야 하나?

오픈AI는 비즈니스를 위해 챗GPT Enterprise와 챗GPT Team이라는 두 가지 계정 옵션을 제공하고 있다. 선택의 가장 중요한 2가지 기준은 사용자 수의 크기와 기업이 사용할 서비스의 종류이다. 그 선택 기준을 아래 표로 정리했는데, 더 단순화해서 말하면 중소기업이면 '챗GPT' Team을, 대기업이면 '챗GPT Enterprise'를 사용하면 된다.

〈챗GPT의 기업용 계정 옵션〉

	챗GPT Team	챗GPT Enterprise
장점	• 소규모 팀이나 부서에 적합한 가격 정책 • 기본적인 챗GPT 기능 및 사용자 경험 제공 • 설정과 관리가 비교적 간단하며, 쉽게 시작 가능	• 고급 보안 및 컴플라이언스 기능 • 대용량 사용자 관리 및 통합 지원 • API 접근성과 같은 기업 맞춤형 기능 제공

기업 크기	150명 이하의 중소기업 또는 팀	150명 이상의 대기업
사용 목적	• 처음 도입을 테스트하는 기업 • 기본 기능만 필요한 기업 (Enterprise 플랜이 제공하는 모든 추가 서비스가 필요하지 않은 기업)	비전이 포함된 GPT-4, 음성 입력 및 출력, GPT 생성 및 공유 기능, 이미지 생성, 탐색과 같은 고급 기능을 요구하는 기업
사용 요금	30달러/월(월간 구독, 부가세 별도) 25달러/월(연간 구독, 부가세 별도)	오픈AI에 직접 문의후 결정 (사용 범위에 따라 가격이 다름)

FAQ2. 챗GPT Team은 어떤 특징이 있나?

챗GPT Team은 소규모 기업에서 이용할 수 있는 좋은 선택 옵션이다. 개인용인 챗GPT Plus보다 데이터 보호·프라이버시 기능이 강화되었고, 팀·사용자 관리 기능이나 팀 협업 기능 등이 추가되어 소기업의 이용에 최적화된 플랜이다.

- **데이터 보안 강화:** 사용한 데이터와 대화 기록을 학습에 사용하지 않아, 보안 측면에서 안심하고 이용할 수 있다.
- **팀 협업 기능:** 챗GPT Team은 도입한 기업에 최적화한 형태로 한정된 작업 공간에서의 공유와 협업이 가능하다. 예를 들어 자사의 업무에 맞춰 최적화한 절차, 지식, 기능을 갖춘 챗GPT의 커스텀 버전을 구축하고 기업 내에서 공동 이용할 수 있다.

- **다양한 관리 기능:** 설치, 사용자 관리 등을 통제할 수 있는 관리 기능, 엄격한 보안을 갖춘 팀 전용 작업 공간, 일괄 멤버 관리 기능 등 기업 이용에 최적화된 기능을 제공한다.

FAQ3. 챗GPT가 나의 특성에 맞게 답하도록 조정할 수 있나?

챗GPT의 '사용자 맞춤설정' 기능은 챗GPT가 사용자가 정의한 지시 사항을 답변시에 고려하도록 하는 강력한 기능이다. 예를 들어 사용자 맞춤설정에서 '사례 중심으로 풍부한 답변을 해줘'라고 설정하면 해당 지시에 맞게 답변을 조정하여 생성해준다.

'내 계정 → ChatGPT 맞춤 설정' 메뉴로 가면 '맞춤형 지침'을 입력할 수 있는 화면이 나온다. 다음의 예시를 참고해서 자신에게 맞게 입력하면 된다.

〈메뉴〉맞춤형 지침	예1. 강의 계획	예2. 코드 생성
챗GPT가 더 나은 응답을 제공해 드리기 위해 사용자님에 대해 알아두어야 할 것이 있다면 무엇인가요?	3학년 학생들을 위한 과학 교육 프로그램을 담당	소프트웨어 개발자이고 Python 만 사용
챗GPT가 어떻게 응답하기를 원하시나요?	정보를 표 형식으로 제시하고 각 옵션의 장단점을 요약하여 쉽게 비교하고 의사 결정을 할 수 있도록 제시	코드를 요청할 때 작동 방식에 대한 설명 없이 코드만 제시

FAQ4. 모든 채팅 기록이 쌓여서 관리가 힘든데, 좋은 해결책이 없나?

챗GPT에서는 채팅 기록을 끄는 기능이 있다. 채팅 기록이 비활성화되었을 때 시작된 대화는 모델을 훈련하고 개선하는 데 사용되지 않으며 기록 사이드바에 표시되지 않는다. 이러한 제어 기능은 챗GPT 설정에서 찾을 수 있으며 언제든지 바꿀 수 있다. 채팅 기록이 비활성화되면 새로운 대화는 30일 동안 보관되며(남용 여부를 모니터링해야 할 때만 검토한 후) 영구적으로 삭제된다.

'내 계정 → 설정 → 데이터 제어 → 모두를 위한 모델 개선'으로 가서 끄기로 설정하면 된다.

FAQ5. 챗GPT를 도입할 때 고려해야 할 예산 항목은?

챗GPT 도입을 고려할 때, 비용을 주요 항목으로 구분하여 계획하는 것이 중요하다. 예산 계획은 기본적으로 다음과 같은 요소를 포함할 수 있다. 모든 항목이 다 필요한 것은 아니며, 활용의 분야와 범위에 따라 소요 비용 항목이 필요하거나 빠질 수도 있다. 실제 비용은 회사의 요구사항, 기존 시스템의 복잡성, 사용량 및 선택한 서비스 공급자에 따라 다를 수 있으니, 각 항목에 대해 추가적인 조사와 견적이 필요할 것이다.

카테고리	세부 항목	설명	예상 비용 범위
라이선스 비용	챗GPT API 사용료	월별 또는 연별 API 호출량에 따른 비용	사용량에 따라 다름
하드웨어 및 인프라 비용	클라우드 이용료	클라우드 (AWS, Azure 등) 사용 비용	사용량에 변동
미세조정 및 시스템 통합	시스템 통합	기존 IT시스템과 챗GPT의 통합 작업 비용	프로젝트 복잡도에 따라 다름
	사용자 정의 개발	특정 업무 요구사항에 맞춘 맞춤형 기능 개발 비용	중-고비용
	미세조정 및 최적화	모델 성능 개선 및 특정 사용 사례에 맞는 최적화 작업 비용	중비용
운영 및 유지 보수 비용	시스템 모니터링 및 업데이트	시스템 성능 모니터링 및 정기적인 업데이트 비용	저-중비용
	기술 지원	사용자 문의 및 기술적 문제 해결을 위한 지원 팀 운영 비용	저-중비용
보안 비용	데이터 보안 및 개인정보보호	데이터 암호화, 접근 제어, 개인정보 보호 정책 구현 비용	중-고비용
	보안 감사 및 인증	외부 보안 감사 및 필요한 보안 인증 획득 비용	중비용
교육 및 지원 비용	직원 교육 프로그램	챗GPT 및 관련 기술 교육 프로그램 개발 및 실행 비용	저-중비용
	사용자 피드백 관리	사용자로부터의 피드백 수집 및 분석, 반영 비용	저비용

미세조정과 훈련으로
나만의 챗봇을 만드는 비법은?

나는 도서관 사서이다. 챗GPT가 고객과의 대화를 통해 나 대신 도서관
사서의 일을 하게 만들 방법은 없을까? 도서관 사서의 책 검색과 추천
기능을 가진 챗봇을 만드는 방법을 예로 들어 나만의 챗봇을 만드는 과
정을 공부해보자. 이런 응대가 가능한 챗봇을 만드는 것이 챗GPT 활용
의 고수로 가는 관문이다.

---

1. 도서관 사서 챗봇과의 대화로 책 추천받기

다음은 고객이 도서관에 와서 가상 사서인 챗봇에게 식물 재배에 관련
된 책 추천을 요구하고, 우리의 가상 사서가 원하는 책을 추천해주는 상
황의 대화이다.

고객: 안녕하세요, 저는 식물을 재배하고 싶은데 관련 책을 찾고 있어요. 어떤 책을 읽으면 좋을까요?

챗봇: 안녕하세요! 식물 재배에 관심이 있으시군요. 특히 관심 있는 식물이 있으신가요? 예를 들어 관엽식물, 야채, 혹은 허브 등 종류에 따라 추천드릴 책이 달라질 수 있습니다.

고객: 저는 집에서 키울 수 있는 작은 관엽식물로 시작해보고 싶어요.

챗봇: 멋진 선택이세요! 집안에서 쉽게 관리할 수 있는 관엽식물에 대해 다룬 몇 권의 책을 추천드릴 수 있습니다. 예를 들어, 〈Urban Jungle: Living and Styling with Plants〉은 집안에서 식물을 키우는 방법과 스타일링 팁을 제공합니다. 이 책은 초보자도 쉽게 따라 할 수 있는 조언을 담고 있어요.

고객: 그 책 좋아 보이네요! 혹시 또 다른 추천도 받을 수 있을까요?

챗봇: 물론입니다! 또 다른 추천서로는 〈The Houseplant Expert〉도 있습니다. 이 책은 다양한 종류의 실내용 식물에 대한 상세한 정보와 관리 방법을 설명하고 있어서 많은 독자에게 사랑받고 있습니다. 관엽식물에 대한 기본적인 지식을 넓히기에 아주 적합합니다.

(중략)

고객: 네, 감사합니다! 많은 도움이 되었어요.

챗봇: 언제든지요! 다른 질문이 있으시면 언제든 도움을 드리겠습니다. 즐거운 독서 되세요!

2. 나만의 챗봇을 만들면 좋은 것들

도서관에서 챗GPT 기반의 나만의 챗봇을 만들어 활용하면 다음과 같은 여러 이점이 있다.

- **즉각적인 응답 제공**: 챗봇은 사용자의 질문에 실시간으로 응답할 수 있다. 이는 특히 사용자가 도서관에 직접 방문하지 않고도 원하는 정보를 빠르게 얻을 수 있게 해준다.
- **개인화된 도서 추천**: 챗봇은 사용자의 과거 대화, 선호도, 검색 이력 등을 분석하여 개인 맞춤형 도서 추천을 제공할 수 있다. 이는 사용자 경험을 개선하고, 더 만족스러운 도서 선택을 돕는다.
- **효율적인 정보 접근성**: 챗봇은 도서관의 다양한 데이터베이스와 연동되어 복잡한 데이터베이스 쿼리나 카탈로그 검색을 사용자 대신 수행할 수 있다. 이는 사용자가 쉽고 빠르게 정보를 얻을 수 있도록 도와준다.
- **자주 묻는 질문(FAQ) 처리**: 챗봇은 도서관 이용 방법, 영업시간, 이벤트 일정 등에 대한 기본적인 질문에 대해 자동으로 답변할 수 있다. 이는 도서관 직원이 보다 복잡한 문의나 더 중요한 업무에 집중할 수 있도록 해준다.
- **언어 장벽 감소**: 다양한 언어로 서비스를 제공할 수 있는 챗봇은 다국어 사용자들의 도서관 자원에 대한 접근성을 향상시킨다.
- **교육 및 학습 지원**: 챗봇은 사용자가 연구나 학습에 필요한 자

료를 찾는 데 도움을 줄 수 있다. 또한 특정 주제에 대한 정보를 제공하거나 관련 도서를 추천함으로써 교육적 지원을 제공한다.

- **통계 및 보고:** 챗봇과의 상호작용을 통해 도서관은 사용자 행동과 선호도에 대한 데이터를 체계적으로 수집하고 분석할 수 있다. 이 데이터는 서비스 개선, 장서 관리, 마케팅 전략 수립 등에 활용될 수 있다.

챗봇은 이러한 다양한 기능을 통해 도서관 서비스의 질을 높이고, 사용자 경험을 향상시키며, 운영 효율성을 개선할 수 있다.

---

3. 나만의 가상 챗봇을 만들려면 어떤 과정을 거쳐야 하나?

챗봇을 만들고 훈련시키는 과정은 복잡할 수 있지만, 기본적으로 데이터 준비, 챗GPT 훈련, 챗봇 프로그래밍, 배포 및 통합 그리고 모니터링 및 유지보수의 5단계로 나눌 수 있다.

나만의 챗봇을 만드는 5단계 프로세스

1) 데이터 준비: 챗봇의 성능은 훈련 데이터의 질과 양에 크게 의존한다. 챗봇이 도서 추천과 같은 포괄적인 질문에 답할 수 있도록 하기 위해 다음과 같은 데이터를 준비해야 한다.

- 대화 데이터: 사용자와 사서 사이의 실제 대화 기록을 수집한다. 이 데이터는 사용자의 질문 스타일과 사서가 어떻게 정보를 제공하는지에 대한 통찰을 제공할 수 있다.
- 도서 메타데이터: 책 제목, 저자, 장르, 요약 등의 정보를 포함하는 데이터베이스를 준비한다. 이 데이터는 챗봇이 책을 추천할 때 사용된다.
- 사용자 피드백: 사용자의 도서 평가와 리뷰는 챗봇이 사용자 선호를 이해하고 개인화된 추천을 제공하는 데 도움이 된다.

2) 챗GPT 훈련

- 툴 선택: 오픈AI의 챗GPT 또는 다른 대화형 AI 모델을 선택한다.
- 미세조정: GPT-4를 사용할 경우, 오픈AI 제공 API를 통해 모델을 미세조정할 수 있다. 이는 주로 사전에 수집한 대화 데이터를 이용하여 진행한다.
- 통합 학습: 챗봇이 사용자의 질문에 따라 도서 데이터베이스를 조회하고 적절한 책을 추천할 수 있도록 학습시킨다.(이 과정에서 SQL 쿼리와 같은 데이터베이스 검색 기술이 필요할 수 있다)

3) 챗봇 프로그래밍

- 프레임워크 선택: 파이썬과 같은 프로그래밍 언어와 Flask, Django, 또는 Node.js 같은 웹 프레임워크를 사용하여 챗봇 애플

리케이션을 구축한다.

- API 연동: 오픈AI API를 호출하여 챗봇의 답변을 생성한다. 또한 도서 데이터베이스와의 연동을 위해 REST API 또는 GraphQL API 를 구현할 수 있다.
- 사용자 인터페이스 개발: 웹 또는 모바일 앱 형태로 사용자가 챗봇 과 상호작용할 수 있는 인터페이스를 개발한다.

4) 배포 및 통합

- 도서관 정보 시스템과의 통합: 미세조정된 챗GPT 모델을 도서관의 정보 시스템과 통합한다. 이를 위해 API 연동이나 웹 인터페이스 구축이 필요할 수 있다.
- 사용자 인터페이스 개발: 사용자가 쉽게 책을 추천받을 수 있는 인 터페이스를 개발한다. 예를 들어 웹사이트, 앱, 또는 챗봇 등을 통 해 접근할 수 있도록 한다.

5) 모니터링 및 유지보수

- 성능 모니터링: 사용자 반응, 추천의 정확성, 시스템의 안정성 등을 모니터링해서 시스템이 도서관의 요구사항을 충족하는지 확인한다.
- 피드백 수집 및 분석: 사용자로부터의 피드백을 정기적으로 수집하 고 분석하여 서비스를 개선한다.
- 지속적인 훈련과 업데이트: 시간에 따라 변화하는 독서 트렌드와 신간 출시를 반영하여 도서 추천이 이루어질 수 있도록 모델을 정 기적으로 업데이트한다. 새로운 데이터를 통합하고, 최신 알고리즘 으로 모델을 계속 개선해 나가야 한다.

4. 도서관 가상 챗봇을 만든 대만 국립정보도서관

대만 국립정보도서관National Library of Public Information은 챗GPT가 내장된 가상도서관원을 2024년 1월부터 정식으로 서비스하고 있다. 스마트 기술을 활용하여 실제 사서의 모습을 그대로 재현한 가상의 스마트 사서를 생성하고, 실제 음성 합성 기술과 함께 친근하고 지식이 풍부한 디지털 사서를 만드는 데 성공했다. AI 스마트 사서는 '샤오슈(Xiao Shu)'로 명명되었으며, 가상의 AI 스마트 사서가 되어 독자 서비스 상담 및 장서 추천 서비스를 제공할 수 있다. 공식 사서가 된 이후 '샤오슈'는 단 두 달 만에 약 1만 건의 응답을 기록하며 매일 평균 100명 이상의 독자에게 서비스를 제공하고 있다.

〈도서관 가상 사서인 'Xiao Shu'를 사용하고 있는 초등학생(대만 국립정보도서관)〉

보안 리스크 걱정 없이
안전하게 쓸 방법은 없을까?

보안 문제는 기업에서 챗GPT 도입을 고려할 때 머뭇거리게 만드는 가장 중요한 문제이다. 챗GPT를 사용하는 데 어떤 리스크가 있고 그 리스크에 대한 대책은 무엇인지 알아보자.

1. 챗GPT 보안 위험에는 어떤 유형이 있나?

기업의 보안 위험에는 다음 4가지가 있다. 현재와 미래의 이러한 위험을 파악하는 것은 조직을 안전하게 유지하기 위한 필수적인 조치이다.

1) 악성코드의 침입

챗GPT는 불법 또는 악의적인 메시지를 거부하지만, 해커들은 이러한 제한을 회피해 AI 보안을 손상시킬 수 있다. 탈옥 프롬프트를 방지하기 위한 노력에도 불구하고 악성 사용자들은 악성 코드를 생성하는 새로운 방법을 계속 찾아내고 있다. 악성 코드로 인해 중요한 정보가 손실되면 법적 문제와 고객 신뢰 상실, 직원 유지에 장기적인 영향을 미칠 수 있다.

2) 챗GPT로 훈련받은 해커들

챗GPT는 초보 보안 분석가를 교육하고 훈련시키는 데 도움을 줄 수 있지만, 반대로 악의적인 해커가 자신의 기술을 효율적으로 연마하는 데도 사용될 수 있다. 오픈AI 정책은 불법 활동을 금지하지만, 해커들은 침투 테스터로 가장하여 쿼리를 재구성해 자세한 지침을 추출할 수 있다. 챗GPT와 같은 생성형 AI 도구의 접근성은 기술적으로 능숙한 사이버 범죄자의 증가와 보안 위험을 높일 수 있다.

〈DALL-E가 그린 어둠 속의 해커〉

3) 짝퉁 앱들의 사기 행각

스마트폰에는 무료나 저렴하게 많은 기능을 수행하는 것으로 위장한 짝퉁 앱들이 많다. 이들은 무해해 보이지만 챗GPT 인터페이스에 유해한 명령을 삽입하기 위한 교묘한 프롬프트를 만들 수 있다. 예를 들어 '비밀번호 재설정' 이메일 템플릿을 만드는 단순한 질문처럼 보이는 것이 실제로는 피싱 캠페인에 사용될 수 있는 이메일 형식을 얻으려는 계략일 수 있다. 사기꾼들은 프롬프트를 다듬어 출력물이 대상 기관의 이메일 형식을 정확하게 모방하게 한다.

FraudGPT는 GPT 모델의 기능을 활용해 사이버 범죄를 촉진한다. 이 모델은 개인화된 피싱 이메일 생성부터 사기성 투자 권유에 이르기까지 사기 작업을 자동화한다. FraudGPT를 사용하면 사이버 범죄자는 피해자를 조종하고, 투자 사기를 저지르고, 피싱 캠페인을 수행할 수 있다. 예를 들어 사기꾼은 FraudGPT를 사용하여 합법적인 것처럼 보이는 비즈니스 제안의 생성을 자동화하여 순진한 피해자로부터 투자를 유치할 수 있다.

WormGPT는 소프트웨어 취약점을 탐지하고 악용하도록 설계된 AI 애플리케이션이다. 이 AI는 악성 코드를 제작하고 미세조정하여, 과거에는 오랜 시간 공(?)을 들여야 했던 사이버 범죄자의 활동을 자동화한다. WormGPT는 네트워크 전체에 맬웨어를 확산시키고, 대규모 봇넷을 지휘하거나 민감한 데이터를 유출하는 과정을 자동화한다. WormGPT는 매우 은밀하고 효율적(?)으로 작동하며 각 대상에 맞춰 꼼꼼하게 맞춤화되기 때문에 엄청난 피해를 줄 수 있다.

4) 챗GPT API 공격

2023년 1분기에는 API를 표적으로 삼는 공격자가 2022년에 비해 400% 급증했다. 사이버 범죄자는 생성형 AI를 활용해 고유한 API 취약점을 쉽게 식별할 수 있다. 공격자는 챗GPT를 사용해 API 문서를 분석하고, 데이터를 수집하며, 쿼리를 공식화해 효율적으로 결함을 찾아내고 악용할 수 있다.

2. 개인이 보다 안전하게 챗GPT를 사용하는 방법은?

1) 챗GPT의 이용약관 및 개인정보 보호정책을 정기적으로 검토하라

생성형 AI 도구를 사용하거나 개인 정보를 공유하기 전에 해당 정책을 명확하게 이해해야 한다. 이러한 이용약관은 계속 변화하기 때문에, 관련 정책이 변경되면 즉시 통보받을 수 있도록 자동 알림을 설정해야 한다.

아래 QR 코드를 통해 오픈AI의 챗GPT 개인정보 보호정책 및 이용약관을 확인하라.

 챗GPT 개인보호 정책   챗GPT 이용약관

2) 챗GPT가 나의 데이터를 훈련에 사용하지 못하도록 하라

챗GPT는 데이터 개인정보 보호 및 보안에 대한 우려에 대응하여 새로운 기능을 도입했다. 이제 사용자는 채팅 기록을 끄는 기능을 설정하여, 대화가 모델 학습 및 개선에 사용되는 것을 방지하고 기록 사이드바에 표시되지 않도록 할 수 있다. 채팅 기록이 꺼져도 챗GPT는 30일 동안 새로운 대화를 계속 유지한다는 점에 유의하라. 챗GPT에서 채팅 기록 기능을 비활성화하려면 다음 단계를 따르면 된다.

- 챗GPT에서 오른쪽 상단의 자신의 계정을 누른다.
- 나타난 메뉴에서 설정을 클릭하고, 데이터 제어를 선택한다.
- '모두를 위한 모델 개선' 기능을 끈다.

3) 챗GPT 응답 중 중요한 자료는 사용하기 전에 꼭 확인하라

챗GPT는 의도치 않게 '환각'이라고 알려진 부정확한 정보를 생성할 수 있다. 중요한 문제에 대해 챗GPT에 의존하는 경우 철저한 조사를 통해 실제 정보를 확인하라.

_ □ X

프롬프트: 챗GPT의 사용 문제 중에 AI 환각이라는 것이 있어요. 챗GPT의 응답에서 환각을 줄이고, 사용하는 방법이 있을까요?

챗GPT: 챗GPT를 사용할 때 AI 환각, 즉 잘못된 정보나 근거 없는 내용을 줄이는 방법은 몇 가지가 있습니다. 사용자가 정확한 정보를 얻기 위해 이런 전략을 적용해 볼 수 있습니다.

질문 명확화: 질문을 구체적이고 명확하게 하면 챗GPT가 더 정확한 대답을 할 확률이 높아집니다. 모호하거나 너무 광범위한 질문은 때로 오해의 소지가 있거나 부정확한 정보를 유발할 수 있습니다.

출처 요청: 응답에 출처를 요청하는 것은 좋은 전략입니다. 챗GPT는 구체적인 사이트 이름이나 직접적인 링크를 제공할 수는 없지만, 주요 정보의 출처를 설명하거나 해당 정보가 일반적으로 어디서 유래하는지 알려줄 수 있습니다.

검증 요청: 특히 중요하거나 민감한 정보에 대해서는, AI의 답변이 맞는지 확인을 요청할 수 있습니다. 예를 들어 최신 뉴스 이벤트나 전문적 지식이 필요한 내용에 대해 브라우저를 통한 검증이 가능

합니다.

대안적 설명 요청: 하나의 질문에 대해 여러 가지 가능한 답변을 요청하면, 다양한 관점을 제공받을 수 있습니다. 이를 통해 AI가 제시하는 답변의 범위와 근거를 더 넓게 이해할 수 있습니다.

업데이트 요청: 정보가 계속 업데이트되므로, 특히 빠르게 변하는 주제에 대해서는 최신 정보를 요청하세요. 챗GPT는 정해진 시점까지의 정보만을 학습하므로, 최신 데이터를 확인하는 것이 중요합니다.

이러한 방법들을 통해 챗GPT와의 상호작용에서 환각을 최소화하고 더 신뢰할 수 있는 정보를 얻을 수 있을 것입니다.

4) 짝퉁을 버리고 챗GPT 정품을 사용하라

https://chat.chatgpt.com을 사용하거나 아이폰, 아이패드, 안드로이드용 공식 앱을 다운로드하여 사기꾼이나 챗GPT를 모방한 가짜 앱에게 개인 데이터를 공개하지 말아야 한다. 사기꾼들은 취약점을 찾아 악용하기 위해 다양한 기술을 사용하여 모델의 출력을 조작한다. 이들은 무료나 저렴한 가격으로 소비자를 현혹시켜 자신의 목적을 달성하려고 한다.

5) 검증되지 않은 브라우저 확장 프로그램과 앱을 설치하지 마라

챗GPT 기능을 제공하는 특정 확장 프로그램 및 앱이 데이터를 수집할 수 있다. 컴퓨터, 휴대전화, 태블릿에 확장 프로그램과 앱을 설치하기 전에 다른 사람들의 경험과 피해 사례가 없는지 꼼꼼하게 검색해 보고 사용하라. 챗GPT 사용을 최적화하기 위해 위험과 이점의 균형을 유지하라. 잠재적인 윤리적 문제, 챗GPT 보안 위험 및 이 강력한 도구의 책임감 있는 사용을 이해하면 챗GPT의 장점을 최적화하면서 잠재적인 단점을 최소화할 수 있다.

---

3. 기업이 보다 안전하게 챗GPT를 사용하는 대책은?

기업의 챗GPT 활용에는 리스크도 있지만, 적절한 대책을 취하면 그 리스크를 대폭 저감할 수 있다. 이러한 위험에 대해 기업이 취해야 할 조치는 다음 세 가지이다.

대책 1: 사내 가이드라인 수립: 기업에서 챗GPT를 활용할 때는 챗GPT 이용에 관한 사내 가이드라인을 정하고 임직원에게 주지시키는 것이 중요하다.(보다 상세한 내용은 289쪽 '챗GPT의 사내 가이드라인은 무엇을 담아야 하나?'를 참고하기 바란다)

대책 2: 적절한 이용을 위한 교육: 챗GPT 이용에 관한 가이드라인을 책정하는 것과 동시에, 사내 연수 등을 실시해야 한다. 챗GPT를 도입할 때만이 아니라, 임직원 이용 실태에 맞춰 정기적으로 연수를 실시하거나 피드백·정보 공유를 통해 챗GPT의 유효하고 적절한 이용을 정착시키는 것이 중요하다. 또한 주기적으로 관련 직원들에게 보안 교육을 실시하여 보안 의식을 높이고, 안전한 데이터 처리 방법을 교육하면 효과적이다.

대책 3: 고급화된 보안 기술 도입: 기업이 더 강력한 데이터 보호를 원한다면, 다음의 세 가지 기술을 추가적으로 사용하면 된다.

- **데이터 암호화와 익명화:** 모든 데이터 전송 및 저장 과정에서 강력한 암호화 기술을 사용하여 데이터 유출을 방지한다. 민감한 정보를 익명화하여 개인 식별 정보를 보호할 수 있다.
- **로컬 서버 및 온프레미스**On-Premise **솔루션:** 국내 데이터 센터를 이용하여 데이터가 해외로 유출되지 않도록 하거나, 챗GPT를 온프레미스로 설치하여 모든 데이터가 내부 네트워크 안에서 처리되도록 한다. 온프레미스 솔루션은 기업의 자체 서버와 데이터 센터에서 소프트웨어와 데이터 저장소를 운영하는 방식이다. 이와 관련된 이용 방법은 오픈AI Enterprise 서비스 팀 또는 마이크로소프트의 애저 챗GPT 서비스 팀에 직접 문의하여 자문을 얻도록 한다.
- **보안 감사 및 검증:** 정기적인 보안 감사를 통해 시스템의 취약점을 점검하고, 필요한 경우 보안 패치를 적용하여 보안 수준을 유지한다. 강력한 해킹 방지 및 침입 탐지 시스템을 도입하여 외부 공격으로부터 시스템을 보호하도록 한다.

챗GPT의 사내 가이드라인은 무엇을 담아야 하나?

생성형 AI의 도입·활용을 검토하고 있는 기업들로부터 "생성형 AI의 이용에 관한 가이드라인은 왜 필요할까?" "사내 가이드라인은 어떤 내용으로 구성해야 하는가?"라는 질문을 많이 받는다. 기업이 챗GPT·생성형 AI를 활용할 때는 몇 가지 위험이나 주의사항이 있기 때문에, 적절한 이용을 위한 가이드라인(사내 규칙)을 만들 필요가 있다. 국내외 챗GPT 도입 선도 기업들은 별도의 가이드라인을 만들어 안전성과 보안을 유지하면서 사내 확산과 직원들의 이용 활성화를 꾀하고 있다.

1. 사내 가이드라인은 왜 필요할까?

챗GPT와 같은 AI 기술을 사내에 도입할 때 가이드라인을 마련하는 것은 매우 중요하다. 이 가이드라인은 기술 사용에 관한 명확한 지침을 제공함으로써 조직과 직원들이 효율적이고 윤리적으로 AI를 활용할 수 있도록 돕는다. 다음은 사내 가이드라인이 필요한 주요 이유들이다.

1) 표준화된 사용 방법 확립: AI 도구의 일관되고 효율적인 사용을 보장하기 위해서는 사용자가 준수해야 할 표준 절차와 규칙이 명시되어야 한다. 이는 사용자 오류를 줄이고, 모든 사용자가 동일한 품질의 결과를 얻을 수 있도록 돕는다.

2) 데이터 보안과 프라이버시 보호: AI 시스템, 특히 챗GPT와 같은 자연어 처리 도구는 사용자 데이터를 처리하고 저장할 수 있다. 사내 가이드라인은 개인정보 보호법과 회사의 데이터 보안 정책에 따라 데이터를 취급하는 방법을 명확하게 규정하여 정보 유출 또는 오남용으로부터 회사와 고객을 보호한다.

3) 윤리적 사용 보장: AI를 사용할 때 발생할 수 있는 윤리적 문제를 예방하기 위해, 윤리적 기준을 명확히 설정해야 한다. 이는 기술의 부적절한 사용으로 인한 피해를 방지하고, 기술에 대한 신뢰를 구축하는 데 중요하다.

4) 법률 준수: 각국의 법률과 규정은 지속적으로 변화하고 있으며, AI 기술과 관련된 법적 요구사항도 마찬가지다. 가이드라인은 직원들이 현재 법률을 준수하도록 하며, 회사가 법적 책임에서 벗어날 수 있도록 한다.

5) 적응성 증진: 새로운 기술의 도입은 직원들에게 불안감을 줄 수 있다. 가이드라인을 통해 직원들이 기술을 이해하고, 어떻게 사용해야 하는지 명확한 지침을 제공함으로써 이러한 불안을 해소하고, 적응을 돕는다.

6) 성능 모니터링 및 품질 관리: AI 시스템의 성능을 주기적으로 평가하고 문제를 조기에 발견하여 해결할 수 있도록 하는 프로세스를 정립한다. 이는 시스템이 지속적으로 최적의 성능을 발휘하도록 보장한다.

가이드라인을 통해 조직은 챗GPT를 도입하면서 발생할 수 있는 다양한 위험을 관리하고, 기술을 효과적으로 활용하여 조직의 전반적인 성과를 향상시킬 수 있다. 직원들은 이러한 지침에 따라 챗GPT를 보다 안전하고 책임감 있게 사용할 수 있다.

2. 생성형 AI 활용에 관한 가이드라인에는 어떤 내용을 담으면 좋을까?

〈도쿄 시의 '챗GPT 활용 가이드라인' 목차(도쿄시 홈페이지)〉

챗GPT 도입과 관련된 사내 가이드라인을 개발할 때는 다양한 요소를 포함시키는 것이 중요하다. 다음은 가이드라인에 꼭 포함해야 할 5가지 항목이다.

1) 이용이 금지되는 용도: 기밀성이 높은 정보를 취급하는 업무에 대해서는 생성형 AI의 활용을 금지하는 것이 좋다. 예를 들어 M&A, 결산, 특허, 신상품 등 특히 기밀성이 높은 정보를 취급하는 업무에는 생성형 AI를 사용하지 않도록 규정하는 것이 좋다.

2) 사용 가능한 생성형 AI 도구: 어떤 생성형 AI 서비스의 활용을 허가할지 미리 명시하는 것이 좋다. 예를 들어 챗GPT, 구글 Gemini, 스테이블 디퓨전Stable Diffusion 등 다양한 서비스가 있으며, 각각의 서비스 내용이나 이용 약관이 다르기 때문에 화이트리스트에 없는 생성형 AI 서비스를 이용하는 경우의 사용 허가 절차와 프로세스를 정해 주어야 한다.

3) 데이터 입력 시 주의사항: 생성형 AI 도구에 입력할 때의 주의 사항에 대해 규정한다. 데이터 입력에서 특히 주의해야 할 사항은 다음 4가지이다.

- **개인 정보:** 챗GPT는 이용 약관상, 입력 데이터가 AI 모델 학습에 이용될 수 있기 때문에 사외로 정보가 유출될 위험이 있다. 따라서 고객이나 직원의 성명, 주소, 생년월일 등의 개인정보 입력은 금지해야 한다. 참고로 챗GPT의 법인

계정인 '챗GPT Team', '챗GPT Enterprise', 오픈AI의 API 등을 활용한 사내 챗GPT 서비스 등에서는 입력 데이터가 학습용으로 사용되지 않는다.

- **기밀 정보:** 회사의 기밀 정보(M&A, 재무 정보, 특허 등)에 대한 입력을 금지하는 것이 좋다.
- **비밀유지 계약에 근거한 비밀 정보:** 비밀유지 계약NDA을 기반으로 받은 비밀 정보에 대해서도 입력을 금지하는 것이 좋다.
- **타인의 저작물:** 제3자가 저작권을 가지는 콘텐츠 입력 자체는 저작권 침해에 해당하지 않지만, 제3자의 저작물과 동일 또는 유사한 것을 생성할 목적으로 사용하거나 또는 제품이 저작물과 동일하거나 유사한 경우에는 저작권 침해에 해당할 수 있다. 따라서 제3자의 저작물과 유사한 콘텐츠 등의 생성으로 이어지는 정보는 입력을 금지해야 한다.

4) 출력된 결과물을 사용할 때의 주의사항: 생성형 AI에 의해 출력된 결과물을 이용할 때 주의할 점은 다음 3가지이다.

- **결과물에 오류가 없는지 사실 확인:** 생성형 AI에는 AI 환각의 위험이 있어 허위 정보나 존재하지 않는 정보를 생성

하는 경우가 있다. 생성형 AI의 응답을 그대로 사용하지 말고, 그 응답의 근거나 뒷받침 정보 등을 스스로 확인하는 것이 꼭 필요하다.

- **저작권 침해가 없는지 확인:** 생성형 AI가 출력한 결과가 제3자의 저작물과 동일하거나 유사한 경우 저작권 침해에 해당할 수 있다. 특히 생성 결과를 외부에 전달·공개할 경우에는 다른 저작물과 유사하지 않은지 꼭 조사해야 한다.
- **생성 결과를 활용하는 경우 출처 명기:** 생성형 AI에 의해 출력된 결과를 대외적으로 공개하거나 활용하는 경우에는 생성형 AI의 역할(예: '생성형 AI로 작성' 등)을 명시하는 것이 좋다. 특히 챗GPT 등 오픈AI의 서비스를 사용하여 생성한 결과를 공개하는 경우는 'AI를 이용해 생성했음'을 명기할 것을 오픈AI의 이용 규약에서 요구하고 있다.

마지막으로 개인용 챗GPT에 입력하는 데이터는 AI 모델의 학습에 이용되어 정보 유출 위험이 있기 때문에, 챗GPT의 법인 플랜인 '챗GPT Team', '챗GPT Enterprise', '오픈AI의 API' 등을 활용한 사내 챗GPT 서비스, '애저 오픈AI 서비스' 등을 회사에서 도입하여 활용할 것을 권장한다. 회사가 정한 이용 환경에서만 사용하고, 그 이외의 환경(예를 들어 챗GPT 개인계정 등)에서 업무에 이용하는 것은 금지하도록 한다.

일하는 방식과 기업문화를
어떻게 바꿔야 하는가?

1. '순차적 되돌이형 일처리'를 '협동적 실시간 일처리'로 바꿔라

지금까지 우리의 일처리 방식은 순차적 업무 지시와 되돌이형 검토 및 보고 방식으로 진행되어 왔다. 순차적 일처리 방식에서는 최고경영자가 지시를 내리면, 이 지시가 중간관리자를 거쳐 실무자에게 전달된다. 이는 명령의 흐름이 위에서 아래로 내려가는 구조이다. 되돌이형 일처리 방식에서는 실무자가 작업을 완료하고 그 결과를 중간관리자에게 보고한다. 중간관리자는 이를 검토하여 최고경영자에게 다시 보고하고, 최고경영자의 피드백을 받아 다시 실무자에게 전달하여 수정 작업을 하게된다. 이로 인해 많은 시간이 걸리고, 생산성은 저하될 수밖에 없다.

순차적 되돌이형 일처리 방식이 널리 사용된 이유는 조직과 기술의 몇 가지 중요한 제약 때문이었다. 정보의 흐름과 의사결정 구조가 비교적 엄격하고 분명한 이 방식은 특히 디지털 기술이 발달하기 전의 조직에서는 필수적이었다.

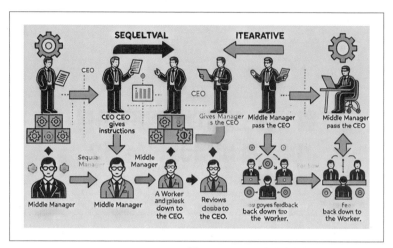

〈챗GPT Dall-E로 그린 '순차적 되돌이형 일처리' 방식〉

1) 정보 접근성의 제한: 과거에는 현재와 같은 고급 정보기술과 통신 수단이 부족했다. 이로 인해 정보는 물리적인 문서나 제한된 전자적 수단을 통해서만 접근할 수 있었다. 따라서 정보는 계층을 따라 천천히 이동해야 했으며, 각 계층에서 정보를 검토하고 추가 입력하는 과정이 필수적이었다.

2) 의사결정의 중앙집중화: 많은 조직에서 의사결정 권한은 상위관리자나 경영진에게 집중되어 있었다. 이들은 중요한 결정을 내리기 전에 다양한 부서와 팀으로부터 정보를 수집하고 검토하는 과정이 필요했다. 이 과정은 자연스럽게 되돌이형 검토 구조로 수행될 수밖에 없었다.

3) 업무의 전문화와 분업: 기업들은 업무를 효율적으로 관리하기 위해 엄격한 역할 규정과 책임 분배를 도입했다. 이러한 구조는 각 부서와 직

원이 자신의 전문 영역에만 집중할 수 있도록 했지만, 동시에 다른 부서와의 긴밀한 협업이 필요한 경우 정보의 순환과 의사결정 속도가 느리다.

4) 리스크 관리: 복잡하고 중요한 프로젝트에서, 의사결정 과정을 여러 단계에 걸쳐 검토하고 승인받는 것은 리스크를 관리하는 한 방법이었다. 각 단계에서 발생할 수 있는 오류나 문제를 잡아내고 수정하기 위해 여러 사람의 눈으로 검토하는 과정이 필수적이었다.

5) 기술적 한계: 과거의 기술은 데이터 처리 능력이나 실시간 통신이 제한적이었기 때문에 정보의 신속한 수집, 분석, 공유가 어려웠다. 이러한 기술적 한계는 정보의 순차적인 전달과 되돌이형 검토를 필요로 했다.

챗GPT와 같은 생성형 AI를 활용하면, 기존의 일처리 과정을 효율적으로 변화시킬 수 있다. 예를 들어 보고서 작성이나 데이터 분석과 같은 반복적이고 정형화된 작업을 AI가 자동으로 수행하여 실무자의 부담을 줄일 수 있다. 또한 AI는 마케팅 자료의 생성과 같은 창의적 작업을 지원할 수도 있어, 팀이 더 전략적인 업무에 집중할 수 있게 해준다. 챗GPT와 같은 인공지능 기술을 활용하여 업무 처리 방식을 변화시키는 것은 상사, 중간관리자, 그리고 실무자가 함께 협업하면서도 더 효율적으로 업무를 수행할 수 있는 새로운 가능성을 열어 준다. 이를 통해 기존의 '순차적 되돌이형 일처리' 방식을 벗어나, 조직의 의사소통 및 결정 과정을 더욱 신속하고 효율적으로 하는 '협동적 실시간 일처리' 방식으로 바꿀 수 있다.

챗GPT를 활용한 '협동적 실시간 일처리' 방식의 예는 다음과 같다.

- **실시간 정보 처리 및 분석:** 챗GPT를 활용하여 실시간으로 데이터를 수집하고 분석할 수 있다. 예를 들어 시장 동향, 고객 피드백, 내부 성과 지표 등 다양한 데이터 소스에서 정보를 추출하고 요약하여, 관련 부서나 개인에게 즉각적으로 제공할 수 있다.
- **자동화된 보고서 작성:** 정기적인 보고서 또는 프로젝트 업데이트가 필요할 때, 챗GPT를 사용하여 데이터를 기반으로 자동으로 보고서를 생성할 수 있다.
- **의사결정 지원:** 챗GPT는 다양한 시나리오 분석을 수행하여 의사결정 과정에서 중요한 인사이트를 제공할 수 있다. 이를 통해 상사와 중간관리자는 보다 정보에 기반한 결정을 신속하게 내릴 수 있다.
- **향상된 커뮤니케이션:** 회의나 프레젠테이션 자료 준비시, 챗GPT를 활용하여 필요한 정보를 취합하고, 관련 문서를 생성하거나 요약할 수 있다. 이는 모든 팀원이 같은 페이지에 있게 하여 효율적인 토론과 빠른 의사결정을 가능하게 한다.

협동적 실시간 일처리 방식은 기존의 업무 처리 구조를 혁신적으로 개선할 뿐만 아니라, 조직 내 기능 간의 경계를 더욱 흐릿하게 만들어, 모든 직원이 보다 큰 목표를 향해 협력하고 상호작용할 수 있는 환경을 조성할 수 있다.

2. 굴욕적인 일, 챗GPT로 Drudge Work을 없애라

'Drudge Work'를 한국어로 번역하면 '고된 일' 또는 '단조롭고 힘든 일'
로 표현할 수 있다. 일반적으로 반복적이고 지루하며 육체적으로나 정신
적으로 힘든 일을 의미한다.

이 용어는 주로 다음과 같은 상황에서 사용된다.

- **일상적인 반복 작업:** 특별한 기술이나 창의성이 필요하지
  않은 반복적이고 지루한 작업. 예를 들면 서류 정리, 데이
  터 입력, 청소 등이 있다.
- **고마움을 느끼지 못하는 일:** 다른 사람이 고마워하지 않는
  일. 예를 들어 사무실에서의 잡무나 뒤처리 작업 등이 여기
  에 해당할 수 있다.
- **개인의 성장과 관련 없는 일:** 개인적으로 성취감이나 만족
  감을 느끼기 어려운 일. 예를 들어 본인의 직무와 무관한
  사소한 관리 업무 등이 이에 해당할 수 있다.

이런 Drudge Work는 많은 사람들이 피하고 싶어하지만, 조직의 원
활한 운영을 위해서는 꼭 필요한 경우가 많다. 그런데 지금까지는 아무
문제없이 수행되던 관습적인 일들이 생성형 AI가 등장하면서 Drudge
Work로 탈바꿈하는 일들이 생기게 된다. 예를 들어 챗GPT로 간단하게
할 수 있는 일을 인간이 장시간 반복적으로 하게 되면, 이런 작업들이

새로운 유형의 Drudge Work가 되는 것이다. 이처럼 새로운 기술이 등장해서 인간이 수행할 필요가 없어지는 일들을 필자는 '짜증나는 일'을 넘어서 '굴욕적인 일'이라고 표현한다.

예를 들어 다음과 같은 업무가 '굴욕적인 일'에 해당할 수 있다.

- **데이터 입력 및 분석:** 챗GPT를 사용해 데이터 입력, 정리, 검증 등의 반복적인 작업을 자동화할 수 있다. 반복적인 데이터 분석 작업을 챗GPT가 수행해 줌으로써 분석가들이 보다 고차원적인 분석에 집중할 수 있게 되었는데 이러한 일을 야근과 밤을 새면서 할 필요는 없다.
- **고객 서비스:** 챗GPT 챗봇의 자동화 기능을 활용해 기본적인 고객 문의 처리, FAQ 응답 등을 자동화할 수 있다.
- **콘텐츠 생성:** 마케팅 자료, 보고서, 소셜 미디어 포스트 등 반복적으로 작성해야 하는 콘텐츠를 챗GPT가 간단하게 생성해줄 수 있다.
- **번역 작업:** 다국어 문서의 번역을 AI가 빠르고 정확하게 처리할 수 있다.
- **이미지 및 비디오 편집:** 기본적인 편집 작업, 필터 적용, 자막 추가 등을 AI가 자동으로 수행할 수 있다.
- **일정 관리 및 회의록 작성:** AI 비서가 회의 일정을 잡고, 필요한 자료를 준비하는 등의 보조 업무를 처리할 수 있다.

3. 상호작용으로 얻은 인사이트로 의사결정의 질을 높여라

우리는 챗GPT의 강력한 기능을 활용하여 특정 주제에 대한 방대한 양의 정보, 통찰력 및 관점에 접근할 수 있다. 이를 통해 더 많은 정보를 바탕으로 결정을 내리고 더 넓은 범위의 가능성을 고려할 수 있다.

챗GPT를 가상 비서로 사용하면 경영진이 의사결정 과정에서 실시간 지원을 제공받을 수 있다. 이는 경영진이 복잡한 데이터를 분석하고, 대체 솔루션을 생성하고, 다양한 결정의 잠재적 결과를 평가하는 데 도움이 된다. 또한 챗GPT는 미래 추세 예측, 잠재적 위험 식별, 시나리오 시뮬레이션을 통해 다양한 전략의 효율성을 테스트하는 데 도움을 줄 수 있다. 의사결정에 챗GPT를 사용하면 경영진에게 수많은 이점이 제공된다.

- **정보 접근성:** 연구 논문, 업계 보고서, 전문가 의견 등 다양한 출처에서 얻은 풍부한 정보와 지식에 쉽고 빠르게 접근할 수 있다. 이를 통해 경영진은 다른 방법으로는 접근할 수 없었던 통찰력을 모을 수 있다.
- **시간 절약:** 챗GPT는 의사결정 프로세스의 특정 측면을 자동화하여 경영진의 귀중한 시간을 절약할 수 있다. 정보를 검색하거나 여러 이해관계자를 점검하는 데 시간을 소비하는 대신 경영진은 질문이나 프롬프트를 챗GPT에 입력하고 단 몇 초 만에 관련성 있는 정확한 응답을 받을 수 있다.
- **객관성 향상:** 챗GPT는 인지 편향을 줄여 의사결정의 질을

향상시킬 수 있다. 인간으로서 우리는 편견을 갖기 쉽다. AI 기반 시스템인 챗GPT는 데이터를 객관적으로 분석하고 편견 없는 인사이트를 제공할 수 있다. 이는 경영진이 모든 관련 요소를 고려하고 보다 합리적이고 객관적인 결정을 내리는 데 도움이 된다.

4. 챗GPT로 생동감 있게 일하는 문화로 바꿔라

기업은 항상 조직 문화를 개선하고 직원 생산성을 향상시킬 수 있는 방법을 찾고 있다. 이 목표를 달성하는 한 가지 방법은 팀 구성원 간의 효과적인 의사소통, 협업 및 지식 공유를 촉진할 수 있는 혁신적인 기술 솔루션을 구현하는 것이다.

기업문화를 개선하기 위해 회사의 디지털 작업 공간 및 커뮤니케이션 도구에서 사용할 수 있는 고급 언어 모델인 챗GPT를 적용해야 한다. 챗GPT가 조직의 문화를 향상시키는 데 도움이 될 수 있는 몇 가지 방법은 다음과 같다.

- **커뮤니케이션 간소화:** 챗GPT는 위치나 시간대에 관계없이 팀 구성원 간의 원활하고 효율적인 커뮤니케이션을 촉진할

수 있다. 자연어 처리 기능을 통해 대화식으로 메시지를 이해하고 응답할 수 있어 직원들이 서로 더 쉽게 소통할 수 있다.

- **협업 강화:** 챗GPT를 통해 직원들은 프로젝트에 대해 협업하고 지식을 보다 효과적으로 공유할 수 있다. 언어 모델은 지식 격차를 식별하고 관련 정보를 제공하는 데 도움이 될 수 있으므로 팀 구성원이 보다 효율적이고 효과적으로 협력할 수 있다.

- **학습 문화 장려:** 챗GPT는 직원에게 관련 정보와 리소스를 제공하여 조직 내에서 지속적인 학습 문화를 조성하는 데 도움을 줄 수 있다. 이를 통해 업계 동향과 모범 사례를 최신 상태로 유지하고 기술과 지식을 향상시킬 수 있다.

- **직원 참여 개선:** 챗GPT는 질문과 우려 사항에 대한 맞춤형 응답을 제공하여 직원 참여를 개선하는 데 도움을 줄 수 있다. 이를 통해 직원들은 가치 있고 지지받는다는 느낌을 갖게 되어 업무 만족도와 동기가 높아질 수 있다.

- **혁신 촉진:** 챗GPT는 팀 구성원 간의 아이디어와 통찰력 공유를 촉진하고 이것은 새롭고 혁신적인 솔루션으로 이어질 수 있다. 이를 통해 조직은 앞서 나가고 시장에서 경쟁력을 유지할 수 있다.

Part.2

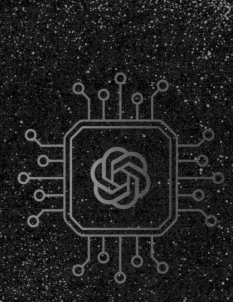

생성형 AI 시대의
미래를 준비하기

6장

이미 시작된 미래,
새로운 기회와 위협

6대 분야별 생성형 AI 빅2를
박대박 비교하면?

1. 텍스트 생성형 AI: GPT-4 vs Gemini

챗GPT-4와 Gemini는 텍스트를 생성하는 AI 모델로, 주로 자연어 처리 분야에서 사용된다.

- **챗GPT-4(개발사 OpenAI):** 트랜스포머 아키텍처 기반의 대규모 언어 모델. 주로 텍스트 데이터에 중점을 두고 학습하여 다양한 자연어 처리 작업을 수행한다. 다양한 주제와 스타일의 텍스트 생성 능력, 긴 문맥을 이해하고 유지하는 능력, 범용적인 자연어 처리 능력이 뛰어나다.

- **Gemini(개발사 Google DeepMind):** 멀티모달 학습을 거친 모델로, 텍스트, 이미지, 오디오 등의 다양한 데이터 유형을 통합적으로 처리하고, 다양한 데이터 형식을 결합하여 풍부한 정보를 제공한다.

구글 Gemini, 비디오 검색 시연에서 사실 오류 발생

2024년 5월 14일, 구글은 I/O 컨퍼런스에서 Gemini가 비디오를 검색한다고 하여 큰 화제를 모았지만, 대규모 언어 모델에 존재하는 치명적인 결함, 즉 자신 있게 잘못된 답을 만들어내는 결함을 시연하면서 사용자들로부터 비난을 받았다.

구글은 'Gemini 시대의 검색'이라는 주제로 비디오 클립 위에서 음성으로 검색하는 시연을 했다. 필름 카메라의 필름 진행 레버가 멈춘 비디오에서, "레버가 끝까지 움직이지 않는 이유는?"이라는 질문을 하니까 Gemini는 몇 가지 추천 제안을 했다. 그런데 여기서 황당한 일이 벌어졌다. Gemini는 "뒷문을 열고 필름을 조심스럽게 제거하세요"라는 제안을 하며 강조 표시까지 했는데, 그야말로 최악의 답변이었다.(필름 카메라에서는 완전히 어두운 장소가 아닌 곳에서 이런 식으로 뚜껑을 열면 필름이 빛에 노출되어 찍은 사진이 전부 망가진다)

구글이 자체 AI 제품이 틀린 답을 내놓는 것을 보여주는 동영상을 제작한 것은 이번이 두 번째이다. 2023년에 Bard 챗봇이 제임스 웹 우주 망원경이 우리 태양계 밖의 행성을 최초로 촬영했다고 자신 있게 거짓말해서 구글 주가가 폭락한 바 있었다.

구글의 망신

Gemini가 잘못된 답변을 하는 동영상은 QR 코드를 스캔하여 확인해보자.

2. 이미지 생성형 AI: Midjourney vs DALL-E

Midjourney와 DALL-E는 모두 이미지 생성형 AI 모델로서, 사용자가 텍스트 설명을 입력하면 이를 기반으로 이미지를 생성해주는 기능을 제공한다.

- **Midjourney(개발사: Midjourney Inc.):** 고유한 신경망 아키텍처를 사용하여 창의적이고 예술적인 이미지 생성에 초점을 맞춘 AI, 독특하고 스타일리시한 이미지를 생성하는 데 특화되어 있다. 또한 활발한 사용자 커뮤니티를 통해 사용자 피드백을 반영하고, 사용자 간의 작품 공유와 협업을 장려한다.

- **DALL-E(개발사: OpenAI):** 트랜스포머 아키텍처를 기반으로 하여 텍스트에서 이미지를 생성하는 모델이다. 텍스트 설명을 입력 받아 이를 기반으로 매우 정교하고 현실적인 이미지를 생성할 수 있다. 다양한 스타일의 이미지 생성이 가능하여, 사실적인 사진부터 추상적인 예술 작품까지 생성할 수 있다. 복잡한 장면이나 구성 요소가 많은 이미지를 생성하는 데 강점을 가진다.

챗GPT와 Midjourney를 이용한 그림 동화책 출판

2022년 12월에 미국의 금융기술 제품 디자이너인 레시Ammaar Reshi는 챗GPT와 Midjourney를 같이 써서 '알리스와 스파클Alice and Sparkle'이라는 제목의 동화책을 썼다. 레시는 글쓰기를 공부한 작가가 아니다. 그런데 꽤 훌륭한 동화책을 주말의 72시간을 투자해서 완성했다. 어떻게 했을까? 먼저 캐릭터와 줄거리를 정한다. 아이디어가 정리되면 그 다음은 챗GPT가 동화책을 쓰기 시작한다. 챗GPT가 쓴 글을 보고 부족하거나 마음에 안 드는 것을 수정해달라고 지시한다. 글이 완성되면 이제 Midjourney가 일할 차례이다. 텍스트 전체를 Midjourney에 넣어주고 "주인공의 모습을 그려줘"라고 명령하면 된다. 이 과정 역시 얼마든지 수정 보완할 수 있다. 그리고 동화책에 꼭 들어가야 하는 삽화를 그리기 위해, 글을 넣고 "해당 장면에 맞는 삽화를 그려줘"라고 지시하면 된다. 이 책은 24페이지 분량인데, Midjourney가 그린 삽화 이미지와 챗GPT가 생성한 텍스트로 구성된 매우 짧은 스토리에 343개의 단어가 들어 있다.

3. 동영상 생성형 AI:
Deep Video Portraits vs First Order Motion Model

Deep Video Portraits와 First Order Motion Model은 동영상을 생성하는 AI 모델로, 주로 비디오 합성 및 편집 분야에서 사용된다.

- **Deep Video Portraits(개발사: 여러 연구기관 공동 연구):** 얼굴 영상을 입력 받아서 다른 얼굴 영상과 합성하여 새로운 동영상을 생성할 수 있는 모델이다.

- **First Order Motion Model(개발사: Aliaksandr Siarohin 등):** 정지 이미지를 입력 받아서 여기에 다른 동영상의 움직임을 적용해서 새로운 동영상을 생성하는 모델로 주로 얼굴 합성에 사용된다.

4. 음악 생성형 AI: AIVA vs MuseNet

AIVA와 MuseNet은 음악을 생성하는 AI 모델로, 주로 음악 작곡 및 사운드 트랙 생성에 사용된다.

- **AIVA(Artificial Intelligence Virtual Artist):** 영화, 광고, 게임 등의 배경 음악을 생성하는 데 사용되는 AI 모델로, 다양한 장르의 음악을 작곡할 수 있다.

- **MuseNet(개발사: OpenAI):** 다양한 스타일과 악기를 조합하여 고품질의 음악을 생성할 수 있는 모델이다.

교향곡을 작곡하는 인공지능

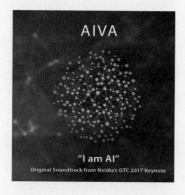

AIVA는 클래식 및 교향곡 작곡을 생성한다. 세계 음악학회 SACEM에서 인정받은 세계 최초의 가상 작곡가이다. 딥 러닝 및 강화 학습 아키텍처를 기반으로 바흐, 베토벤, 모차르트와 같은 인간 작곡가가 쓴 기존 클래식 음악 작품 컬렉션들을 학습한 AIVA는 음악의 규칙성을 감지하고 이를 기반으로 스스로 작곡할 수 있다. 2019년 1월부터 다양한 스타일(록, 팝, 재즈, 판타지, 탱고, 20세기 영화, 현대 영화)로 확대하여 짧은(최대 3분) 작곡을 생성할 수 있는 상용 제품인 Music Engine을 출시했다.

AI가 작곡한 음악

AIVA가 작곡한 'I am AI'라는 클래식 음악을 듣고 싶은 독자는 QR을 스캔하면 된다.

5. 코드 생성형 AI: Copilot X vs AlphaCode

Copilot X 와 AlphaCode는 각각의 특성을 바탕으로 다양한 프로그래 밍 작업에서 개발자들이 더 효율적으로 코드를 작성하고 문제를 해결하는 데 도움을 준다.

- **Copilot X(개발사: GitHub, 협력: OpenAI):** 오픈AI의 GPT-4를 기반으로 하여 다양한 프로그래밍 언어에서 코드 작성을 지원한다. Visual Studio Code 등 다양한 IDE와 통합되어 실시간 코드 추천 및 자동 완성 기능을 제공한다. 코드 자동 완성, 실시간 피드백, 문서화 지원에 강점을 갖고 있다.

- **AlphaCode(개발사: DeepMind):** 트랜스포머 기반의 언어 모델로, 코드 생성 및 문제 해결에 특화되어 있다. 코딩 대회와 같은 수준의 복잡한 문제를 해결하는 데 특화된 모델로 잘 알려져 있다. 문제 해결 능력, 다양한 언어 지원, 복잡한 알고리즘 문제 해결에 강점을 갖고 있다.

응용 분야 면에서 보면 Copilot X는 일반 소프트웨어 개발, 학습 지원, 코드 문서화에 주로 사용되고 AlphaCode는 대회 경쟁 프로그래밍, 복잡한 문제 해결, 연구 개발에 주로 사용된다.

6. 챗봇 분야 생성형 AI: 챗GPT vs Amelia

오픈AI의 챗GPT와 Amelia는 모두 대화형 AI 시스템이지만, 개발사, 기술적 접근, 주요 특징 및 응용 사례에서 차이점이 있다.

- **챗GPT(개발사: OpenAI):** GPT-4 등 트랜스포머 기반의 대규모 언어 모델을 사용하여 자연어 처리를 수행한다. 방대한 양의 텍스트 데이터를 학습하여 다양한 주제에 대해 대화를 나눌 수 있다. 대화의 맥락을 이해하고 유지하는 능력이 뛰어나며, 긴 대화에서도 일관된 답변을 제공한다.

- **Amelia(개발사: IPsoft):** 인지 컴퓨팅과 자연어 이해 기술을 사용하여 인간처럼 생각하고 학습하며 상호작용한다. 단순한 대화 기능을 넘어 비즈니스 프로세스 자동화와 통합되어 작업을 수행할 수 있다. 대화 데이터를 학습하여 점점 더 나은 성능을 발휘할 수 있도록 설계되었다.

챗GPT와 Amelia의 차이

- **기술적 접근:** 오픈AI의 챗봇인 챗GPT는 대규모 언어 모델을 기반으로 하여 자연어 처리와 대화 생성을 수행한다. 반면 Amelia는 인지 컴퓨팅과 자연어 이해 기술을 사용하여 비즈니스 프로

세스 통합과 자동화에 중점을 둔다.

- **주요 특징**: 챗GPT는 다목적 대화 능력과 광범위한 응용 분야에서 강점을 가지고 있다. Amelia는 고급 대화 관리와 비즈니스 프로세스 자동화에 특화되어 있다.
- **응용 사례**: 챗GPT는 고객 지원, 교육, 콘텐츠 생성 등 다양한 분야에서 활용된다. Amelia는 주로 IT 서비스 관리, HR 지원, 콜센터 등에서 비즈니스 프로세스 자동화와 연결되어 각광을 받고 있다.

생성형 AI는 어느 직무에
최우선 적용되고 있을까?

1. 유례가 없는 잠재적 경제 가치를 구현할 생성형 AI

브루킹스 연구소Brookings Institution는 'AI의 위력으로 생산성 향상 돌풍'이라는 제목의 보고서에서 챗GPT와 같은 대규모 언어 모델은 화이트칼라 업무에서 가장 큰 이득이 예상되는 '생산성의 게임 체인저'가 될 것이라고 평가했다. 전기, 철도, 컴퓨터는 모두 생산성 붐을 일으키기까지 수십 년이 걸렸지만, AI 기술은 새로운 인프라에 광범위한 투자를 하지 않고도 즉각적이고 파괴적인 잠재적 경제 가치를 구현할 수 있기 때문이라는 것이다. 실제로 2022년 11월 30일에 등장한 챗GPT는 매달 17억 명이 방문하고 1년 만에 160억 회가 넘는 누적 방문이라는 놀라운 기록을 세웠다. 아쿠멘 리서치Acumen Research는 2025년까지 생성형 AI가 창출하는 데이터의 비율이 인류가 문자를 만든 이후 생성된 데이터의 10%를 넘을 것이라고 예측했으며, 생성형 AI 시장은 매년 35%씩 성장해 2030년까지 고속 성장할 것이라고 전망했다.

골드만삭스의 분석가들은 2023년 3월에 발표한 보고서에서, 상당한 인건비 절감, 새로운 일자리 창출, 근로자의 생산성 향상이 결합하여 세계 경제 성장률을 실질적으로 끌어올리는 생산성 붐을 일으킬 것이라고 예측했다.

그러면 그 경제적 가치는 얼마나 될까? 맥킨지 컨설팅은 "생성형 AI의 총 경제적 가치는 평균 7조 달러로 전체 AI 가치의 35%~70%에 이를 것이다"라고 '생성형 AI의 잠재적 가치'라는 보고서에서 밝혔다. 7조 달러는 한국의 2021년 연간 GDP 1조 8백억 달러의 약 4배에 달하는 숫자다.

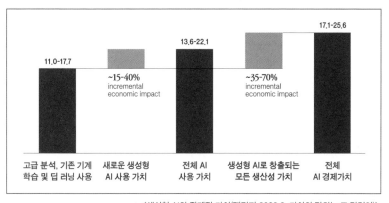

〈생성형 AI의 잠재적 가치(맥킨지 2023.6, 가치의 단위는 조 달러임)〉

2. 2024년은 생성형 AI가 모든 직무에서 파괴를 시작하는 해

2023년은 기업들이 생성형 AI를 발견한 해였다면, 2024년은 조직이 이 새로운 기술을 진정으로 사용하고 이 기술에서 사업적 가치를 얻기 시작한 해이다. 최신 맥킨지 컨설팅의 'AI에 관한 글로벌 설문조사'에서 응답자의 65%가 조직에서 정기적으로 생성형 AI를 사용하고 있다고 했는데, 이는 10개월 전의 설문 조사에 비해 2배 가까이 늘어난 수치이다. 응답자의 4분의 3이 생성형 AI가 앞으로 몇 년 동안 종사하고 있는 산업에서 파괴적인 변화를 가져올 것이라고 예측했다. 설문조사에 따르면 2024년 기업들의 AI 도입률이 72%로 급증했다.

생성형 AI 도구를 적용해서 일하는 방식에서 획기적 개선을 이루는 것은 블루칼라보다 화이트칼라 일자리에서 두드러진 것으로 나타나고 있다. 생성형 AI 도구를 활용한 마케팅 목적의 콘텐츠 생성, 최종 사용자와 소통하기 위한 지능형 챗봇 생성 또는 고객의 요구를 이해하고 더 나은 서비스를 제공하기 위한 언어 번역과 같은 다양한 비즈니스 사용 사례들이 폭발적으로 만들어지고 있다.

2024년 3월에 맥킨지 컨설팅은 전년도에 생성형 AI 도입을 추진했던 기업들을 대상으로 업무별 도입 효과를 분석하여 발표했다. 이에 따르면 비정형화된 데이터 수집과 요약에 걸리는 시간이 40% 단축되었고, AI에 의한 고객 경험 창조의 자동화 비율은 60%에 달하였으며, 문서 작성, 이메일 작업 등에 걸리는 시간은 80% 단축되었다. 특히 엑셀 등을 활용한 고급 데이터 분석과 보고서 작업은 기존에 비해 몇배에 달하는 생산성 향상을 가져왔다. 공장에서는 그동안 로봇에 의한 공장자동화 등으로 크게 생산성이 향상되었던 데에 비해, 부진했던 화이트칼라 업무 영역에서 생산성 향상의 신기원이 도래한 것이다.

현재의 생성형 AI와 관련 기술은 오늘날 직원 업무 시간의 60~70%를 잡아먹는 작업과 활동을 자동화할 수 있는 잠재력을 가지고 있다. 나아가 직원들이 일하는 데 소비하는 시간의 절반을 자동화할 수 있는 잠재력을 가지고 있다고 추정된다.

40%	비정형화된 데이터 수집과 요약에 걸리는 시간 단축
55%	소프트웨어 개발 생산성 향상
60%	AI에 의한 고객 경험 창조의 자동화 비율
80%	문서작성, 이메일 작업 등에 걸리는 시간 절약
X 배	엑셀, 파워 BI 등을 활용한 데이터 분석과 보고서 작업

〈화이트칼라의 단위 업무에서의 생산성 향상 효과(맥킨지 2024.3)〉

3. 최우선 적용 직무: 고객 응대, 마케팅 영업, 소프트웨어 개발, 연구개발

맥킨지 컨설팅은 2024년 3월에 16개의 비즈니스 기능을 분석한 결과 생성형 AI는 특히 고객 운영, 소프트웨어 엔지니어링, 마케팅과 영업, 연구개발의 4개 부문에서 가장 효과가 큰 것으로 추정하였다. 이 4개 분야는 생성형 AI 사용으로 달성할 수 있는 총 가치의 약 75%를 차지할 가능성이 있을 것으로 추정되는 최우선 적용 대상 직무이다.

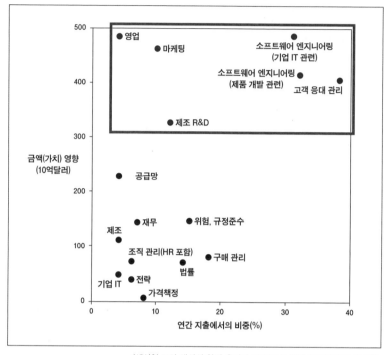

<생성형 AI의 생산성 향상 효과가 큰 최우선 적용 분야(맥킨지 2023)>

1) 고객 운영 직무의 혁신

생성형 AI는 디지털 셀프 서비스를 통해 고객 경험과 상담원 생산성을 개선하고 상담원 기술을 향상시켜 전체 고객 운영 기능을 혁신할 수 있는 잠재력을 가지고 있다. 자연어를 사용하여 고객과의 상호작용을 자동화하는 기능으로 인해 이미 고객 서비스에서 주목을 받고 있다. 실제 적용 사례에 의하면 5,000명의 고객 서비스 상담원이 있는 한 회사에서 생성형 AI를 적용한 결과, 불편 고객의 문제 해결 건수가 시간당 14% 증가하고 문제 처리에 소요되는 시간이 9% 단축되었다. 또한 업무 부담이 줄어 들면서, 상담원 이직률과 관리자와의 대화 요청률이 25% 줄었다. 결정적으로, 경험이 부족한 상담원들 사이에서 생산성과 서비스 품질이 가장 많이 향상되었다. AI 지원은 경험이 부족한 상담원이 숙련된 상담원과 유사한 기술을 사용하여 의사소통하는 데 도움이 된 것이다.

2) 마케팅 영업 직무 혁신

생성형 AI는 마케팅 및 영업 기능에서 빠르게 자리를 잡았으며, 텍스트 기반 커뮤니케이션과 대규모 개인화가 혁신의 원동력이 되고 있다. 이 기술은 개별 고객의 관심사, 선호도 및 행동에 맞는 개인화된 메시지를 생성할 수 있을 뿐만 아니라 브랜드 광고, 헤드라인, 슬로건, 소셜 미디어 게시물 및 제품 설명의 초안 작성과 같은 작업을 수행할 수 있다.

이중에서 특히 진정한 개인화를 실현할 수 있다는 점이 매우 중요한 포인트이다. 우리는 지금까지 빅데이터에 기반하여 선경험자의 '평점'에 기반한 추천의 세상에서 살아왔다. 그러나 이제 새로운 키워드인 '초개인화'의 시대로 이동하여 개별 고객의 욕구를 철저하게 개인 맞춤형으로 충족시킬 수 있게 되었다. 예를 들어 생성형 AI 기술은 개별 사용자 선호도, 행동 및 구매 내역을 활용하여 고객이 가장 관련성이 높은 제품을 찾고 개인화된 제품 설명을 생성하도록 도울 수 있다. 이를 통해 여행 및 소매 회사들은 더 높은 웹 사이트 전환율을 달성하여 전자상거래 판매를 개선할 수 있었다. 생성형 AI는 5~15% 정도 매출 향상에 기여할 수 있다고 마케팅 전문가들은 추정한다.

3) 소프트웨어 개발 직무 혁신

소프트웨어 엔지니어링 분야에서 생성형 AI는 코딩 어시스턴트로서 개발자의 작업 속도 향상에 크게 기여하고 있다. 생성형 AI가 소프트웨어 엔지니어링 분야의 생산성에 미치는 잠재적인 영향은 기업 IT 관련에서는 연간 지출의 31%, 금액(가치)으로는 4,850억 달러이며, 제품 개발 관련에서는 연간 지출의 32%, 금액(가치)으로는 4,140억 달러에 이르는 것으로 추정하고 있다.(생성형 AI가 소프트웨어 개발에 미치는 구체적인 사례와 분석은 336쪽 '왜 글로벌 빅테크는 생성형 AI 도입 후에 직원을 해고하고 있는가?'에서 확인하기 바란다)

4) 연구개발 직무 혁신

연구에 따르면 생성형 AI 기술은 전체 R&D 비용의 10~15%를 절감하는 생산성 향상의 잠재력을 가지고 있는 것으로 평가된다. 예를 들어 생명과학 및 화학산업은 생성형 AI를 활용하여 R&D를 수행하고 있는데, 파운데이션 모델로 후보 분자를 생성하여 신약 및 재료 개발 프로세스를 가속화할 수 있다. 생명공학 제약 회사인 엔토스Entos는 생성형 AI와 자동화된 합성 개발 도구를 결합하여 소분자 치료제를 설계했다.(제약과 의료 분야의 연구개발에서 쓰이는 생성형 AI에 대한 더 많은 지식은 330쪽 "알파고가 변신한 알파폴드, 제약회사는 왜 그를 찾는가?"를 참조하기 바란다) 이러한 적용 방식은 제품 및 전기 회로를 포함한 다른 많은 제품의 설계에도 적용될 수 있다.

생성형 AI를 뒷받침하는 사전 훈련된 파운데이션 모델 또는 미세조정을 통해 향상된 모델은 단일 산업에 최적화된 모델보다 훨씬 더 광범위한 응용 영역을 가지고 있다.

콜센터를 위해 태어난 아멜리아, 그녀는 누구인가?

1. 30년간 활용한 인간 콜센터, 바꿀 때가 되었다

콜센터에 전화를 걸어본 사람이라면 상담원과 통화 연결되기까지 무한한 인내심이 필요하다는 것에 공감할 것이다. 우리나라 콜센터는 1994년 LG전자가 미국 GE사의 Customer Response Center를 벤치마킹해서 처음 만들었다. 지난 30년간 잘 활용해 왔으며, 지금도 고객 대응에 많은 도움을 주고 있다. 하지만 인간이 응대하는 콜센터의 단점은 누구나 명확하게 인지하고 있다.

이제 변화할 시점이 되었다. 그 동안 이런 문제점을 해결할 수 있는 뚜렷한 대안이 없었는데, 인간과 상호작용할 수 있는 챗GPT와 같은 인공지능이 등장하면서 생성형 AI 기반 콜센터로의 대이동이 시작되었다.
현재 인간 상담원이 응대하는 콜센터와 관련한 주요 문제점은 다음과 같다.

- **대기 시간:** 콜센터 직원이 부족하거나 통화가 많은 시간대에는 고객들이 오래 기다려야 하는 경우가 많다.
- **인력 비용:** 대다수 콜센터는 24/7 서비스를 제공하기 위해 많은 직원이 필요하며, 이는 높은 인건비로 이어진다.
- **일관성 부족:** 각 상담원의 숙련도와 경험에 따라 고객 응대의 질이 달라질 수 있다.
- **감정적 피로:** 반복적인 고객 응대와 감정 노동으로 인해 상담원의 피로도가 높아지고, 서비스의 질이 낮아질 수 있다.
- **교육 및 훈련:** 새로운 상담원을 지속적으로 교육하고 훈련하는 데 많은 시간과 비용이 소요된다.

2. 콜센터를 위해 태어난 생성형 AI 아멜리아의 능력

글로벌 시장에서 맹활약하고 있는 생성형 AI 상담원이 있다. 그녀의 이름은 '아멜리아Amelia'다. 아멜리아는 AI 기반 디지털 비서로서, 안정적이고 안전한 AI 솔루션을 지속적으로 제공함으로써 신뢰할 수 있는 AI 분야의 엔터프라이즈 리더로 자리 잡았다. 아멜리아는 자연어 처리, 머신러닝, 인지 추론을 결합하여 사용자 요청의 의도를 이해하고 적절한 응답을 제공한다. 기존 챗봇과 달리 그녀는 모든 상호작용을 통해 학습하며 시간이 지남에 따라 이해와 응답 수준을 발전시키고 개선하여 향후 모든 상호작용을 더 잘 처리할 수 있다. 아멜리아는 사용자 대면 지원을 제공하고 실시간 대화 중에 컨택 센터 상담원을 지원하기 위해 가장 자주 불리는 비서다. 그녀는 2014년에 처음 출시되었으며, 생성형 AI가 본격화하면서 그 진가를 발휘하고 있다.

〈AI 기반 디지털 비서, 아멜리아〉

아멜리아의 주요 장점 중 하나는 기존 엔터프라이즈 시스템과 통합하여 부서와 작업 흐름에 맞춰 원활한 의사소통을 가능하게 하는 능력이다. 그녀는 웹, 모바일 및 음성과 같은 여러 채널에 걸쳐 배치되어 최종 사용자에게 일관되고 개인화된 경험을 제공할 수 있다. 아멜리아는 프로세스를 간소화하고 고객 서비스 및 경험을 향상시킴으로써 모든 유형의 산업에서 비즈니스 효율성을 최적화할 수 있다. 아멜리아는 40개 이상의 언어로 상황에 맞는 대화를 할 수 있으며, 6개의 요소로 분석된 사용자의 감정과 상호작용을 파악한다. 1초도 안 되는 시간에 50,000개의 대화를 간파하고 의미론적 분석을 기반으로 상위 5개의 최상의 대안을 창출해 응대한다.

3. 아멜리아를 사용하여 콜센터를 혁신한 기업들

아멜리아의 활약상을 살펴보자.

CGI는 캐나다 몬트리올에 본사를 둔 기업으로, 전 세계 400개 이상의 지역에서 10개 산업 분야의 고객에게 IT 및 비즈니스 컨설팅 서비스를 제공하고 있다. 자동화 및 모니터링 기능을 개선하고, 사전 예방적 프로세스를 개발하고, 내부 KPI에 집중하여 76,000명 이상의 컨설턴트와 전문가가 고객에게 가치를 제공할 수 있도록 지원하고자 했다. 아멜리아는 특히 사고 해결 및 티켓 관리를 담당하는 CGI 클라이언트의 가상 엔지니어 역할을 맡게 되었다. 이 역할에서 아멜리아는 서비스 티켓 해결, IT 정보 찾기·생성·변경 및 업데이트, 엔드투엔드 레벨 0 및 레벨 1 사고 해결을 담당했다. 가상 엔지니어는 자체 내부 데이터 센터뿐만 아니라 전체 고객 명단에서 CGI가 얼마나 많은 스토리지를 필요로 하는지 예측하도록 시스템을 맞춤화했으며, CGI는 이러한 비용 절감과 효율성 향상을 고객에게 전달했다. CGI는 아멜리아의 솔루션을 사용하여 12,000개 이상의 자동화 작업흐름을 배포했다. 현재 30개 이상의 다양한 정보 시스템을 사전 예방적으로 모니터링하고 있다. 사전 모니터링 덕분에 CGI는 클라이언트의 시스템 중단이 30% 감소했다. IT 문제 해결을 위해 최종 사용자와 직접 대면할 때 아멜리아의 의도 인식 및 해결률은 85%에 달했다. 그녀는 사람의 개입 없이 67%의 사고를 해결할 수 있다.

텔레포니카Telefónica는 마드리드에 본사를 둔 스페인의 다국적 통신 회사로, 유럽과 라틴 아메리카 전역에 걸쳐 15개 국에 진출해 있다. 텔레포니카는 스스로를 네트워크와 물리적 자산, IT와 시스템, 제품과 서비스를 포함하는 '플랫폼 기술 기업'이라고 표현한다. 이러한 플랫폼 및 기술 지원 프레임워크에서 회사 디지털 혁신의 핵심 축은 고객 경험이다. 2017년 텔레포니카는 고객 경험 향상과 비용 최적화라는 두 가지 주요 목표를 가지고 콜센터에 디지털 음성 에이전트를 도입하려고 했다. 텔레포니카는 핫라인(상업 및 기술 B2C 관리 모바일, 유선 전화 및 TV)으로 접수된 모든 전화를 처리하기 위해 페루 연락 센터의 음성 기반 고객 서비스 에이전트로 아멜리아를 구현했다. 이 핫라인은 2018년 대략 7,200만 건의 전화를 응대했으며, 3,800만 건의 전화가 사람에 의해 처리되었다. 그 결과 회사는 18개의 엔드투엔드 자동화 기술과 아멜리아가 적절한 인간 상담원에게 통화를 라우팅하는 데 필요한 10개의 기술을 포함해 그녀가 마스터하기를 원하는 28개의 특정 기술을 개발했다. 아멜리아의 기술에는 미결제 잔액, 계획 변경, 송장 날짜 및 지불 방법을 포함한 다양한 고객 문의 해결이 포함되었다. 몇 달간의 교육과 개선 끝에 텔레포니카는 아멜리아를 실시간 라이브 고객 서비스 담당자로 배치했다.

4개월 간의 성장 끝에 그녀는 이제 모든 휴대 전화 트래픽의 100%를 처리한다. 아멜리아는 통화의 90.2%에서 고객 의도를 정확하게 인식했으며, 그녀가 주도한 통화에 대한 고객 포기율은 배치 첫 주보다 44% 감소했다. 또한, 가상 상담원이 관리하는 통화에 대한 고객 만족도는 실제 상담원과 동등한 수준을 보인다.

이외에도 다양한 사례가 있다. 멕시코 최고의 은행인 BBVA는 고객 대면 모바일 앱에서 아멜리아를 사용했다. BBVA의 브랜드인 Blue(아멜리아 아바타)는 고객 경험을 개선하기 위해 설계되었다. 2019년 12월 출시 이후 Blue는 920만 명의 사용자에게 매달 15만 건의 대화를 지원했으며, 90%의 의도를 인식하고 62%의 엔드투엔드 해결률을 기록했다.

스페인에서 4번째로 큰 은행인 반키아Bankia는 비즈니스를 디지털 방식으로 혁신하고 시장의 대규모 참여자들과 고객 서비스를 차별화하는 방법으로 아멜리아를 사용했다. 반키아는 직원 지원, 연락 센터 및 고객을 위한 모바일 앱 지원 분야에서 세 개의 서로 다른 파트너와 함께 세 개의 개별 프로젝트에 착수했다. 결과는 기대 이상이었다. 반키아는 한 달에 7,000건의 직원 지원 대화를 처리했으며, 80%의 의도 인식과 60%의 엔드투엔드 해결률을 달성했다. 반키아의 콜센터 애플리케이션은 2020년 1월 라이브 서비스를 시작한 이후 44,000건의 통화를 처리했으며, 모바일 앱은 2020년 2월 라이브 서비스를 시작한 이후 월 76,000건의 대화를 50%의 엔드투엔드 해결률로 처리했다.

특이한 분야의 적용 사례로, 군에서도 아멜리아를 활용했다. 미국 해군부는 해군과 해병대 전반의 프로그램과 시스템을 위한 여러 정보 기술 지원 데스크를 아멜리아로 통합하는 새로운 플랫폼을 출시하기로 했다. 아멜리아는 대화형 AI를 활용해 현역 장교, 군인 배우자, 민간 직원 등을 포함하여 해군 내 100만 명 이상의 사용자와 상호작용하고 문제 해결을 지원하게 된다.

일단 배치되면, 사용자들은 전화나 문자를 사용하여 아멜리아에게 연락하고 그들의 질문에 대한 해결책을 논의할 수 있다. 관계자에 따르면, 그 플랫폼은 첫 접촉에서 96%의 해결률로 처리할 수 있고 평균 10분의 처리 시간을 기록한다. 전체 솔루션은 아마존 웹 서비스가 호스팅하는 정부 클라우드 환경에 위치하며 사용자가 하루 중 어느 시간이나 세계 어디에 있든 인터넷 액세스를 통해 사용할 수 있다. 누군가가 클라우드 연결을 사용하여 단말에서 건 전화에 아멜리아가 응답하는 데 평균 10초밖에 걸리지 않는다.

4. 생성형 AI기반 콜센터의 장점

종합해보면 생성형 AI 기반 콜센터의 장점은 다음과 같다.

- **24/7 가용성:** 고객이 언제든지 도움을 받을 수 있다.
- **빠른 응답 시간:** 즉각적으로 고객의 문의에 응답할 수 있다.
- **비용 효율성:** 인건비가 필요 없으며, 초기 투자와 유지보수 비용 외에는 추가 비용이 거의 발생하지 않는다.
- **일관성:** 모든 고객에게 동일한 수준의 서비스를 제공할 수 있으며, 오류가 발생할 확률이 낮다.
- **데이터 분석 및 인사이트:** AI는 고객의 데이터를 분석하여 더욱 개인화된 서비스를 제공할 수 있다.
- **감정 노동 감소:** 반복적인 문의나 간단한 문제는 AI가 처리하고, 인간 상담원은 더 복잡하고 창의적인 문제에 집중할 수 있어 직원의 감정적 피로를 줄일 수 있다.
- **언어 처리 능력:** 최신 AI 모델들은 다양한 언어와 방언을 이해하고 처리할 수 있어 글로벌 고객 서비스에 유리하다.

**은행에 간
아멜리아의 능력**

은행에서 직원과 고객을 지원하는 아멜리아의 능력에 대해 알고 싶으면 QR 코드를 스캔하여 동영상을 시청하기 바란다.

알파고가 변신한 알파폴드,
제약회사는 왜 그를 찾는가?

1. 알파폴드, 생물학 분야의 50년 숙원
'단백질 접힘 문제' 해결의 실마리 제공

1972년 크리스티안 안핀센Christian Anfinsen은 노벨 화학상 수상 연설에서 역사적인 예측을 했다. 언젠가는 아미노산 순서만으로 모든 단백질의 3차원 구조를 예측할 수 있을 것이라는 희망 어린 기대감을 표명했다. 즉, 단백질을 구성하는 분자의 1차원 문자열만 가지고 단백질의 3차원 모양을 결정하는 것이 원칙적으로 가능하다는 것이다.

'단백질 접힘 문제'로 알려진 이 수수께끼에 대한 해결책을 찾는 것은 지난 반세기 동안 생물학 분야에서 큰 과제였다. 이 문제의 해결 실마리를 찾아낸 생성형 AI가 있다. 바로 딥마인드의 알파폴드AlphaFold다. 어떤 과학자들은 알파폴드가 사람이었다면, 노벨상을 3개 받았을 것이라고 이야기하기도 한다. 그만큼 과학계의 숙제를 풀어내고 있는 것이 알파폴드의 위력이다.

알파폴드는 2020년 11월 'CASPCritical Assessment for Structure Prediction'라는 그룹에서 주최한 대회(CASP14, 단백질 구조 예측 대회로 2020년이 14회)에 참가

했다. 이 단체는 단백질 분자의 3D 구조를 계산하는 방법이라는 한 가지 문제의 해결책을 증진하는 것을 사명으로 하는 과학자 커뮤니티 실험 조직이다. 대회는 구조가 알려지지 않은 단백질의 아미노산 사슬만을 토대로 단백질의 3차원 구조를 계산해 예측하는 방식으로 진행된다. 당시 25년 동안 이 분야의 진행 상황을 모니터링해 온 CASP는 딥마인드의 알파폴드 시스템이 단백질 구조 예측에서 타의 추종을 불허하는 수준의 정확도를 달성했다고 발표했다.

CASP는 실제 단백질과 예측한 단백질 모델 간 차이를 나타내는 GDTGlobal Distance Test 점수로 소프트웨어를 평가하는데, 알파폴드는 평균(중앙값, 100점 만점) 92.4GDT의 놀라운 성능을 보였다.

딥마인드는 2024년 5월 알파폴드의 최신 버전인 알파폴드 3을 공개했다. 알파폴드 3은 단백질 구조 예측을 넘어 단백질이 우리 몸의 생체분자와 어떻게 상호작용하는지까지 예측할 수 있다. 신약 개발, 치료법 개발 등의 속도가 더욱 가속될 것으로 기대한다.

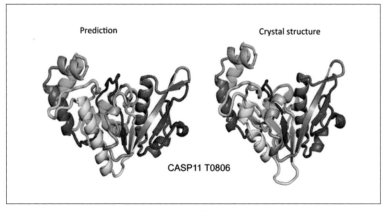

〈알파폴드 2가 예측한 단백질 구조(좌)와 실제 구조(우) 비교(arstechnica)〉

2. 인실리코, 신약 개발에 알파폴드 활용

그렇다면 제약회사는 알파폴드를 실제 어떻게 활용하고 있을까?

생성형 AI를 기반으로 하는 임상 단계 생명공학 기업인 인실리코 메디슨Insilico Medicine은 차세대 AI 시스템을 사용하여 생물학, 화학, 임상시험 분석을 연결하고 있다. 이 회사는 심층 생성 모델, 강화 학습, 트랜스포머 및 기타 최신 기계 학습 기술을 활용하여 새로운 표적을 발견하고 원하는 특성을 가진 새로운 분자 구조를 생성하는 AI 플랫폼을 개발했다.

인실리코는 신약 개발을 위한 다중 생성형 AI 모델과 알파폴드 구조의 적용에서 중요한 돌파구를 마련했다. 인실리코가 알파폴드와 결합한 자사의 생성형 AI 플랫폼을 활용해 새로운 표적과 적중Hit 분자를 규명한 연구는 이번이 두 번째이다. 이전 연구에서 인실리코 메디슨 연구진은 알파폴드 예측 단백질 구조를 회사의 Chemistry42 플랫폼에 적용하여 간세포 암종의 유망한 약물 표적인 CDK20에 대한 새로운 억제제를 생성했다. 총 8,918개의 분자가 설계되었으며, 54개의 분자가 우선순위로 지정되었다. 적중한 분자가 확인되었고, 두 개의 화합물이 두 번째 라운드에서 의도한 표적에 대해 강력한 효능을 나타냈다.

이 회사는 알파폴드, 대규모 언어 모델, 양자 컴퓨팅을 포함한 최신 기술을 통합하여 생성형 AI 신약 개발 플랫폼을 가속화하고 있다. 특발성 폐섬유증에 대한 생성형 AI 개발 및 설계 약물은 최근 임상 2상을 진행했으며, 암, 섬유증, 면역, 중추신경계 질환 및 노화 관련 질환에 대한 내부 파이프라인에서 2개의 추가 임상 단계 프로그램과 30개 이상의 약물을 개발 중이다.

3. 엔비디아의 BioNeMo(바이오 니모)와 알파폴드의 만남

엔비디아의 BioNeMo Service에서도 알파폴드를 만날 수 있다. BioNeMo Service는 초기 약물 발견하려는 생성형 AI를 위한 클라우드 서비스로, 9개의 최첨단 대규모 언어 및 확산 모델을 한곳에서 제공한다. 이중 하나가 알파폴드다. BioNeMo는 연구원과 개발자들이 생성형 AI 모델을 사용하여 단백질과 생체 분자의 구조와 기능을 신속하게 알아내어 신약 후보 물질 생성을 가속화할 수 있도록 지원한다.

BioNeMo는 전 세계 100개 이상의 기업에서 사용되고 있는데, 몇몇 사례를 살펴보자.

- **Astellas Pharma:** 도쿄에 본사를 둔 이 회사는 BioNeMo를 사용하여 신약 개발 애플리케이션을 위한 분자 시뮬레이션과 대규모 언어 모델을 가속화하고 있다. 이 회사는 Tokyo-1 AI 슈퍼컴퓨터를 사용하여 작업을 더욱 발전시킬 것이다.
- **Cadence:** 캘리포니아 산호세에 위치한 컴퓨팅 소프트웨어의 선도적인 개발업체로 BioNeMo 마이크로 서비스를 Orion 플랫폼과 통합하여 분자 시뮬레이션을 가속화하고 있다.
- **Iambic:** 샌디에이고에 본사를 둔 이 신약 개발 회사는 BioNeMo를 채택했으며, 연구자들이 약물 분자에 반응하여 단백질의 3D 구조가 어떻게 변화하는지 예측하는 데 도움을 주기 위해 비상업적 용도의 BioNeMo 클라우드 API인 NeuralPLexer 모델을 제공한다.
- **Insilico Medicine:** 스타트업을 위한 NVIDIA Inception 프로그램의 주요 멤버로 뉴욕 시에 본사를 둔 이 회사는 BioNeMo를 AI 가

속 신약 개발 워크플로우에 통합하여 임상 단계 6개를 포함해 30개 이상의 치료 자산으로 구성된 파이프라인을 개발하고 있다.

- **Recursion:** 솔트레이크시티에 본사를 둔 이 신약 개발 회사는 BioNeMo를 통해 Phenom-Beta AI 모델을 제공하는 호스팅 파트너 이다. 이 트랜스포머 모델은 세포 현미경 이미지에서 인사이트를 추출하여 연구자들이 세포 기능을 더 잘 이해할 수 있도록 도와준다.
- **Terray Therapeutics:** 남부 캘리포니아에 본사를 둔 이 생명공학 회사는 다중 표적 구조 결합 모델을 개발하는 데 BioNeMo를 사용하고 있으며, NVIDIA DGX 클라우드에서 저분자 설계를 위한 생성형 AI 모델을 훈련하고 있다.

4. 생성형 AI, 신약 개발 프로세스 가속화에 기여

생성형 AI 기술은 생명과학 산업에서 연간 600억 달러에서 최대 1100억 달러의 경제적 가치를 창출할 수 있는 것으로 추산된다(McKinsey, 2023.6). 이러한 기술은 신약 개발 파이프라인 전반에 걸쳐 혁신적인 역할을 할 수 있다. 그렇다면 신약 개발에서 생성형 AI의 역할은 무엇일까?

생성형 AI는 표적 식별의 정확성, 생산성, 효율성을 높이고 신약 개발 프로세스를 가속화하는 데 도움을 줄 수 있다. 이러한 기술을 통해 신약 개발팀은 원하는 특성을 가진 새로운 분자를 생성하거나 설계하고, 성공 가능성이 가장 높은 신약 후보 물질을 선별할 수 있다. 이는 결과적으로 귀중한 R&D 자원을 희귀 질환과 치료 불가능한 질병에 집중할 수 있게 해준다.

생명과학 R&D는 생성형 AI 기술을 통해 비정형 텍스트, 이미지, 환자 기록, PDF, 이메일 등 다양한 형식의 디지털 데이터 폭증에 대응하고, 대규모로 멀티모달 데이터를 수집 및 처리할 수 있게 된다. 방대한 양의 환자 데이터에서 패턴을 추출하는 능력은 보다 개인화된 치료와 환자 치료 결과를 개선할 수 있다.

실제 AI 시스템은 코로나19에 대한 효과적인 mRNA 백신 개발을 가속화하는 데 중요한 역할을 했으며, 관련 기업들은 연구 프로세스를 가속화하기 위해 AI 시스템을 구축했다. 생성형 AI 기술은 이제 RNA 치료제 설계와 관련된 일부 과제를 해결하고 최적의 안전성과 성능을 갖춘 mRNA 의약품을 설계하는 데 활용되고 있다. 기존 AI 시스템과 마찬가지로, 생성형 AI는 실험적인 신약 개발 프로세스를 보완해 신약 발견 및 개발의 속도와 정확성을 더욱 향상시키는 동시에 관련 시간과 비용을 줄이는 데 도움이 될 것이다.

네이처에 발표된 최근 연구 결과에 따르면, 미국의 다국적 바이오 제약 회사 암젠Amgen은 AI의 도움으로 한때 수년이 걸렸을 약물 발견 과정을 수개월로 단축할 수 있다는 사실을 발견했다. 더욱 중요한 점은 임상 시험당 3천만 달러에서 3억 달러에 이르는 약물 개발 비용을 고려할 때, 프로세스 초기 단계에서 생성형 AI를 도입했을 경우 성공률이 급상승했다는 것이다. 엔비디아의 BioNeMo 플랫폼에 대한 동영상이 궁금한 독자는 아래 QR 코드를 스캔하기 바란다.

 엔비디아의 BioNeMo 플랫폼

왜 글로벌 빅테크는 생성형 AI 도입 후에 직원을 해고하는가?

1. 생성형 AI가 가장 먼저 파괴하는 일자리는 소프트웨어 개발 직무

생성형 AI가 도입된 이후 주요 기술 기업들은 상당한 수의 직원들을 해고했다. 2023년에만 기술 산업에서 20만 명 이상이 감원 통보를 받았다. Layoffs.fyi에 따르면 58개의 기술 기업이 2024년 1분기에 이미 7,785명의 직원을 해고했다. 구글은 픽셀 하드웨어와 구글 어시스턴트 개발팀을 포함한 여러 부서에서 수백 명의 직원을 해고하고 AI 우선순위로 자원을 재배치하고 있다. 메타는 2023년에 인력 10,000명을 감축했고, 2024년에도 추가 해고를 지속하여 운영을 효율화하고 확보한 여력을 AI 개발에 집중하고 있다. 마이크로소프트는 지속 가능한 비용 구조를 구축하고 AI 부문에 더 많은 투자를 하기 위한 전략의 일환으로 액티비전 블리자드와 엑스박스에서 1,900명을 감원했다. 그리고 아마존은 AI 중심 프로젝트에 투자하기 위해 스트리밍 및 스튜디오 운영 부문에서 수백 명의 직원을 해고했다.

그렇다면 기술 기업들은 왜 대규모의 직원 해고를 단행하는 것일까?

생성형 AI의 본격 출현과 함께 많은 기업이 이 도구를 활용해 높은 생산성을 올리고 있다는 사실은 이미 널리 알려져 있다. 여러 사업 기능 분야에서 특히 소프트웨어 엔지니어링은 생성형 AI 적용에 따라 높은 잠재적 가치를 추가하는 것으로 나타났다.

2023년 10월 세계적인 IT 트렌드 예측기관인 가트너 그룹은 "2023년 초 10% 미만이었던 소프트웨어 엔지니어의 AI를 활용하는 증강 개발 기술 사용률이 2027년에는 75%로 증가할 것이다"라고 발표했다. 생성형 AI의 부상으로 인해 AI 증강 개발로의 전환이 가속화될 것이며, 개발자와 소프트웨어 엔지니어는 지능형 도구에 점점 더 의존하게 될 것이다. AI를 활용한 증강 개발은 개발자 생산성을 높이고 코드 작성에 소요되는 시간을 줄여 디자인과 구성에 더 집중하고, 나아가 비즈니스 애플리케이션의 설계 및 구성과 같은 보다 전략적인 활동에 집중할 수 있게 되었다.

2. 생성형 AI에 의한 소프트웨어 개발 생산성 향상의 정도는?

생성형 AI 기반 도구가 개발자 생산성에 미치는 영향을 알아보기 위해 맥킨지는 미국과 아시아 전역에 위치하며 서로 다른 소프트웨어 개발 경험을 가진 40명 이상의 개발자로 실험 대상을 구성했다. 실험 참가자들은 몇 주에 걸쳐 문서화, 코드 생성 및 리팩토링(코드 재구성)의 세 가지 영역에서 일반적인 소프트웨어 개발 작업을 수행하도록 요청 받았다. 각 작업은 2개의 생성형 AI 기반 도구에 액세스할 수 있는 테스트 그룹과 AI 지원을 사용하지 않는 통제 그룹으로 나누어 수행했다.

실험 결과에 따르면, 생성형 AI 기반 도구는 '일반적인' 개발자의 작업에 대해 인상적인 속도 향상을 제공한 것으로 나타났다. 유지 관리를 위한 코드 기능 문서화는 절반의 시간 내에 완료할 수 있었고, 새 코드를 작성하는 데는 35%~45%의 시간을 절감할 수 있었다. 또한 기존 코드를 재구성·최적화Code Refactoring하는 데에는 거의 3분의 2의 시간만이 소요되었다.

주목할 만한 사항은 시간 절감(생산성 향상)은 작업 복잡성과 개발자 경험에 따라 크게 다를 수 있다는 것이다. 예를 들어 필요한 프로그래밍의 프레임워크에 익숙하지 않아 개발자가 복잡도가 높다고 생각하는 작업의 경우 시간 절약이 10% 미만으로 줄었다. 1년 미만의 경험을 가진 개발자들 사이에서도 비슷한 결과가 나타났는데, 어떤 경우에는 생성형 AI 도구가 없을 때보다 도구를 사용할 때 주니어 개발자의 작업 시간이 7%~10% 더 오래 걸리기도 했다.

다만, 여기서 간과해서는 안 될 중요한 사실이 있다. 복잡한 작업의 경우 생성형 AI 사용 여부에 따른 작업 완료 시간에서 큰 차이가 없었지만, 생성형 AI를 활용함으로써 개발자가 직면하는 초기 버전 작성에 소요되는 아이디어 창출 시간을 획기적으로 줄일 수 있었다는 점이다. 즉, 복잡한 작업에서의 초기 버전이 정확하지는 않더라도 새 코드의 첫 번째 버전을 빠르게 제작할 수 있다는 것은 분명한 장점이다. 앞서 언급한 사례에서 복잡한 작업을 제외하고는 작업 완료 시간의 20~50%를 절감할 수 있었다. 경영자 입장에서는 생성형 AI 적용 후 작업 완료 시간에서 높은 절감 효과가 있는 파트의 개발자 수를 줄이고 싶은 마음이 생길 것이다. 실제로 업계에서는 기본적인 소프트웨어 개발자 업무와 데이터베이스 관리자 역할에서 '엄청난 화이트칼라 인력의 이동'을 보고 있다.

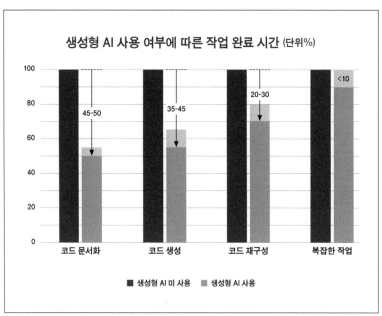

〈생성형 AI는 개발의 속도를 높일 수 있지만 복잡한 작업의 경우에는 그렇지 않다.(맥킨지, 2023)〉

3. 더욱 가치 있게 변하는 소프트웨어 개발 일자리

이러한 현상은 소프트웨어 개발 일자리 자체에 대한 위협일까? 절대 아니다. 3D 업종은 "Dirty, Dangerous, Difficult"의 약자로, 더럽고 위험하고 어려운 작업을 의미한다. 소프트웨어 개발 일자리가 3D 업종이라는 견해는 과장된 부분이 있지만, 이해할 만한 측면도 존재한다. 전통적인 3D 업종과 달리, 소프트웨어 개발은 물리적으로 위험하거나 더러운 작업은 아니지만, 소프트웨어 개발자는 장시간 컴퓨터 앞에 앉아서 작업을 해야 하기 때문에 신체적, 정신적 스트레스가 크다. 또한 끊임없이 변화하는 기술 환경과 마감 기한의 압박 속에서 높은 집중력과 문제 해결 능력을 요구받는다. 겉으로는 화려하지만 속으로는 신종 3D 업종이라 할 수 있다. 생성형 AI의 코드 생성기는 이러한 일자리를 더욱 가치 있는 일자리로 변모시킬 수 있다.

- **생산성 향상:** 생성형 AI는 단순 반복적인 코딩 작업을 자동화함으로써 개발자가 더 창의적이고 전략적인 작업에 집중할 수 있도록 돕는다. 이는 프로젝트 완료 시간을 단축시키고, 개발자가 더 많은 프로젝트를 수행할 수 있게 하여 전반적인 생산성을 향상시킨다.
- **오류 감소:** 코드 생성기는 인간의 실수를 줄이는 데 도움을 준다. 자동화된 코드 생성은 사소한 오류를 줄이고, 안정적이고 신뢰할 수 있는 코드를 제공하여 소프트웨어의 품질을 향상시킨다. 이는 개발자가 디버깅과 오류 수정에 소모하는 시간을 줄여준다.
- **학습 및 성장:** 생성형 AI는 초보 개발자에게 학습 도구로 사용될 수 있다. 코드 예제를 제공하고, 가장 좋은 대안을 제안하며, 새로운 언어와 기술을 학습하는 데 도움을 줄 수 있다. 이를 통해 개발자는 지속적으로 성장하고, 더 높은 수준의 문제 해결 능력을 갖출 수 있다.
- **업무 만족도 향상:** 반복적이고 지루한 작업에서 벗어나 더 창의적이고 도전적인 프로젝트에 집중할 수 있게 되면, 개발자의 업무 만족도는 자연스럽게 향상될 것이다. 이는 개

발자가 자신의 업무에서 더 많은 성취감을 느끼고, 직업적인 번아웃을 예방하는 데 도움이 된다.

- **혁신 촉진:** 생성형 AI는 개발자에게 새로운 아이디어를 제시하고, 기존의 문제를 해결할 수 있는 새로운 방법을 제공한다. 이는 개발자의 창의성을 자극하고, 혁신적인 솔루션을 개발하는 데 중요한 역할을 한다.

결론적으로 생성형 AI의 코드 생성기는 소프트웨어 개발 일자리를 더 효율적이고, 만족스러우며, 가치 있는 일자리로 변모시킬 잠재력을 가지고 있다. 이는 개발자들에게 더 나은 작업 환경을 제공하고, 소프트웨어 개발 업계 전체의 혁신과 성장을 촉진할 것이다.

〈DALL-E 가 그린 소프트웨어 증강 개발자의 모습〉

7장

챗GPT가 바꿀
미래의 일자리와 역량

생성형 AI 시대에 뜨고 지는
21개 일자리는?

번역가와 디자이너는 생성형 AI 시대에 생존할 수 있을까? 필자가 강연에서 가장 많이 받는 질문이다.

"한국문학번역상을 수상한 일본인 주부가 웹툰을 번역한 작품이 있었는데, 알고 보니 직접 번역한 게 아니라 파파고를 돌린 것으로 밝혀졌다. 앞으로는 번역가가 AI 번역을 토대로 윤문하고 감수하는 방식으로 일하게 될 것이다. 번역가의 일자리는 사라지는 것이 아닌가?"

"로고 디자이너의 경우, 과거에는 디자인 작업에 열흘 이상 걸렸지만 이제는 아이디어 구상 후 사진을 찍어 챗GPT에게 형태와 색상을 지정해 주면 단 몇 분 만에 여러 개의 로고를 뽑아낼 수 있게 되었다. 사람은 아이디어 구상에 집중하고 AI가 이를 구현해 주는 식으로 역할 분담이 이뤄지는 것이다. 디자이너의 미래는 어떻게 될까?"

생성형 AI 시대의 도래는 다양한 산업에서 일자리 지형을 변화시키고 있다. 생성형 AI의 등장으로 가장 위협을 받는 일자리 7개와 거꾸로 각광을 받는 일자리 7개, 그리고 새롭게 창출되는 일자리 7개를 살펴보자.

구분	일자리의 종류
위협받는 일자리 7선	데이터 입력 및 처리, 콜센터, 단순 콘텐츠 작성, 기본 그래픽 디자이너, 법률문서 작성자, 회계사 및 감사원, 번역가
각광받는 일자리 7선	AI 개발자 및 엔지니어, 데이터 과학자, 사이버 보안 전문가, AI 윤리 컨설턴트, 교육 기술 전문가, 디지털 마케팅 전문가, 기업 혁신 촉진자
창출되는 일자리 7선	AI 트레이너, AI 유지보수 및 지원 전문가, 가상 현실(VR) 개발자, AI 법률 자문가, 감정 분석 전문가, AI 윤리 감독관, 데이터 프라이버시 전문가

1. 가장 위협받는 일자리 7개

1) 데이터 입력 및 처리 직원: 생성형 AI는 데이터 입력과 처리 작업을 자동화하여 오류를 줄이고 효율성을 높일 수 있다. 따라서 단순 데이터 입력 작업은 AI로 대체될 가능성이 높다.

2) 콜센터 직원: 챗봇과 가상 비서와 같은 AI 도구가 고객 문의를 처리하고 문제를 해결하는 능력이 향상되면서, 기본적인 고객 서비스 업무는 AI로 대체될 수 있다.

3) 콘텐츠 작성자(단순 기사 작성): 생성형 AI는 뉴스 기사, 블로그 포스트 등 기본적인 콘텐츠를 자동으로 만들 수 있어, 단순한 콘텐츠 작성 업무는 AI가 대체할 수 있다.

4) 그래픽 디자이너(기본 디자인 작업): AI 디자인 도구는 로고, 배너, 기

본 웹 디자인 등 단순한 그래픽 작업을 자동화할 수 있어, 기본적인 디자인 업무는 위협받고 있다.

5) 법률 문서 작성자: 법률 문서 작성은 규칙 기반의 작업이 많아, 생성형 AI가 계약서, 계약 조항 등을 자동으로 작성하고 검토할 수 있다.

6) 회계사 및 감사원(기본 회계 업무): AI는 기본적인 회계 및 감사 작업을 자동화하여 정확성과 효율성을 높일 수 있어, 반복적인 회계 업무는 AI로 대체될 가능성이 있다.

7) 번역가(기본 번역 업무): 생성형 AI는 다국어 번역 능력을 갖추어서, 특히 간단한 문서 번역 작업에서 높은 정확성과 속도를 제공할 수 있다.

---

2. 미래에 각광받는 일자리 7개

1) AI 개발자 및 엔지니어: AI 기술의 발전과 도입이 가속화되면서, AI 시스템을 개발하고 유지보수하는 전문가에 대한 수요가 증가하고 있다. 소프트웨어 개발 생산성이 증대하면서 이 일자리는 더욱 빠르게 야근 없는 고소득의 일자리로 변모할 것이다.

2) 데이터 과학자: 생성형 AI의 성능을 극대화하기 위해서는 방대한 데이터가 필요하며, 이를 분석하고 처리할 수 있는 데이터 과학자의 역할이 중요해지고 있다.

3) 사이버 보안 전문가: AI 기술의 발전에 따라 사이버 공격도 정교해져서 이를 방어할 수 있는 사이버 보안 전문가의 수요가 증가하고 있다.

4) AI 윤리 컨설턴트: AI 기술의 윤리적 문제가 중요해지면서, AI 사용의 윤리적 측면을 감독하고 조언할 수 있는 전문가가 필요하다.

5) 교육 기술 전문가: AI를 활용한 맞춤형 학습 도구와 교육 플랫폼이 증가하면서, 이를 개발하고 적용할 수 있는 교육 기술 전문가의 수요가 늘어나고 있다.

6) 디지털 마케팅 전문가: AI를 활용한 데이터 분석과 마케팅 자동화가 중요한 역할을 하면서, 디지털 마케팅 전략을 수립하고 실행할 수 있는 전문가가 각광받고 있다.

7) 기업 혁신 촉진자: AI와 같은 새로운 기술을 조직에 도입하고 이를 통해 혁신을 추진할 수 있는 촉진자의 역할이 중요해지고 있다.

---

3. 새로 창출되는 일자리 7개

1) AI 트레이너: AI 시스템을 학습시키기 위해 데이터를 준비하고, AI의 성능을 평가하며, 개선 사항을 제안하는 역할을 한다.

2) AI 유지보수 및 지원 전문가: AI 시스템이 원활하게 작동하도록 유지보수하고, 문제 발생 시 신속하게 해결하는 전문가가 필요하다.

3) 가상 현실(VR) 개발자: AI와 결합된 VR 기술을 활용하여 교육, 엔터테인먼트, 의료 등 다양한 분야에서 혁신적인 솔루션을 개발한다.

4) AI 법률 자문가: AI 관련 법률 문제를 다루고, AI 기술의 법적 측면을 자문하는 전문가로서, AI 사용의 법적 문제를 해결한다.

5) 감정 분석 전문가: AI를 활용한 감정 분석 기술을 통해 소비자 행동을 예측하고, 맞춤형 서비스를 제공하는 역할을 한다.

6) AI 윤리 감독관: AI 시스템의 윤리적 사용을 감독하고, AI가 인간의 가치와 권리를 침해하지 않도록 하는 역할을 한다.

7) 데이터 프라이버시 전문가: AI 시스템이 수집·처리하는 데이터의 프라이버시를 보호하고, 데이터 보안 정책을 수립하는 전문가가 필요하다.

세계경제포럼은 '미래 일자리 보고서 2023'의 보고서를 발간하였다. 이 보고서는 향후 5년간 일자리가 생성형 AI와 같은 기술과 연동하여 어떻게 변화할 것인가에 대한 통찰력을 제공한다. 아래 QR 코드를 스캔하여 영문 보고서를 다운로드하여 공부하기 바란다. 영어여서 읽기 싫다고? PDF를 업로드하면 바로 분석할 수 있는 비법이 이 책에 적혀 있다. 찾아서 실행해 보기 바란다.

미래 일자리 보고서 2023

고수익의 프롬프트 엔지니어는
어떤 역량을 가져야 하는가?

1. 프롬프트 엔지니어가 핫한 이유

AI가 발전함에 따라 프롬프트 엔지니어에 대한 수요도 계속 확장되고 역할도 변화될 것이다. AI 모델은 자체 프롬프트를 생성하는 데 있어 더욱 자동화될 것이고 인간의 수동 개입이 덜 필요하게 될 것이다. 그러나 사용 가능한 도구의 범위와 프롬프트 엔지니어 업무의 복잡성은 증가할 가능성이 높다. 정말로 프롬프트 엔지니어가 "밥 먹고 사는 데 지장 없는 버젓한 직업이 될 수 있을까?" 답은 "그렇다"이다. 이미 프롬프트 엔지니어가 여기저기서 생겨나고, 스타트업들이 프롬프트 엔지니어링 서비스를 제공하고 있으며, 기업들은 '프롬프트 엔지니어'를 하나의 직함으로 꼽기 시작했다. 트레이너와 교육자들은 생성형 AI를 가장 잘 사용하는 방법에 대해 작업자를 교육하는 데 도움을 주고 있으며 'Udemy'와 같은 비디오 강의 사이트는 이미 효과적인 프롬프트를 구성하는 많은 과정을 제공하고 있다. 블룸버그 보도에 따르면, 미국의 생성형 AI 신흥강자 앤트로픽Anthropic은 숙련된 프롬프트 엔지니어에게 연봉 17만 5천 달러에서 33만 5천 달러 사이의 급여를 제공한다는 공고를 냈다.

2. 프롬프트를 잘 쓰는 사람이 프롬프트 엔지니어가 아니다

일반 사용자는 단순히 AI와 상호작용하기 위해 프롬프트를 사용하지만, 프롬프트 엔지니어는 전문적인 지식과 기술을 통해 기업에서 사용하는 AI 모델의 최적화를 목표로 한다. 프롬프트 엔지니어는 생성형 AI 모델을 기업 환경에서 효과적으로 활용하기 위한 핵심 역할을 수행하는 전문가이다. 이들은 AI 모델의 응답을 최적화하고, 비즈니스 요구사항에 대응하는 맞춤형 프롬프트를 설계하며, AI 시스템의 성능을 지속적으로 개선하는 역할을 하는 혁신가이자 실천가이다.

프롬프트 엔지니어의 정의

프롬프트 엔지니어는 생성형 AI 모델과의 상호작용을 극대화하기 위해 프롬프트를 설계, 최적화하고, 그 결과를 분석하여 개선하는 전문가이다. 이들은 AI의 답변 정확도, 신뢰성, 일관성을 높이기 위해 다양한 기술과 전략을 사용한다.

프롬프트 엔지니어의 역할

- **프롬프트 설계 및 최적화**: 다양한 프롬프트 구조와 언어적 변형을 실험하여 AI 모델의 응답을 최적화한다. 이는 특정 비즈니스 요구사항에 맞춘 맞춤형 프롬프트를 설계하는 것을 포함한다.

- **응답 분석 및 개선**: AI 모델의 응답을 분석하여 프롬프트의 효과를 평가하고, 필요한 경우 수정하거나 개선한다. 이를 통해 더 정확하고 유용한 결과를 도출한다.
- **도메인 지식 적용**: 특정 산업 또는 비즈니스 도메인에 대한 지식을 활용하여 AI 모델이 해당 분야의 질문에 대한 유의미한 응답을 생성할 수 있도록 돕는다.
- **AI 시스템 유지보수**: AI 모델이 지속적으로 최적의 성능을 발휘하도록 프롬프트를 업데이트하고 유지보수한다. 이는 모델이 최신 정보를 반영할 수 있도록 정기적으로 검토하는 것을 포함한다.
- **사용자 교육 및 지원**: 기업 내 다른 부서 또는 사용자가 AI 시스템을 효과적으로 활용할 수 있도록 프롬프트 작성법을 교육하고 지원한다.

3. 프롬프트 엔지니어의 5가지 핵심 역량

능력을 인정받는 프롬프트 엔지니어가 되려면 어떤 역량을 갖추어야 할까? 프롬프트 엔지니어에게 필요한 5가지 핵심 역량에 대해 알아보자.

우선 기술적 능력이다. 가장 중요한 출발점은 역시 인공지능, 기계학습 및 자연어 처리가 실제로 어떻게 작동하는지를 이해하는 것이다. 대규모 언어 모델과 상호작용하려면 '도대체 LLM은 무엇'인지, 다양한 LLM 유형에는 무엇이 있는지, 그리고 LLM이 잘하는 것과 취약한 영역은 무엇인지 이해해야 한다. 챗GPT, Midjourney, Amelia 등의 다양한 기술에 대해 이해하면서 조직에 필요한 것이 무엇인지를 선정할 수 있는 능력이 필요하다. 기술에 대한 이해를 높이려면 전통적인 교육용 소프트웨어, 많은 기사와 기술 논문 읽기, 컨퍼런스 참석, 자신만의 실험 등 가능한 모든 방법을 통해 자신을 교육해야 한다.

둘째, 요구사항의 명확한 정의와 쿼리 구성이다. 문제 표현을 명확하게 정의하고 자세한 쿼리를 지정할 수 있어야 한다. 기본적으로 이 기술은 명확하게 의사소통하는 능력이다. 프롬프트 엔지니어링은 AI와의 상호작용을 통해 얻고자 하는 것이 무엇인지 AI에게 알려주는 방법에 관한 것이다.

셋째, 도메인 전문 지식을 쌓아야 한다. 프롬프트 엔지니어를 요구하는 기업이 속한 산업을 이해하고 있어야 한다. DALL-E, Midjourney와 같은 이미지 생성형 AI를 사용하는 데 있어서, 그림에 대한 지식이 있어야 빠르고 효과적이며 정밀하게 이미지를 만들어 낼 수 있다.

AI 모델이 적용되는 특정 도메인이나 산업(예: 의료, 금융, 고객 서비스)에 대한 깊은 지식이 있어서, 필요한 응답을 도출하고 응답이 올바른지 그른지 이해할 수 있을 만큼 관련 분야의 용어와 스타일 등에 대한 지식을 가져야 한다.

넷째, 스크립팅Scripting 및 프로그래밍 기술 개발이다. 단순히 챗봇과 상호작용하는 프롬프트 엔지니어링 일자리도 있겠지만, 더 나은 급여를 받는 자리는 AI 프롬프트를 애플리케이션과 소프트웨어에 내장하여 고유한 가치를 제공하는 일을 하게 될 가능성이 높다. 전체 애플리케이션 코드를 반드시 작성해야 하는 것은 아니지만 일부 코드를 작성하고, 구축하고 있는 애플리케이션의 상황에서 프롬프트를 테스트하고, 디버그 코드를 실행하고, 전반적으로 대화형 프로그래밍 프로세스의 일원으로 참여할 수 있다면 훨씬 더 많은 가치를 제공할 수 있다.

마지막으로, 창의력과 대화 기술을 개발해야 한다. 계속 변화하는 생성형 AI 관련 지식을 놓치지 않기 위해서 관련 사외 모임에 참여해야 하고, 프롬프트 엔지니어를 활용하는 현업 부서와 소통하고 협력하는 능력을 가져야 한다. 프롬프트 엔지니어가 되고 싶다면 토론 팀, 협상, 심지어 영업 등의 경험을 쌓는 것도 고려해보라. 생성형 AI 시스템에서 원하는 결과를 이끌어내는 데 필수적인 대화, 설득, 협업 능력을 단련할 수 있는 좋은 기회가 될 것이다.

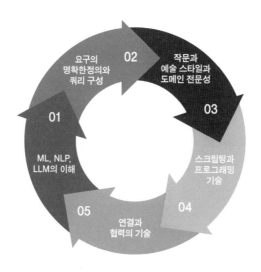

4. 프롬프트 엔지니어의 무료 훈련 과정 소개

AI 사용법을 배우는 것은, 특히 기술적 배경이 없는 사람들에게는 두려울 수 있다. 먼저 초보자에게 적합한 'Learn Prompting'의 생성형 AI와 프롬프트 엔지니어링 입문 과정에 가입하여 무료 과정을 학습해보자.

〈Learn Prompting의 교육 프로그램〉

이 무료 과정이 도움이 될 수 있는 부분은 다음과 같다. 초보자를 염두에 두고 설계된 Learn Prompting의 프롬프트 엔지니어링 프로그램은 복잡한 AI 개념을 간단하고 이해하기 쉽게 가르쳐 주는 수업이다. 이론과 실습의 균형을 갖춘 이 과정에는 초보자, 중급자, 고급자별로 실습 경험을 제공하는 60개 모듈의 대화형 연습이 포함되어 있다.

지금까지 120만 명 이상의 사람들이 이 무료 과정을 활용하여 AI 도구를 일상 업무 흐름에 효율적으로 구현했을 정도로 초보자 친화적 솔루션으로 '강추'하는 바이다. 과정 설명과 구조를 확인하여 관심사와 학습 목표에 가장 잘 맞는 과정을 찾아보기를 권고한다.

이 과정을 살펴보려면 QR 코드를 스캔하기 바란다.

Learn Prompting

새시대에 필요한
생성적 리더십이란 어떤 것인가?

생성형 AI의 영향력 확대, 디지털 전환 등 격변의 새 시대에 미래 인재들과 리더들은 성공 신화를 창출하기 위해 당연히 기존과는 다른 새로운 리더십이 필요하다.

1. 생성적 리더십으로의 변화가 필요한 시대

지금과 같은 유례없는 격변의 시대에는 미래를 살아가야 할 인재들에게 집단 창조력을 이끄는 새로운 리더십이 필요하다. 바로 '생성적 리더십'을 통해 지금의 변화를 극복해야 한다. 생성적 리더십에는 3가지 요건이 필요하다. 상상력의 머리, 공감하는 가슴, 연결하는 손발이라는 3가지이다.

우선, '냉철한 머리에서 상상력의 머리로' 바뀌어야 한다.

비즈니스 생태계를 재창조할 정도로 급변하는 상황에서 빠르고 유연하게 대처하기 위해서는 창의적인 해법이 필요하고 이를 위해선 미래의 통찰력을 기반으로 한 상상력이 필요하다. 여기에는 이유가 있다.

〈생성형 AI 시대, 리더십의 변화〉

	과거의 리더십	생성적 리더십
(머리 아이콘)	냉철한 머리	상상하는 머리
(하트 아이콘)	불타는 가슴	공감하는 열정
(엄지 아이콘)	부지런한 손발	연결하는 손발

- **혁신적 사고의 필요성:** 디지털 기술은 인류의 삶과 행동에 전례 없는 변화를 제공하지만, 이를 활용하기 위해서는 혁신적인 사고가 필요하다. '상상력의 머리'를 가진 리더는 기존의 틀을 벗어나 새로운 솔루션을 상상하고, 실험적인 접근을 채택하여 경쟁에서 앞서갈 수 있다.
- **불확실성과 복잡성의 관리:** 격변의 새 시대는 변화가 빠르고 예측하기 어려운 환경을 만든다. 이런 상황에서는 '냉철한 머리'만으로는 충분하지 않으며, 불확실성 속에서 기회를 발견하고 창의적인 해결책을 모색할 수 있는 '상상력의 머리'가 필요하다.
- **고객 중심적 접근:** 디지털 전환은 고객 경험을 향상시키는 것을 목표로 한다. 이를 위해서는 고객의 요구를 깊이 이해하고, 그들에게 가치를 제공할 수 있는 창의적인 방안을 개

발해야 한다. '상상력의 머리'를 가진 미래 인재는 고객 중심적 사고를 촉진하고, 고객 경험을 혁신적으로 개선할 방법을 찾아낸다.

둘째, 일을 위한 자신의 열정을 유지하는 것을 넘어서 새로운 변화에 대해서 파트너뿐만 아니라 모든 관련자들이 공감하고 동행할 수 있도록 만드는 가슴을 가져야 한다. 즉, 모든 이들과 함께 새로운 방향으로 나아갈 수 있도록 풍요로운 인간 경험을 제공해줄 수 있는 공감의 리더십을 가져야 한다는 것이다. 공감의 리더십은 다양한 효과를 발휘한다.

먼저, 변화에 대한 인간의 자연스러운 저항을 고려할 때, 사람들이 생성형 AI 활용, 디지털 전환 등의 목적과 이점을 이해하고 공감하게 만들면, 그들의 저항을 줄이고 변화를 수용하도록 동기 부여할 수 있다.

또한 생성형 AI 시대에 기본적 형상화 과정은 인공지능의 도움을 받기 때문에 미래 인재와 리더들은 다양한 사람들과의 소통과 협력이 더 필요하게 된다. 따라서 내외부 관련자들의 공감을 얻게 되면, 효과적인 협업과 팀워크를 촉진하여 일하는 방식과 결과물을 쉽고 빠르게 만들어낼 수 있다. 조직 문화의 변화 측면에서도 공감은 혁신, 협력, 배움을 중시하는 자율적 학습 문화를 조성하는 데 도움이 된다.

셋째, 부지런한 손발이 아닌, 연결하는 손이 되어야 한다.

경계를 넘어 연결되고 협력하는 미래 인재들은 내외부 고객 접점의 일관성을 보장하고, 그들에게 통합된 경험을 제공할 수 있다. 따라서 생성형 AI 시대의 성공을 위해 경계를 넘어 연결하고 민첩하게 작업하는 강력한 연결 능력을 갖추는 것은 매우 중요하다. 이러한 접근 방식은 여러 측면에서 전환 과정을 강화한다.

- **다양한 관점의 통합:** 조직 내부의 다양한 부서와 팀은 각각 고유의 지식과 전문성을 가지고 있다. 경계를 넘어 이러한 다양성을 통합하면, 더 혁신적이고 포괄적인 해법을 개발할 수 있다. 이는 문제 해결을 위한 다각적인 접근을 가능하게 하고, 더 창의적인 아이디어를 생성한다.
- **민첩성과 속도:** 디지털 환경은 끊임없이 변화하고 있다. 경계를 넘어 연결되고 민첩하게 작업하는 미래인재들은 이러한 변화에 신속하게 대응할 수 있다. 이들은 빠른 의사결정, 신속한 문제 해결, 그리고 변화에 대한 적응 능력을 갖추게 된다.
- **유연성과 재조정 능력:** 생성형 AI 시대에서는 그동안 해결하지 못했던 과제에 대해 새로운 도전과 기회가 자주 발생한다. 경계를 넘어 연결할 수 있는 능력은 필요에 따라 빠르게 재조정하고, 새로운 상황에 맞게 자신의 전략과 작업을 조정할 수 있는 유연성을 가져야 한다.

2. 생성적 리더십의 주요 특성과 접근 방식

생성적 리더십은 몇 가지 주요 특성과 접근 방식으로 파악할 수 있다.

첫째, 비전적 사고와 적응성이다. 리더는 생성형 AI가 어떻게 산업과 사회를 변화시킬 수 있는지에 대한 명확하고 미래 지향적인 비전을 가지고 있어야 한다. 또한, AI 개발 속도가 빨라짐에 따라 적응력이 뛰어나고 지속적으로 학습하며 새로운 아이디어와 기술에 개방적이어야 한다.

둘째, 윤리적 책무다. 생성적 리더는 윤리적 고려 사항을 우선시하여 AI 개발 및 배포가 윤리적 표준 및 사회적 가치와 일치하도록 해야 한다. 신뢰를 구축하고 편견을 피하기 위해 AI 애플리케이션의 투명성, 책임성, 공정성을 옹호해야 한다.

셋째, 협업 및 포괄성이다. 혁신을 촉진하고 복잡한 과제를 해결하기 위해 기술, 학계, 정부, 시민 사회 등 다양한 부문의 협력이 중요하다. 또한, 편견을 완화하고 창의성을 향상시키기 위해 AI 개발팀에서 다양한 관점이 표현되도록 포괄성을 장려해야 한다.

넷째, 인간 중심 접근 방식이다. 리더는 AI가 인간에게 미치는 영향을 우선시해야 하며, 기술이 인간의 능력을 대체하는 것이 아니라 인간의 능력을 어떻게 강화할 수 있는지에 초점을 맞춰야 한다. 그리고 AI 애플리케이션이 인간의 복지를 향상시키고 실제 문제를 효과적으로 해결하도록 보장해야 한다.

다섯째, 교육 및 권한 부여다. AI 중심 세계에서 성공하는 데 필요한 기술을 직원에게 제공하기 위해 교육 및 훈련 프로그램에 투자해야 한다. 또한, AI에 대한 지식을 직원과 이해관계자에게 교육하여 AI 개발 및 배포에 적극적으로 참여할 수 있도록 한다.

여섯째, 전략적 위험 관리다. 사이버 보안, 데이터 개인정보 보호, 의도하지 않은 결과 대응 등 AI와 관련된 위험을 관리하기 위한 강력한 전략을 개발해야 한다. 또한, 리더는 잠재적인 위험을 식별하고 이를 완화하기 위한 조치를 실행하는 데 적극적이어야 한다.

일곱째, 지속가능한 개발이다. AI 개발이 지속가능성 목표에 부합하여 환경 영향을 최소화하고 장기적인 사회적 이익을 촉진하도록 보장해야 한다. 리더는 AI 연구, 개발 및 배포에서 지속가능한 관행을 옹호해야 한다.

본질적으로 생성형 AI 시대의 생성적 리더십에는 비전적 사고, 윤리적 진실성, 협력 정신, 인간 중심적이고 지속가능한 개발에 대한 강력한 의지가 혼합되어 있어야 한다. 이러한 자질을 구현함으로써 리더는 AI 기술의 책임감 있고 영향력 있는 발전을 이끌 수 있다.

## 8장

챗GPT가 우리에게
던지는 6가지 질문

혼란에 빠진 교육계,
찬성인가 반대인가?

디지털 전환을 가르치는 A교수는 대학원생들에게 한국과 일본의 디지털 전환 속도 차이를 민족적 관점에서 분석하라는 과제를 내주었다. 이는 매우 어려운 과제이지만, 챗GPT를 활용하면 학생들은 단 1분만에 답변을 얻을 수 있었다. 이처럼 챗GPT는 학생들에게 신속하고 편리한 정보 접근을 제공하지만, 동시에 학생들의 비판적 사고와 문제 해결 능력을 약화시킬 것이라는 우려도 제기된다.

---

1. 학교에서의 챗GPT 사용 금지, 무조건 제재한다고 될 일인가?

2022년 11월 챗GPT가 출시되고 두 달도 지나지 않아 교육계는 반격에 나섰다. 2023년 1월 실제로 뉴욕 시 학교들은 학생들이 부정행위에 사용할 수 있다는 우려에서 에세이를 포함해 인간과 유사한 글쓰기를 생성하는 챗GPT를 금지했다. 뉴욕 시 교육부는 뉴욕 공립학교의 모든 기기와 네트워크에서 이 도구의 사용을 금지했다. 교육부 대변인인 제나 라일Jenna Lyle은 이번 결정이 "학생 학습에 부정적인 영향에 대한 우려와 콘텐츠의 안전성과 정확성에 대한 우려"에서 비롯되었다고 말했다. 그녀는 "이 도구는 질문에 대한 빠르고 쉬운 답변을 제공할 수 있지만 학업 및 평생 성공에 필수적인 비판적 사고 및 문제 해결 기술을 구축하지는 않습니다"라고 덧붙였다.

뉴욕 시에 앞서 챗GPT가 출시된 지 몇 주 만에 LA 통합교육구(LAUSD, Los Angeles Unified School District)는 위험/편익 평가를 실시할 때까지 '학문적 양심을 보호하기 위해' 챗봇에 대한 접근을 차단했다.

호주의 퀸즈랜드 주는 '적절성 평가를 받을 때까지 학교에서 챗GPT를 차단했다. 임페리얼 칼리지 런던Imperial College London과 케임브리지 대학교 University of Cambridge를 포함한 영국의 몇몇 주요 대학은 학생들에게 챗GPT를 사용하여 부정 행위를 하지 않도록 경고하는 성명을 발표하기도 했다.

---

2. 교육계에서도 대세를 거스를 수 없다는 목소리

2023년 2월부터는 교육계에서도 대세를 거스를 수 없을 것이라는 목소리가 등장하기 시작했다.

"우리는 기술 역사상 놀라운 순간에 와 있습니다"라고 펜실베이니아 대학의 교수인 Christian Terwiesch 박사가 말했다. 그는 경영학석사 수준의 과정 시험에서 챗GPT를 테스트했다고 발표하여 화제가 되었는데, 챗GPT는 B 또는 B- 평가를 받았을 것이라고 알려졌다. 챗GPT는 또한 과학자들을 속이고, 영어와 컴퓨터 과학 시험에서 좋은 성적을 거두고, 로스쿨 시험을 통과하고, 심지어 미국 의료 면허 시험을 통과할 수 있을 정도로 글을 잘 쓰는 것으로 나타났다.

2022년 12월 말 bioRxiv(생물학 아카이브) 서버에 게시된 사전 인쇄물에 따르면, 인공지능 챗봇은 과학자들이 종종 발견할 수 없을 정도로 설득력 있는 가짜 연구 논문 초록을 작성할 수 있다.

뉴욕 시 교육부의 발표 이후 챗GPT 개발사인 오픈AI는 교사들을 안심시키려고 노력했다. 이 회사는 워싱턴 포스트에 "우리는 챗GPT가 학교나 다른 곳에서 오해의 소지가 있는 목적으로 사용되는 것을 원하지 않기 때문에 이미 해당 시스템에서 생성된 텍스트를 식별할 수 있도록 문제 완화 방법을 개발하고 있습니다. 우리는 유용한 솔루션과 교사와 학생이 인공지능의 혜택을 누릴 수 있도록 돕는 다른 방법에 대해 교육자들과 협력하기를 기대합니다"라고 언급했다.

3. 생성형 AI를 교육 도구로 활용하여 교육 패러다임을 바꾸려는 시도들

이제 교육계는 생성형 AI 기술의 도입을 어떻게 안전하고 효과적으로 관리할 것인지에 대한 새로운 논의를 시작해야 한다. 일본은 이러한 점에서 선도적인 예를 보이고 있다. 일본 정부는 챗GPT와 같은 생성형 AI를 교육 도구로 적극 활용하자는 입장을 취하고 있으며, 이를 통해 교육 패러다임의 긍정적인 변화를 추구하고 있다.

2023년 7월 일본 문부과학성은 챗GPT 등의 생성형 AI를 교육 현장에서 활용할 때의 사고방식을 정리한 가이드라인을 공개했다. 이에 따르면 "생성형 AI의 급속한 발전이 앞으로도 지속되고 교수학습에 미치는 영향이 변화할 것으로 예상되기 때문에 기술의 발전과 가이드라인의 운용 상황 등에 따라 지속적으로 상황을 파악하고 대응을 적절히 검토하기 위해 노력하는 것이 중요하다"고 했다. 이러한 배경에서 일본의 많은 대학은 이미 생성형 AI의 교육 및 학문적 측면에 대한 지침을 공식화하고 있다.

도쿄대학은 2023년 5월 강의에서 AI 도구의 이용과 관련한 방침을 마련했다. 이 대학은 "챗GPT 등의 AI 도구의 교육적 이용을 금지하지 않고, 적극적으로 활용하도록 추진한다. 생성형 AI에 의한 사회의 변화를 선점해 적극적으로 좋은 이용법이나 신기술, 새로운 법제도나 사회·경제 시스템 등을 찾아가야 한다"고 강조했다.

---

4. 문제점도 분명 있지만 "어떻게 활용하는가"가 더 중요

활용하기에 따라 생성형 AI는 학생과 교사(교수) 모두에게 도움이 된다. 학생에게는 학습 개인화가 가능하다. 학생의 필요, 선호도 및 목표에 맞게 학습 콘텐츠, 속도 및 피드백을 맞춤화할 수 있다. 예를 들면, 학생의 성과와 진행 상황에 따라 수업의 난이도와 주제를 조정하는 적응형 학습 시스템 운영이 가능하다.

교사 입장에서 보면 시간을 절약하고 업무를 개선하며 학생들에게 더 나은 지원을 제공하는 데 도움이 될 것이다. 이 경우 AI는 채점, 출석, 데이터 분석과 같은 작업을 자동화하고 교사에게 교육 및 피드백을 개선할 수 있는 통찰력과 권장 사항을 제공할 수 있다.

이와 함께 공평하고 포용적인 학습 지원을 기대할 수 있다. 교육의 장벽과 편견을 줄이고 다양성과 포용성을 촉진할 수 있다. 예를 들면, 원격지 또는 소외된 지역의 학생들이 양질의 교육에 대해 접근할 수 있게 해주고, 다양한 언어, 문화적 능력을 가진 학생들에게 번역, 전시 등에 접근할 기회를 제공한다.

여기서 우리가 주의해야 할 몇 가지 중요한 사항이 있다. 첫째, 학생들이 독립적으로 학습하는 능력을 잃지 않도록 주의해야 한다. 둘째, 생성형 AI의 기술적 한계를 명확히 이해하고 이를 교육적으로 통합해야 한다. 셋째, 개인정보 보호와 데이터 유출의 위험에 대해 교육해야 한다. 넷째, 저작권을 철저히 검토하고 지키도록 해야 한다. 마지막으로, 교육에서 AI를 효과적으로 사용하기 위한 지속적인 가이드라인 개발이 필요하다.

분명한 것은 챗GPT를 비롯한 생성형 AI 도구가 거스를 수 없는 대세라는 사실이다. 이미 교육계를 포함한 우리 사회 모든 분야에서 활용되고 있기 때문이다. 교육계는 이 신기방기하고 유용한 생성형 AI 도구를 잘 활용해서 우리 교육의 질을 높이고, 제 역할을 하지 못한다고 비난받고 있는 공교육이 제자리를 찾아갈 수 있도록 노력해야 한다.

일본 문부과학성에서 발표한 '초등중등 교육의 생성형 AI 이용 가이드라인'을 다운로드 받고 싶은 독자는 QR코드를 스캔하기 바란다.

초등중등 교육의 생성형 AI 이용 가이드라인

아이들의 국영수 점수를
챗GPT로 끌어 올릴 수 있을까?

1. 교육의 불평등을 제거하는 챗GPT의 활용 기회

공교육만으로 만족하지 못하는 대다수 학생과 학부모가 사교육 시장을 찾는다. 그러나 사교육의 부담은 상당히 크며, 이는 사회적 문제를 유발한다. 서울대학교 사회복지학과 연구팀에 따르면, 고소득층의 4년제 대학 진학률은 90.8%에 이르지만, 비슷한 성적의 저소득층 학생의 4년제 대학 진학률은 75.6%로 15.2%포인트 낮다. 소득계층별 사교육비 현황을 살펴보면, 저소득층 가구에 비해 고소득층 가구의 사교육비 규모와 사교육 참여율이 모두 높다. 결혼 주선 업체가 조사한 출산 인식 보고서에서도 미혼 남녀가 저출산의 요인으로 경제적 부담을 가장 높게 꼽았다.

이제 생성형 AI가 교육 시장에도 변화를 불러오고 있다. 마이크로소프트의 빌 게이츠 회장은 "AI 시대가 시작됐다. 이 '혁명적인' 기술이 사용자 친화적인 컴퓨터 이후 가장 큰 혁신"이라고 말하며, "가난한 가정의 자녀에게 교육 기회를 제공하여 불평등을 줄일 수 있는 가장 좋은 방법이 될 것이다"라고 덧붙였다.

이 새로운 도구를 적절하게 활용하면 상상 이상의 효과와 가치를 얻을 수 있다. 챗GPT가 교육에 미치는 긍정적 영향을 챗GPT 자신에게 물어본다면, 다음과 같은 장점이 있다고 답할 것이다.

- **개인화된 학습:** 개별 학생의 필요와 능력에 맞게 교육 스타일과 내용을 조정
- **연중무휴 가용성:** 학생들은 자신의 속도로 언제든지 편리한 시간에 학습
- **대화형 학습:** 학생들이 자료를 더 잘 이해할 수 있도록 질문, 피드백, 설명을 제공
- **방대한 지식:** 학생들에게 복잡한 주제에 대한 심층적이고 포괄적인 설명을 제공
- **비용 효율성:** 전통적인 학습 자료가 필요없이 저소득층 자녀에게 폭넓은 기회 제공

그렇다면 실제로 챗GPT가 사교육의 경제적 부담 없이도 우리 아이들의 학습 능력을 올리는 데 기여할 수 있을까? 학생과 학부모 모두가 가장 중요하다고 생각하는 과목인 국어, 영어, 수학을 중심으로 살펴보자.

2. 챗GPT로 아이들의 국어 능력을 향상하는 방법

국어 학습에서 챗GPT는 AI 가정교사 역할을 훌륭하게 소화할 수 있다. 챗GPT의 작문 실력은 이미 검증된 사실이다.

챗GPT와 같은 생성형 AI가 글쓰기 능력에 미치는 영향은 긍정적인 측면과 부정적 측면 모두 있다. 우선 긍정적인 측면은 다음과 같다.

- **작문 스킬 개선:** 챗GPT는 다양한 글쓰기 스타일과 구조를 제공하여, 학생들이 자신의 글쓰기 능력을 개선하는 데 도움을 줄 수 있다. 또한, 예시를 통해 다양한 방법으로 아이디어를 표현하는 법을 배울 수 있다.
- **아이디어 발전:** 학생들은 특정 주제에 대해 챗GPT와 대화를 나누면서 새로운 아이디어를 얻거나 기존의 아이디어를 확장할 수 있다. 이는 특히 창의적 글쓰기나 연구 과제를 수행할 때 유용하다.
- **언어 학습 지원:** 다양한 언어로 글을 작성하면서 학생들은 새로운 어휘와 문법을 배울 수 있다.
- **피드백과 수정:** 챗GPT를 사용하여 글의 초안을 검토하고 언어의 정확성이나 문장 구조를 개선할 수 있는 조언을 받을 수 있다. 이는 학생들이 자신의 글을 비판적으로 검토하고 수정하는 능력을 키우는 데 도움이 된다.

학습자의 작문에 대한 챗GPT의 맞춤법과 글쓰기 능력 평가 사례를 살펴보자. 학습자가 아래 예시와 같은 글을 작문했을 때 이 도구는 오류를 지적하고 능력도 평가한다.

예시	"식당에 가서 전채요리로 입맞을 돋구기 위하여 식당에 갔는데, 할인율이 매우 노파서 기뻤습니다. 그래서 겨드랑이에 겨땀이 낮습니다. 즐겁게 식사를하고 나니 기분도 좋았어요."
오류 지적	1. **전채요리로 입맞을 돋구기 위하여:** "입맞을"은 "입맛을"로, "돋구기"는 "돋우기"로 2. **노파서:** "노파서"는 잘못된 표현이므로, "높아서"가 올바른 표현 3. **겨드랑이에 겨땀이 낮습니다:** "낮습니다"는 "났습니다"로 바꾸어야 맞는 표현. 또한, 이 문장은 맥락상 부적절하게 느껴질 수 있음 4. **식사를하고:** "식사를 하고"로 띄어쓰기를 해야
능력 평가	1. **주제와 목적의 명확성:** 글은 식당에서의 경험을 공유하려는 것으로 보이지만, 내용 중 일부는 주제와 직접적인 관련이 없거나 독자에게 혼란을 줄 수 있는 정보(예: 겨드랑이의 겨땀)를 포함하고 있습니다. 2. **일관성과 논리 구조:** 글의 시작은 식당에서의 식사 경험을 소개하지만, 이야기의 흐름이 명확하지 않고, 중복된 정보("식당에 가서"와 "식당에 갔는데")를 포함하고 있어 일관성이 부족합니다. 3. **언어 사용:** 사용된 언어에는 맞춤법 오류가 여러 개 있으며, 이는 의사소통의 명확성을 저해할 수 있습니다. 또한, "할인율이 매우 노파서 기뻤습니다"와 같은 표현은 비표준적이며, 정확한 의미 전달에 영향을 줍니다.

이어서 수정 작문을 보여주면서 글쓰기 능력 향상과 학습에 도움이 되는 조언을 덧붙인다.

예시	"식당에 가서 전체 요리로 입맛을 돋우기 위해 식당에 갔는데, 할인율이 매우 높아서 기뻤습니다. 그래서 기분이 좋아졌습니다. 즐겁게 식사를 하고 나니 기분도 좋았어요."
오류 지적	• "전채요리로 입맛을 돋구기 위하여"를 "전체 요리로 입맛을 돋우기 위해"로 바꾸어 더 자연스럽고 올바른 표현을 사용했습니다. 그러나 "전체 요리"는 원래 의도한 바가 "전채 요리"일 수 있으므로, 음식에 대한 정확한 표현을 명확히 하기위해 이 부분은 "전채 요리로 입맛을 돋우기 위해"로 수정할 필요가 있습니다. • "노파서"를 "낮아서"로 올바르게 수정했습니다. • "겨드랑이에 겨땀이 납니다" 문장은 맥락상 부적절하므로 제거하였습니다. • "식사를하고"를 "식사를 하고"로 올바르게 띄어쓰기를 수정했습니다.
능력 평가	• 글쓰기 시 주제에 집중하고, 관련 없는 내용은 제외하는것이 좋습니다. • 맞춤법과 띄어쓰기 규칙을 정확히 지키며 글을 작성해야 합니다. • 문장을 명확하고 간결하게 구성하여 독자가 쉽게 이해할 수 있도록 하는 것이 중요합니다.

    눈치빠른 독자는 위의 챗GPT 답변에서 오류가 있다는 것을 알았을 것이다. 세 번째로 지적한 '할인율이 노파서'를 '할인율이 낮아서'로 고친 것은 틀렸다. '왜 이런 결과가 나올까?' 한국의 공식적인 맞춤법에 대한 지식이 없기 때문이다. 일반적인 웹사이트의 맞춤법으로 학습했기 때문이다. 그러면 '왜 한국 맞춤법을 학습하지 않을까?' 그 이유는 한국 국민의 사용률이 필리핀보다도 낮기 때문이다. 자본주의에서 기업이 사용자가 많은 국가부터 먼저 지원하는 것은 당연하다. 그러면 '어떻게 해야 올바르게 국어 공부를 할 수 있는 능력을 개발해, 학생들을 지원할 수 있을까?' 그 답은 교육 관련 정부기관이 나서서 맞춤형 공부를 하고 싶은 학생들이면 누구나 경제적 부담 없이 선택해 국어 공부를 자율적으로 할 수 있도록, 한국의 맞춤법에 최적화된 'GPT(챗GPT 앱)'을 만드는 것이다. 스마트폰용 정부 앱을 만들듯, 이제 정부가 적극적으로 나서서 필요 기능을 만들어 국민에게 제공하는 생성형 AI의 새로운 생태계가 시작된

것이다. 한편 챗GPT와 같은 생성형 AI가 글쓰기 능력에 미치는 부정적 측면도 있다.

- **학문적 부정행위의 유혹:** 일부 학생들은 자신의 과제나 연구 논문을 스스로 작성하는 대신 챗GPT에 의존할 수 있으며, 이는 학문적 부정행위로 간주될 수 있다. 이는 학습의 진정한 목적과 가치를 훼손할 뿐만 아니라 학생의 학습 과정과 성장에도 해가 될 수 있다.
- **비판적 사고 기술 저하:** 챗GPT가 제공하는 답변이나 글을 무비판적으로 받아들이는 경우, 학생들은 비판적 사고와 문제 해결 능력을 개발하는 데 필요한 도전을 경험하지 못할 수 있다.
- **의존도 증가:** 지속적으로 챗GPT에 의존하여 글을 작성하는 학생들은 자신의 생각과 아이디어를 독립적으로 발전시키는 능력을 잃을 수 있다.
- **개인적 표현의 감소:** 학생들이 챗GPT의 스타일을 모방하게 되면, 자신만의 독특한 글쓰기 스타일과 목소리를 개발하는 데 제약을 받을 수 있다.

그럼에도 불구하고 챗GPT를 글쓰기 교육에 통합하는 것은 교육 방법론에 있어서 중요한 변화를 의미한다. 개인화된 피드백 제공부터 창의적인 표현 능력 육성에 이르기까지 다양한 효과를 기대할 수 있기 때문이다.

3. 챗GPT로 아이들의 영어 능력을 향상하는 방법

듀오링고Duolingo는 학습 앱을 제작하고 언어 인증을 제공하는 미국 교육 기술 회사다. 듀오링고는 영어, 프랑스어, 스페인어부터 웨일스어와 아일랜드어 같은 덜 일반적인 언어에 이르기까지 43개 언어의 학습 과정을 제공한다. 이외에도 온라인 인증 프로그램인 듀오링고 영어 테스트Duolingo English Test와 어린이를 위한 문해력 앱인 듀오링고 ABCDuolingo ABC 등의 서비스를 제공한다.

이 회사는 자체적으로 AI 챗봇을 만들려고 했으나, 고객의 다양한 수준과 개인별 편차라는 난관에 봉착했다. 이 문제의 해결책으로 챗GPT를 모델에 접목하여 언어 학습력을 강화하기로 했다. 현재 듀오링고는 챗GPT-4와 결합해 수업을 개인화하고 듀오링고 영어 테스트를 실행하는 데 사용하고 있다. 또한, 롤플레이를 통해 다양한 상황을 제공하여 대화하며, 'Explain my Answer' 기능을 통해 실수를 분석하여 언어 능력을 향상시키는 데도 활용한다.

새로운 언어를 배울 때 왜 답변이 틀렸는지 이해하지 못하면 좌절하고 포기하기 쉽다. 'Explain my Answer'기능은 이 문제를 해결하고 언어에 대한 이해를 극대화하는 데 도움을 준다. 이 기능은 학습자에게 수업에서 자신의 답변에 대해 더 자세히 알아볼 수 있는 기회를 제공한다. 학습자는 버튼을 탭하여 Duo와 채팅을 시작하고, 답이 왜 맞았는지 또는 틀렸는지에 대한 간단한 설명을 들은 후 예시나 추가 설명을 요청할 수 있다.

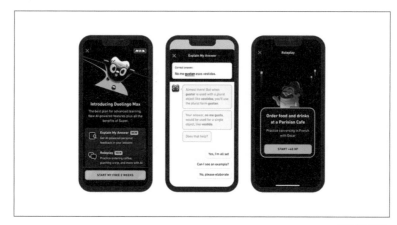

〈듀오링고 앱〉

또 다른 서비스인 롤플레이 기능은 학습자들이 배우고 있는 언어로 실제 대화 연습을 할 수 있도록 돕는다. 학습자는 앱에서 다양한 시나리오를 통해 세계의 캐릭터를 상대로 실제 대화 기술을 연습할 수 있다. 예를 들어 학습자는 미래 휴가 계획에 대해 논의하거나, 파리의 카페에서 커피를 주문하거나, 이케아에서 가구를 쇼핑하는 등 다양한 상황을 시뮬레이션할 수 있다.

듀오링고의 롤플레이 기능이 어떻게 작동하는지 좀 더 살펴보자. 롤플레이 세션을 진행하면, 학습자는 듀오링고 세계의 캐릭터 중 한 명과 대화를 나누게 된다. 예를 들어 "당신의 이름은 곤잘레스입니다. 당신은 스페인어를 배우는 사람과 이야기하고 있습니다. 주말 계획을 세우고 있다고 상상해보세요"라는 프롬프트가 주어지면, LLM은 학습자와 자연스럽게 대화를 이어간다.

곤잘레스가 학습자의 대화에 대답할 때마다 다른 프롬프트가 그가 하는 말을 통제한다. 각 프롬프트는 곤잘레스가 특정 유형의 대답을 하도록 최적화되어 있다. 예를 들어 하나의 프롬프트는 질문을 만드는 데, 다른 하나는 더 많은 정보를 요청하는 데, 또 다른 하나는 주제를 바꾸는 데, 마지막은 대화를 마무리하는 데 최적화되어 있다.

이해를 돕기 위한 비유로, 롤플레이 경험을 단순한 전화 통화로 상상하지 말고, 콜센터 직원들과의 일련의 대화로 생각해보자. 말할 때마다 새로운 담당자에게 연결된다고 생각하면 된다. 첫 번째 콜센터 직원이 인사하고 질문을 하면, 대답 후에는 다음 담당자에게 연결되어 대화를 이어가는 식이다. 이 과정이 반복되며 각 담당자는 대화를 의미 있게 이어갈 수 있도록 준비가 된다.

이제 각 콜센터 직원이 모두 곤잘레스라고 상상해 보자. 그가 대화를 이어받을 때마다 지금까지의 대화 녹취록을 전달받아, 대화의 흐름을 정확히 파악하게 된다. 이를 통해 듀오링고는 매번 매끄럽고, 매력적이며, 교육적인 대화를 보장한다.

듀오링고의 언어 학습은 사용자가 몰입할 수 있는 다양한 시나리오로 게임화된 대화를 통해 고객 만족도와 학습 능력을 향상시킬 수 있다.

듀오링고가 챗GPT와 연결되어 개인화하는 학습 예는 아래 QR코드를 스캔하여 유튜브 동영상으로 확인할 수 있다.

 듀오링고 동영상

4. 챗GPT로 아이들의 수학 능력을 향상하는 방법

수학도 자율학습이 가능하다. 수학이 어려워 포기하는 학생, 소위 '수포자'를 위한 희소식이다.

울프람알파wolframAlpha는 울프람 연구소가 개발한 AI이다. 이 도구는 다차연립방정식부터 미분, 적분, 수열, 그래프 그리기 등의 풀이 과정을 보여주기 때문에 학습에 많은 도움이 된다. 수학뿐만 아니라 물리, 화학 등 웬만한 학문에 대한 자료들도 쉽게 검색하여 제공해 준다.

사용자는 텍스트 필드를 통해 쿼리 및 계산 요청을 제출한다. 그러면 울프람알파는 다른 사이트와 서적에서 가져온 선별되고 구조화된 데이터의 지식 기반으로부터 답변과 관련된 시각화 자료를 계산한다. 특히 구문화된 자연어의 사실 기반Fact Based 질문에 응답할 수 있다. 또한 수학적 기호를 분석하고 수치 및 통계 결과로 응답할 수 있다.

2023년 3월 챗GPT가 울프람알파와 만나게 된다. 사실 챗GPT가 가장 약한 분야가 수학이었다. 울프람알파의 '수퍼파워'를 얻은 것이다. 어찌 보면 양측의 윈윈 전략이라 하겠다. 챗GPT는 울프람알파 및 울프람 언어를 호출하여 '계산 초능력'이라고 생각할 수 있는 기능을 제공할 수 있다. 울프람은 GPT-4의 대화 능력과 결합하여, 복잡한 개념을 설명하고, 문제를 해결하며, 광범위한 학문적 주제에 대한 깊은 대화에 상호작용하는 학습 동반자로 발전하게 되었다. 챗GPT용 오리지널 플러그인을 확장해서, 울프람 GPT는 화학, 지리학, 천문학, 대중 문화, 영양학, 공학 등 폭넓은 분야를 심층적으로 다루고, 알고리즘에 의한 코드도 실행한다.

시카고에서 도쿄까지의 거리를 물어보면 정확하게 답변하고 즉각적인 시각화도 가능하다. 미적분 문제도 쉽게 풀어준다.

울프람알파를 이용해서 중등학생의 수학 실력을 향상시키기 위한 상호작용 과정을 예시를 통해 설명해 보겠다.

프롬프트: 함수 $y = x^2 - 5x + 6$의 그래프를 그리는 과정을 알기 쉽게 표현해 주세요.

Wolfram: 물론입니다. 함수 $y = x^2 - 5x + 6$의 그래프를 그리는 과정을 단계별로 설명하겠습니다.

1. 함수의 이해
먼저 주어진 함수 $y = x^2 - 5x + 6$는 2차 함수로, 일반적인 형태는 다음과 같습니다.

$y - ax^2 + bx + C$

여기서 $a = 1$, $b = -5$, $c = 6$ 입니다.

2. 그래프의 형태
2차 함수의 그래프는 포물선 모양을 가집니다. 이 포물선의 형태는 a의 값에 따라 아래와 같이 결정 됩니다.

- $a > 0$일 때, 포물선은 위로 열립니다.
- $a < 0$일 때, 포물선은 아래로 열립니다.

이 경우 $a = 1$이므로 포물선은 위로 열립니다.

3. 중요한 점들 찾기

- **꼭지점**: 포물선의 최저점 또는 최고점입니다.
- **x절편**: y = 0일 때의 x값입니다.
- **y절편**: x = 0일 때의 y값입니다.

(중략)

4. 그래프 그리기

이제 위의 중요한 점들을 참고하여 Wolfram Language를 사용하여 그래프를 그립니다. 사용된 코드는 다음과 같습니다.

```wolfram
Plot[x^2 - 5x + 6, {x, -2, 7}]
```

이 코드는 x의 범위를 -2에서 7까지 설정하여 함수의 그래프를 그립니다.

5. 그래프 결과

최종적으로 그래프는 아래와 같이 나타납니다.

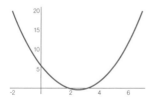

위 그래프를 통해 함수의 형태와 중요한 점들을 시각적으로 확인할 수 있습니다

선생님들은 어떻게
챗GPT를 활용해야 하나?

1. 고등교육에서 챗GPT 활용을 시작한 애리조나 주립대학

2024년 1월 18일 애리조나 주립대학교ASU는 오픈AI와 협력하는 최초의 고등교육 기관이 되었다고 발표했다. ASU와 오픈AI의 협력은 챗GPT Enterprise의 고급 기능을 고등교육에 제공하여 대학에서 학습, 창의성 및 학생 성과를 향상시키는 방법에 대한 새로운 선례를 제시하고 있다.

ASU가 집중해서 추진하는 세 가지 핵심 분야는 학생들의 능력 향상, 혁신적인 연구를 위한 새로운 길 개척, 조직 프로세스 간소화 등이다.

ASU 최고정보책임자 레브 고닉은 "목표는 ASU의 지식 핵심을 활용하여 교육 기법을 혁신하고 학술 연구를 지원하며 행정 효율성을 높일 수 있도록 하는 AI 기반 프로젝트를 개발하는 것입니다"라고 말했다. 플랫폼은 사용자 개인정보 보호를 우선시하며, 엔터프라이즈급 보안 조치를 사용하여 사용자 데이터를 보호한다. 이러한 조치는 디지털 위협으로부터 보호하도록 세심하게 설계되어 플랫폼의 기능을 활용할 수 있는 안전한 환경을 제공하고 있다.

오픈AI 최고운영책임자 브래드 라이트캡은 "학습은 많은 사용자가 챗

GPT를 좋아하는 핵심 이유입니다. ASU는 챗GPT를 교육 프로그램에 통합하여 혁신을 선도하고 있습니다. 우리는 ASU로부터 배우고 고등교육에서 챗GPT의 영향력을 확대하기 위해 노력하고 싶습니다" 라고 제휴에 대한 기대감을 밝혔다.

2. 챗GPT가 교육자의 업무를 지원하는 것들

교육계의 또다른 주체인 교사, 교수, 강사 등 교육자도 생성형 AI의 열풍에 따른 교육계 패러다임 변화에 관심을 기울일 수밖에 없다. 앞에서 학생들 관점에서 변화를 살펴보았다. 교육자 관점에서 생성형 AI를 어떻게 활용할 것인지 사례를 통해 알아보자.

챗GPT가 교육에 미치는 긍정적 영향을 챗GPT 자신에게 물었다. 챗GPT는 교사 입장에서 다음과 같은 장점을 제시했다

- **채점 및 평가:** 학생 과제의 분석, 학생의 개선 영역을 식별하여 채점 및 평가를 지원
- **학생 참여:** 학습을 인터랙티브하고 재미있게 만들어 학생 참여를 제고
- **접근성:** 소외계층, 장애 학생 등이 교육에 더 잘 접근할 수 있도록 지원
- **예측 분석:** 추가 지원이 필요할 수 있는 위험에 처한 학생을

식별하는 데 도움
- **혁신과 창의성:** 새로운 아이디어와 개념의 탐색으로 교육의
창의성과 혁신을 고취

그렇다면 교육자는 어떻게 챗GPT를 교육에 활용할 수 있을까? 크게
학습 자료 지원과 교습방식 두 가지로 나눠서 볼 수 있다.

---

3. 학습 자료 지원

우선 보충 교육 자료를 만드는 데 활용할 수 있다. 교사는 챗GPT를 사
용하여 복잡한 개념을 설명하거나 추가 도움이 필요한 학생에게 별도의
설명을 제공할 수 있다. 예를 들어 물리 수업에서 챗GPT는 양자 역학이
나 상대성 이론과 같은 개념에 대해 다양한 설명이나 비유를 제공하여
학생들이 개념을 더 잘 이해할 수 있도록 돕는다.

_ □ ×

프롬프트: 상대성 이론에 대해 초등학생이 쉽게 이해할 수 있는 다
양한 생활 속의 사례들을 추천해 주세요.

챗GPT:

상대성 이론을 초등학생이 이해할 수 있도록 설명하기 위해 일상생활에서 쉽게 접할 수 있는 예시들을 사용하는 것은 매우 효과적인 방법입니다. 여기 몇 가지 간단하고 이해하기 쉬운 사례들을 소개합니다.

- **GPS 기술:** 자동차나 스마트폰에서 사용되는 GPS 기술을 예로 들 수 있습니다. GPS는 지구 주위를 도는 위성에서 보내는 신호를 사용해서 위치를 찾습니다. 이 위성들은 매우 빠른 속도로 움직이기 때문에, 상대성 이론에 따라 이들의 시간은 지구에서의 시간보다 느리게 흐릅니다. 이 차이를 계산하지 않으면, GPS는 정확한 위치를 제공할 수 없습니다. 이것은 아인슈타인의 상대성 이론이 어떻게 우리의 일상생활 속 기술에 적용되는지를 보여주는 좋은 예입니다.
- **비행기 여행:** 상대성 이론에 따르면, 빠르게 움직일수록 시간이 느리게 흐릅니다. 비행기로 긴 여행을 할 때, 비행기가 매우 빠른 속도로 움직이기 때문에 이론적으로는 비행기 안의 시계가 지상의 시계보다 조금 느리게 갑니다. 물론 이 차이는 매우 미세해서 우리가 일상생활에서 느끼기 어렵지만, 이는 빠르게 움직일 때 시간이 어떻게 변할 수 있는지를 보여줍니다.
- **빛의 속도 제한:** 아인슈타인의 상대성 이론에서는 빛의 속도가 우주에서 가장 빠른 속도임을 설명합니다. 흥미로운 실험으

로, 밤하늘의 별빛이 어떻게 오래 전 별에서 출발한 빛인지 설명할 수 있습니다. 별이 아주 멀리 있기 때문에, 그 별에서 나온 빛이 우리에게 도달하는 데 많은 시간이 걸립니다. 예를 들어 별이 100광년 떨어져 있다면, 우리가 보는 그 별의 빛은 100년 전의 빛입니다.

- **영화와 TV에서의 시간여행:** 시간여행을 소재로 한 영화나 TV 프로그램을 보면서 상대성 이론의 개념을 소개할 수 있습니다. 이런 이야기들에서는 빠르게 움직이거나 특정한 조건에서 시간을 거슬러 올라가거나 미래로 가는 것을 종종 볼 수 있는데, 이것은 상대성 이론의 시간이 상대적으로 흐른다는 개념을 재미있게 설명할 수 있는 방법입니다.

둘째, 콘텐츠 제작 및 큐레이션이다. 교사는 챗GPT를 사용하여 퀴즈, 독해 질문 또는 토론 주제를 생성할 수 있다. 역사 수업의 경우 챗GPT는 학습 가이드를 위한 자세한 타임라인이나 역사적 사건 요약을 만들 수도 있다.

셋째, 맞춤형 학습 계획 수립이 가능하다. 교육자는 챗GPT를 사용하여 학생의 진도와 난이도에 따라 맞춤형 학습 계획을 개발할 수 있다. 예를 들어 수학 교사는 학생의 성적 데이터를 입력할 수 있고, 챗GPT는 특정 약점을 해결하기 위한 목표 연습을 제안할 수 있다.

프롬프트: 피타고라스 정리를 학생들의 3단계 학업 수준에 따라 어떻게 가르치면 좋을지 구분해서 알려 주세요.

챗GPT:

피타고라스 정리를 다양한 학습 단계에 맞추어 가르치는 방법은 학생들의 이해도와 수학적 기초를 고려하여 점차적으로 개념을 확장하는 것이 중요합니다. 여기 각 학습 단계별로 피타고라스 정리를 가르치는 방법을 제안합니다.

· 초급 단계

목표: 피타고라스 정리의 개념과 공식을 이해하고, 간단한 예제를 통해 적용해 봅니다.

활동

시각적 도구 사용: 종이나 스폰지를 사용해 직각삼각형을 만들고, 각 변의 제곱을 나타내는 정사각형을 그려보게 합니다. 이를 통해 $a^2 + b^2 = c^2$의 개념을 직관적으로 이해할 수 있도록 합니다.

간단한 문제 풀이: 직각삼각형의 두 변의 길이가 주어졌을 때 빗변의 길이를 계산하는 간단한 문제를 제공합니다.

· 중급 단계

목표: 피타고라스 정리를 다양한 문제에 적용하고, 문제 해결 능력

을 향상시킵니다.

활동

문제 해결: 다양한 직각삼각형 문제를 제공하여 학생들이 스스로 빗변과 다른 변들의 길이를 계산하도록 합니다. 예를 들어, 주어진 삼각형에서 빗변이나 다른 변의 길이를 찾도록 하며, 직각삼각형의 조건을 이해하게 합니다.

실생활 문제 적용: 피타고라스 정리를 사용하여 실생활 문제를 해결하는 방법을 배웁니다. 예를 들어, 높이가 주어진 사다리가 벽에서 얼마나 떨어져 있어야 하는지 계산하게 합니다.

· **고급 단계**

목표: 피타고라스 정리의 증명을 이해하고, 이 정리를 다른 수학적 개념과 연결짓습니다.

활동

증명 학습: 피타고라스 정리의 다양한 증명 방법을 소개하고, 학생들이 각자의 방법으로 증명을 시도해 볼 수 있도록 합니다. 유클리드의 증명 방법과 같은 고전적인 방법들을 배우게 합니다.

고급 문제 해결: 피타고라스 정리를 이용하여 더 복잡한 기하학적 문제나 다른 수학 분야의 문제를 해결하도록 합니다. 예를 들어, 삼각형의 넓이를 구하는 문제, 다각형 내부의 직각삼각형을 찾는 문제 등을 다룹니다.

> 이러한 단계별 접근 방식은 학생들이 피타고라스 정리를 체계적으
> 로 이해하고, 점진적으로 그 활용 범위를 넓혀갈 수 있도록 돕습니
> 다. 각 단계에서 학생들의 이해도를 확인하고 필요에 따라 추가 설
> 명이나 연습 문제를 제공하는 것이 중요합니다.

넷째, 연구 지원을 위해 유용하게 활용할 수 있다. 대학원생과 연구원은 챗GPT를 사용하여 문헌 검토, 학술 논문 요약 생성 또는 연구 아이디어 브레인스토밍등의 도움을 받을 수 있다. 챗GPT는 관련 연구를 찾고 핵심 사항을 종합 정리하는 데에도 도움이 될 수 있다.

다섯째, 특수교육 지원이 가능하다. 특수 교육 교사는 챗GPT를 사용하여 학습 장애가 있는 학생의 요구사항에 맞는 맞춤형 학습 자료 및 활동을 만들어 모든 학생이 적절한 지원을 받을 수 있도록 도울 수 있다.

4. 교습방식

첫째, 인터랙티브 교육이 가능하다. 교사는 챗GPT 기반 가상 개인 교습 세션을 만들 수 있다. 미적분으로 어려움을 겪는 학생들은 AI와 상호작용하여 문제에 대한 단계별 솔루션을 얻을 수 있다. 앞서 소개한 다양한 교육용 생성형 AI 도구를 함께 활용하면 더욱 큰 효과를 거둘 수 있다.

둘째, 과제 및 에세이 등의 피드백이다. 예를 들어 영어 교사는 챗GPT를 사용하여 학생 에세이에 대한 초기 피드백을 제공하고, 문법 오류를

지적하며, 구조 개선을 제안하고, 논증이나 설명을 강화하기 위한 아이디어를 제공할 수 있다.

셋째, 어학 학습 지원이 가능하다. 언어 강사는 챗GPT를 사용하여 외국어 대화 연습을 할 수 있다. 예를 들면 스페인어를 배우는 학생들은 챗GPT로 실시간 텍스트 대화를 통해 문법, 어휘 및 대화 기술을 연습할 수 있다.

넷째, 참여와 동기부여에도 활용 가능하다. 교사는 챗GPT를 활용하여 매력적인 대화형 학습 경험을 제공할 수 있다. 예를 들어 문학 수업에서 챗GPT는 학생들이 줄거리에 영향을 미치는 선택을 하고 이야기 구조에 대한 참여와 이해를 향상시키는 대화형 이야기를 개발하는 데 도움을 줄 수 있다.

_ □ ✕

프롬프트: 피노키오 동화를 통해 학생들이 줄거리에 영향을 미치는 선택을 하고 이야기 구조에 대한 참여와 이해를 향상시키는 대화형 이야기를 개발하고 싶습니다.

챗GPT:

챗GPT를 활용하여 피노키오 동화를 대화형 이야기로 변환하는 것은 학생들의 참여도를 높이고 문학적 이해를 심화시킬 수 있는 흥미로운 방법입니다. 이러한 접근은 학생들에게 줄거리에 직접적으로 영향을 미칠 수 있는 선택권을 주어, 이야기의 발전과 캐릭터의 운명을 탐색할 기회를 제공합니다. 피노키오 이야기를 대화형 형식으로 개발할 때 고려할 수 있는 몇 가지 아이디어는 다음과 같습니다.

- **선택 기반의 줄거리 분기:** 학생들은 피노키오가 직면하는 주요 결정 지점에서 선택을 할 수 있습니다. 예를 들어 학교에 가기로 결정할 것인지, 아니면 여흥을 찾아 다른 곳으로 떠날 것인지 선택하게 할 수 있습니다.

  각 선택은 스토리의 다른 결과로 이어지며, 학생들은 그 결과를 보고 다시 선택을 해 나가는 과정을 경험합니다.
- **결과와 반성:** 선택에 따른 결과를 학생들이 관찰하고, 그 선택이 피노키오와 그의 환경에 어떤 영향을 미쳤는지 분석합니다. 각 상황에서 도덕적 교훈이나 캐릭터의 발전을 토론하게 함으로써 비판적 사고를 촉진합니다.
- **다양한 결말 탐색:** 전통적인 피노키오 이야기의 결말 외에도, 학생들이 만든 선택에 따라 다양한 결말을 탐구합니다. 이는 학생들에게 문학 작품에서 '결말'이라는 개념에 대해 더 깊이 생각해 볼 기회를 제공합니다.
- **캐릭터 간의 상호작용:** 학생들이 피노키오, 제페토, 페어리 등 주요 캐릭터와 대화를 나누며 그들의 동기와 감정을 탐구할 수 있도록 합니다. 이 대화를 통해 캐릭터의 심리적, 도덕적 측면을 더 깊이 이해할 수 있습니다.
- **창의적 글쓰기:** 학생들이 스스로 이야기를 이어나가거나 새로운

캐릭터를 추가하는 활동을 통해 창의적 글쓰기 능력을 키울 수 있습니다. 이러한 활동은 학생들에게 스토리텔링과 문학적 표현에 대한 자신감을 높여 줍니다.

챗GPT와 같은 AI 도구를 활용하여 이와 같은 대화형 스토리텔링을 구현함으로써, 학생들은 전통적인 수동적 학습에서 벗어나 적극적이고 창의적인 학습자로 변모할 수 있습니다. 이 과정에서 학생들은 문학 작품 속 다양한 인물들의 입장을 고려하고, 그들의 선택이 이야기에 미치는 영향을 심도 있게 탐구하게 됩니다.

다섯째, 가상 교실 및 토론이다. 온라인 또는 하이브리드 학습 환경에서 챗GPT는 교실 토론과 Q&A 세션을 촉진하여 교사가 바쁘더라도 즉각적인 응답을 제공하고 대화 흐름을 유지할 수 있다.

그밖에 행정적 지원도 매우 유용할 것이다. 교사는 챗GPT를 사용하여 업무 시간 예약, 과제 알림 보내기, 수업 자료 정리와 같은 일상적인 행정 업무를 처리할 수 있다. 이를 통해 교육 및 학생과의 대화 등에 더 많은 시간을 집중할 수 있다.

5. 교육과정에 챗GPT를 도입할 때 해결해야 할 4가지 과제

한편 교육 현장에 챗GPT를 도입할 때 아래와 같은 4가지의 과제가 지적되고 있다.

1) 자기 학습 기회의 상실에 주의

챗GPT의 이용에서 특히 문제가 되고 있는 것은, 학습자가 리포트나 과제 등의 문장 작성을 챗GPT에 맡겨 버릴 것이라는 우려이다. 챗GPT는 학습자가 스스로 생각하지 않아도 아이디어를 내거나 문장을 생성해 준다. 결과적으로 학습자가 스스로 조사하거나 생각할 기회가 없어져, 창조력, 문제 해결력, 비판적 사고력의 육성이 방해 받을 수 있다. 생성형 AI가 작성한 문장 등을 학생이 그대로 과제로 제출하는 것을 금지하는 경우도 있다. 그러나 실제로는 사람이 만든 것과 챗GPT가 생성한 것을 판별하는 것이 어렵다.

2) 개인정보·기밀정보의 유출

교육 현장에서 챗GPT를 사용하는 경우, 학습자의 개인정보나 학습 데이터, 학교의 기밀정보를 취급하게 되지만, 적절한 보호책을 강구할 수 없는 경우, 정보가 누설되어 프라이버시 문제가 발생할 가능성이 있다. 이 때문에 챗GPT를 이용할 때 개인정보와 기밀정보의 입력에 충분히 주의할 필요가 있다.

3) 잘못된 내용·부적절한 정보

챗GPT가 잘못된 대답이나 부적절한 대답을 하면 학습자가 이를 알지 못하고 받아들일 우려가 있다. 챗GPT의 정확도는 비약적으로 높아졌지만 아직도 완전하지는 않다. 챗GPT가 생성하는 문장에는 때로는 사실이 아닌 내용이 포함되어 있거나 부자연스러운 문장이 생성될 수 있다. 이 때문에 챗GPT의 응답 결과는 확실하게 인간이 점검한 후에 사용할 필요가 있다.

4) 가이드라인·지침의 명확화

챗GPT를 교육 현장에 도입하기 위해서는 각 교육기관이 학생이나 교직원에게 충분한 정보를 제공하고, 학교의 지침, 운용 계획을 명확하게 마련하는 것이 요구된다.

AGI의 필요 기술은
무엇이고 언제쯤 현실이 될까?

1. 인공지능이 담배 피던 시절에 '강한 놈'과 '약한 놈'이 있었다

"강한 인공지능'과 '약한 인공지능'의 구별은 이제는 중요하지도 않고 쓸 모도 별로 없다. 그러나 생성형 AI 시대를 맞아 인공범용지능AGI이라는 용어의 등장을 이해하기 위해서는 살펴볼 필요가 있다.

누군가 인공지능이라는 것을 여러분에게 가져왔다고 가정하자. "이것이 인공지능인가?"를 테스트하는 방법과 기준은 무엇일까? 결국 이것을 해결하려면 인공지능의 정의로 되돌아가야 한다. 인공지능의 정의는 '사람처럼 사고하고 행동하는 것'이다.

그러면 어떻게 테스트할까? 그 방법을 '튜링 테스트'라고 한다. 튜링은 인공지능을 최초로 언급한 영국의 수학자 이름이다. 튜링 테스트에 따르면, 인공지능과 대화하는 시험관이 장막을 치고, 지금 대화하는 상대가 기계인지 사람인지 전혀 구분할 수 없을 때 해당 인공지능이 검사에 합격한 것이다. 이 기준에 합격한 것을 '강한 인공지능'이라고 부른다.

1) 강한 인공지능(Strong AI)

실제로 사고하고 해결할 수 있는 컴퓨터를 만들고, 그 기반 하에 인간처럼 사고하고 행동하는 인공지능이다. 아직 현실에는 없다. 영화 〈프로메테우스Prometheus〉에서 사람들의 관심을 끈 인공지능 로봇 데이빗이 그 전형이다. 뛰어난 계산 능력과 무한에 가까운 기억력을 지녔지만 감정을 느끼지 못하기 때문에 서슴지 않고 잔인한 결정을 내리는 데이빗은 우리가 상상하는 강한 인공지능이다.

2) 약한 인공지능(Weak AI)

현재 우리가 쓰는 컴퓨터 기반으로 그 자체가 지성이나 지능을 갖추지는 못하지만, 특정 영역에서 미리 정의된 규칙을 이용해서 지능처럼 기능하는 인공지능이다. 4차산업혁명을 주도하는 인공지능은 모두 이것에 기반한다. 알파고, 왓슨은 모두 약한 인공지능이다.

〈챗GPT와 대화하면서 '누가 진짜'인지 혼동하고 있는 튜링테스트 검사관, DALL-E〉

그런데 챗GPT가 등장하기 전까지는 튜링 테스트를 통과한 인공지능이 없었다.

그러나 챗GPT의 보이스 채팅과 텍스트의 상호작용을 경험해본 독자는 느끼겠지만, 거의 인간의 능력과 다름이 없다. 눈을 감고 대화하다 보면 친구이자 비서라는 느낌이 절로 든다. 튜링 테스트? 이제는 의미가 없다. 이제 '강한 인공지능'의 용어는 쓸모없어진 인공범용지능의 시대가 온 것이다.

2. 인공범용지능은 특이점을 의미하는가?

AGI와 함께 떠오르는 단어가 있다. '특이점Singularity'이다. 오늘날 "기술이 인간을 초월하는 순간"이란 뜻으로 많이 사용되는 '특이점'이라는 용어는 1983년 미국 수학자이자 과학소설 작가인 버너 빈지Vernor Vinge가 만든 '기술적 특이점technological singularity'이라는 말에서 유래했다.

특이점 개념을 대중화시킨 사람은 미국 발명가 겸 미래학자인 레이 커즈와일Ray Kurzweil이다. 그는 2005년에 출간한 『특이점이 온다The Singularity is Near: When Humans Transcend Biology』에서 2045년을 그런 전환의 시점으로 예측했다. 커즈와일은 2019년이 되면 100달러 정도에 인간의 두뇌와 대등한 처리 능력을 가진 상자를 하나 살 수 있을 것이라면서 특이점이 오는 것은 피할 수 없으므로 그것을 받아들일 수 있게 우리 스스로 준비해야 한다고 주장했다. 하지만 최근에는 기술의 발전 속도가 더욱 빨라져 특이점이 커즈와일의 예측보다 더 빨리 와서 2030년경이 될 것이라고 주장하는 사람들도 있다. 지금 현재 일어나고 있는 생성형 AI의 발전 속도, 적용 범위 등을 감안하면 전혀 불가능한 예측도 아닌 듯하다.

그러면 특이점과 인공범용지능은 같은 말일까?

인공범용지능과 특이점은 서로 연결되어 있지만, 정확히 같은 개념은 아니다. 두 용어 모두 인공지능 분야에서 자주 언급되지만, 각각은 다른 의미와 중요성을 갖는다.

- **인공범용지능(AGI):** 사람과 유사한 인지 능력을 가진 인공지능을 말한다. 일반적인 인공지능AI은 특정 작업을 수행하는 데 특화되어 있지만, AGI는 다양한 종류의 문제를 해결할 수 있으며, 학습과 이해, 추론, 의사결정을 사람처럼 할 수 있다. 예를 들어, 현재 많이 사용되는 인공지능은 체스 게임을 하거나 날씨를 예측하는 특정 작업에 매우 뛰어날 수 있다. 그러나 이런 인공지능은 그것이 훈련되지 않은 다른 종류의 작업, 예를 들어 소설 쓰기나 요리법을 개발하는 것에는 적합하지 않다. 반면, AGI는 체스를 두면서 동시에 소설을 쓰고, 신식 요리법을 개발할 수 있는 능력을 갖는다. 또한, 새로운 환경이나 상황에 스스로 적응하고, 이전 경험을 다른 상황에 적용하는 등의 능력도 가진다. 사람이 할 수 있는 거의 모든 종류의 지적 작업을 수행할 수 있는 것이 목표이다. 간단히 말해, AGI는 다방면에서 유연하게 생각하고 학습할 수 있는, 매우 발전된 형태의 인공지능 시스템이다.

- **특이점(Singularity):** 특이점은 미래학에서 사용되는 용어로, 인공지능이 인간의 지능을 넘어서서 자기 개선을 통해 급속도로 발전하는 시점을 표현하는 용어이다. 이 이론에 따르면, AI가 일정 수준의 지능에 도달한 이후, 스스로를 더욱 빠르게 개선하며 이러한 발전 속도는 인간이 예측하거나 이해할 수 없는 수준으로 가속화된다. 특이점은 기술적, 사회적 변화가 극적으로 발생하는 전환점을 의미하며, 이로 인해 인간 사회의 운영 방식에 근본적인 변화가 일어날 것으로 예상되는 시점이다.

AGI는 구체적인 기술 개념이며, 인간과 유사한 수준의 지능을 가진 인공지능 시스템의 개발을 목표로 하는 것이다. 반면, 특이점은 기술의 미래적 전망을 설명하는 이론적 개념으로, 기술 발전이 인간의 이해를 넘어서는 시점을 설명한다. AGI는 특이점에 도달하기 위한 중요한 단계일 수 있으며, AGI가 실현되면 특이점이 가까워진다고 볼 수 있다.

---

3. AGI에 도달하기 위해서 필요한 8가지 기능은?

맥킨지 컨설팅은 2024년 3월에 발간한 보고서에서 "AGI는 인간의 능력에 필적하는 능력을 가진 이론적 AI 시스템"이라며 AGI에 도달하기 위해 필요한 8가지 기능을 제시했다. 그 8가지 기능에 대해 하나씩 살펴보자.

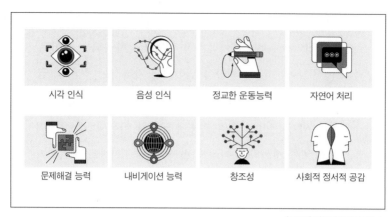

<AGI에 필요한 8가지 기능>

첫째, 시각 인식이다. AI 시스템은 인간과 같은 감각 인식을 달성하기까지는 갈 길이 멀다. 예를 들어 딥러닝을 통해 훈련된 시스템은 여전히 색상 일관성이 낮다. 일부 자율주행 자동차는 작은 검은색 테이프 조각이나 빨간색 정지 신호의 스티커에 속아 정지 신호가 다른 것이라고 결정을 내린다.

둘째, 음성 인식이다. 우리는 배경 소음을 듣고 화자가 우리 뒤에 있는지 오른쪽에 있는지 등의 위치를 판단할 수 있다. 반면에 AI 시스템은 하드웨어와 소프트웨어의 제약으로 인해 소리를 추출하고 처리하는 능력이 더 제한적이다. 더욱이 AI 시스템은 동급 최고의 스피커, 마이크, 알고리즘을 갖추고 있더라도 소리와 인간을 모두 해석하는 데 어려움을 겪는다.

셋째, 정교한 운동 능력이 필요하다. 인공지능으로 작동하는 로봇은 아직 우리의 머리카락을 땋거나 사랑하는 사람들의 수술을 독립적으로 수행할 정도 수준의 정교한 운동 기술을 달성하지 못했다. 하지만 그들은 점점 더 좋아지고 있다.

넷째, 자연어 처리다. 인간 수준의 인지와 경쟁하기 위해 AGI는 인간의 정보 소스(책, 기사, 비디오 등)를 완전한 이해해야 한다. 인간은 의사소통을 할 때, 엄청난 양의 정보를 가정하기도 하고 생략하기도 한다. 최신 AI 도구는 향상된 자연어 처리 능력을 보여줬지만 여전히 진정한 이해와 맥락 이해가 부족하다. 이러한 모델은 전달되는 내용의 의미와 뉘앙스를 실제로 이해하기보다는 대규모 데이터 세트의 통계적 패턴과 상관관계에 의존하여 텍스트를 생성한다.

다섯째, 문제 해결 기능이다. AGI 시스템은 문제를 진단하고 해결할 수 있어야 한다. 주어진 일의 난이도와 상관없이 이를 성공적으로 수행하려면 AGI 시스템에 어느 정도 상식이 필요하거나 시뮬레이션을 실행하여 가능성, 타당성 및 확률을 판단하는 능력이 필요하다. 또한 AGI 시스템은 인간의 명시적인 프로그래밍 없이도 새로운 상황에 적응할 수 있어야 한다.

여섯째, 내비게이션 기능이다. 현재 자율주행 자동차 또는 로봇 청소기에 사용되는 SLAMSimultaneous Localization and Mapping과 같은 기능이 결합된 GPS는 많은 진전을 이루었다. 그러나 인간의 준비 없이 자율적으로 탐색할 수 있는 로봇 시스템을 만들려면 여전히 부족하다.

일곱째, 창조성이다. 공상과학 판타지에서는 AI가 인간 수준의 지능에 도달할 뿐만 아니라 이를 뛰어넘을 것이라고 가정한다. 마치 '깊은 생각Deep Thought'처럼. 이를 위해서는 AI 시스템이 스스로 코드를 다시 작성해야 한다. 그러기 위해서는 인간이 만든 방대한 양의 코드를 이해하고 그 코드를 개선할 수 있는 새로운 방법을 찾아야 한다.

여덟째, 사회적, 정서적 공감이다. 로봇과 AI 시스템이 진정한 성공을 거두려면 인간이 로봇과 상호작용하기를 원해야 한다. 로봇은 근본적인 감정을 드러내는 얼굴 표정과 말투의 변화를 해석할 수 있어야 한다. 일부 AI 시스템은 이미 이 작업을 제한된 범위 내에서 수행할 수 있다. 그러나 공감이 가능한 AI는 아직 멀었다.

4. 과연 AGI는 언제쯤 현실이 될까?

AGI의 핵심 개념은 1950년대 인공지능 연구의 기초 단계부터 존재해 왔지만, 많은 연구자들은 이제 생성형 AI의 급격한 진화와 발전에 따라 이 기술적인 돌파구가 다가오는 수십 년 또는 아마도 훨씬 더 빨리 결실을 맺을 것으로 보고 있다. 하지만 주요 전문가들과 분석가들의 예측은 천차만별이다.

- **AI Impacts Survey:** AI Impacts는 '높은 수준의 기계 지능'이 언제 도래할 것인지 체계적으로 예측하기 위해 2022년에 논문을 게재한 2,778명의 주요 AI 연구자를 대상으로 설문조사를 실시했다. 그들의 종합 예측은 우리가 2047년까지 여러 분야에서 인간보다 더 나은 성능을 발휘할 수 있는 시스템을 개발할 가능성이 50%, 2027년까지 10%라고 추정했다. 이는 2021년 조사에 비해 AGI를 더 빨리 예상하는 쪽으로 눈에 띄게 변화했음을 반영한다.

- **앤트로픽 AI 모델:** 자체 개발한 AI 모델 그레이스에 질문했을 때, 2040년까지 AGI가 개발될 가능성은 42%, 2060년까지 67%로 계산했다.
- **Metaculus Prediction Community:** 이 그룹의 예측에 따르면 2040년까지 AGI를 달성할 확률은 22%, 2060년까지 48%이다.
- **AI Roadmap Institute Analysis:** 유리한 조건의 시나리오로 분류되는 상황에서 2035년까지 AGI가 등장할 확률을 10%, 2050년까지 33%, 2060년까지 50%로 추정한다.

여러 전문가들도 다양한 목소리를 내고 있다.

오픈AI의 샘 알트만은 향후 4~5년 내, 즉 2027~2028년까지 AGI에 도달할 수 있다고 믿으며, 딥마인드의 데미스 하사비스는 '인간 수준의 인지'를 갖춘 AGI는 앞으로 몇 년, 어쩌면 10년 이내인 2033년경에 도래할 것으로 보고 있다. 또한 엔비디아의 젠슨 황은 AGI가 2028년경, 즉 5년 이내에 등장한다고 말했다. 이슈 메이커인 테슬라의 일론 머스크는 2019년에는 AGI 시기를 예측할 수 없다고 말하면서 "5년 또는 500년"이 걸린다고 했었다. 그런데 2020년에는 AGI 도래를 2025년까지로 예측했다. 이에 비해 보수적인 시각도 있다. MIT의 로봇 공학자이자 아이로봇iRobot의 공동설립자인 로드니 브룩스는 AGI가 모델링의 복잡성 때문에 아직도 수 세기 더 있어야 도래할 것(2300년까지 달성할 수 없을 것)으로 생각한다.

생성형 AI는 어떤
사회 위협을 몰고 오는가?

1. 이런 황당한 일이. 당신이라면 어떻게 할까?

법학 교수인 조나단 털리Jonathan Turley는 어느 날 밤 문제가 되는 이메일을 받았다. 연구의 일환으로 캘리포니아의 한 동료 변호사가 AI 챗봇 챗GPT에게 누군가를 성희롱한 법학자 목록을 생성하도록 요청했는데, 털리의 이름이 목록에 있었던 것이다.

이 챗봇은 털리가 알래스카로 수학여행을 가는 동안 암시적으로 성적인 말을 했으며 학생을 성추행 했다고 비난하는 이야기를 만들었다. 정보 출처로 〈워싱턴 포스트〉의 2018년 3월 기사를 인용했다. 문제는 그러한 기사가 존재하지 않는다는 것이다. 털리는 알래스카로의 학급 여행은 한 번도 없었으며, 학생을 괴롭혔다는 혐의를 받은 적이 없다고 말했다.

폭스 뉴스의 고정 논평가인 털리는 뉴스 기사의 수정을 요청했다. 그러나 이번에는 전화할 기자나 편집자가 없었고 기록을 수정할 방법도 없었다. 그는 〈워싱턴 포스트〉와의 인터뷰에서 "매우 오싹했습니다. 이런 종류의 주장은 엄청나게 해롭습니다"라고 언급했다.

새로운 기술, 신문물이 등장하면 반드시 따라오는 것이 있다. 바로 '부작용'이다. 생성형 AI의 발전과 확산은 많은 긍정적인 가능성을 열어주고 있지만, 동시에 사회적인 위협도 몰고 올 수 있다. 이러한 위협은 다양한 측면에서 나타날 수 있는데, 대표적인 유형의 4가지 위협 사례를 살펴보겠다.

1) 잘못된 정보와 허위 정보

생성형 AI는 텍스트, 이미지, 비디오, 음성 등을 인간과 유사하게 생성할 수 있어, 가짜 뉴스의 생산과 확산에 사용될 수 있다. 이는 공공의 의견을 조작하거나 잘못된 정보를 퍼트리는 수단으로 악용될 수 있으며, 사회적 신뢰와 질서에 심각한 영향을 미칠 수 있다.

2024년 1월 '2024 다보스포럼'에서 발표되었던 'The Global Risks Report 2024'도 허위정보의 위험에 대해 비중 있게 다루고 있다. 보고서에 따르면, "2024년에 전 세계적으로 중대한 위기를 초래할 가능성이 가장 크다고 생각되는 위협을 최대 5개까지 선택해 주십시오"라는 설문에 응답자의 과반수 이상(53%)이 'AI가 생성한 잘못된 정보와 허위 정보'를 꼽아, 극단적인 날씨(66%)에 이어 두 번째 순위에 올랐다.

가짜뉴스, 잘못된 정보의 폐해 가능성을 보여주는 흥미로운 실험이 있다. 챗GPT가 출시되기 수년 전에 영국 캠브리지 대학교 사회 의사 결정 연구소University of Cambridge Social Decision-Making Laboratory에서는 신경망이 잘못된 정보를 생성하는 것이 가능한지 궁금해 했다. 이를 확인하기 위해 연구진은 대중적인 음모 이론의 예에 대해 챗GPT의 전신인 GPT-2를 교육한 다음 가짜 뉴스를 생성하도록 요청했다. 이 도구는 연구진에게 오해의 소지가 있지만 그럴듯하게 들리는 수천 개의 뉴스 기사를 제공했다. 예를 들자면, "특정 백신에는 위험한 화학 물질과 독소가 포함되어 있습니다", "정부 관리들이 스캔들을 숨기기 위해 주가를 조작했습니다" 등이다. 궁금한 점은 이러한 주장을 믿을 사람이 있느냐는 것이었다.

연구진은 이 가설을 테스트하기 위해 '잘못된 정보 민감성 테스트MIST'라고 하는 최초의 심리 측정 도구를 만들었다. 인터넷 기반 시장 조사 기업인 YouGov와 협력하여, AI가 생성한 헤드라인을 사용해서 미국인이 AI가 생성한 가짜 뉴스에 얼마나 민감한지 테스트했다. 그 결과는 우려스러웠고 놀랄 정도였다. 미국인의 41%는 백신 헤드라인이 사실이라고 잘못 생각했고, 46%는 정부가 주식시장을 조작하고 있다고 생각했다(Wired, 2024.1.22).

〈사이언스〉 저널에 발표된 또 다른 최근 연구에서는 챗GPT-3이 인간보다 더 강력한 허위 정보를 생산할 뿐만 아니라 사람들이 인간과 AI가 생성한 잘못된 정보를 확실하게 구별할 수 없다는 사실을 보여주었다.

사례: 잘못된 정보로 가짜 인용문을 만든 변호사

로베르토 마타Roberto Mata는 2019년 비행기에 탑승하는 동안 서빙 카트에서 입은 부상에 대해 직원의 과실을 주장하며 아비앙카Avianca 항공사를 고소했다. 30년 넘게 뉴욕에서 변호사로 활동하고 있는 스티븐 슈워츠Steven Schwartz가 마타의 변호를 담당했다. 그러나 슈워츠가 브리핑을 위해 조사한 사건 중 적어도 6건은 "가짜 인용문과 가짜 내부 인용이 포함된 가짜 사법 판결로 보인다"고 뉴욕 남부 지방법원의 판사는 명령서에서 밝혔다. 가짜 사건의 출처는 바

악성 콘텐츠의 또 하나의 대표적인 부류는 딥페이크이다. 생성형 AI는 사진이나 사람의 목소리를 기반으로 사실적이고 설득력 있는 이미지, 비디오, 오디오를 만드는 놀라운 능력을 가지고 있다. 이는 현실에서 일어나지 않은 일을 묘사하는 '딥페이크'를 생성하는 데 사용될 수 있다. 생성형 AI는 비디오에서 개인의 목소리를 수정하여 다른 내용을 말하는 것을 보여주거나 원래 등장하지 않았던 비디오에 사람을 연결할 수 있다. 도널드 트럼프가 경찰에 체포되기를 거부하며 몸부림치는 장면은 조작된 가짜 이미지로 판명되었음에도 불구하고, 아직도 우리의 기억에 생생하다. 한 인지심리 전문가는 "무슨 일이 일어나는 것을 보면 우리는 자연스럽게 그것을 믿게 됩니다"라고 말한다.

딥페이크는 사기로도 이어진다. 홍콩에서는 다국적 기업인 아럽Arup이 딥페이크 기술을 이용해 회사의 최고재무책임자CFO를 사칭한 사기꾼들에게 속아 2억 홍콩달러를 사기당했다. 2023년 말에는 톰 행크스의 딥페이크 영상을 이용해 치과 진료를 홍보하는 광고가 온라인에 유포되기도 했다. 한 연구에 따르면 비디오가 AI로 생성되었을 수 있다는 사실을 사람들에게 경고한다고 해서 비디오의 진위를 더 잘 구별할 수 있는 것은 아니다. 대신에 그런 경고를 들을 경우 사람들은 자신이 본 모든 것을 믿지 않으려 했다. 그런 의미에서 딥페이크는 존재하는 다른 어떤 매체보다 확실히 더 큰 위협이다.

5년 전 BBC 뉴스에서는 버락 오바마 대통령의 안면 인식으로 훈련 받은 인공지능이 다른 사람의 목소리를 버락 오바마가 이야기하는 것처럼 실시간으로 변환하는 모습을 방영한 바 있다.

이 영상을 유튜브로 보고 싶은 독자는 QR 코드를 스캔하기 바란다.

 딥페이크 영상

2) 개인 정보 보호 및 데이터 보안

생성형 AI는 개인 데이터를 학습 자료로 사용할 때, 그 데이터의 기밀성을 침해할 위험이 있다. 또한 이 기술을 이용하여 개인의 음성이나 이미지를 모방할 수 있어, 개인의 동의 없이 개인의 사생활을 침해하거나 사기 행위에 사용될 수 있다.

개인정보 침해도 고려해야 할 사회적 위협이다. 우선 데이터 오용을 생각해 볼 수 있다. 개인 데이터에 대해 훈련된 AI 모델은 개인의 프라이버시를 침해하는 콘텐츠를 실수로 생성할 수 있다. 또한 고급 AI는 개인의 말이나 필기 스타일을 모방하여 잠재적인 신원 도용으로 이어질 수 있다.

데이터 보안은 데이터를 무단 접근, 손실, 변경 또는 파괴로부터 보호하는 것을 목표로 한다. 데이터 보안에서 가장 위협이 되는 것은 해커들이 생성형 AI를 통해 데이터 침해 방법을 훈련 받는다는 점이다. 생성형 AI가 지능화되고 고도화될수록 해커들의 능력도 지능화되고 고도화되기 때문이다.

3) 노동 시장에 미치는 위협

생성형 AI가 다양한 분야에서 인간의 역할을 대체할 경우, 일자리 감소가 일어날 수 있다. 특히 창의적 노동이나 저숙련 노동이 큰 영향을 받을 수 있으며, 이는 경제적 불평등을 심화시킬 수 있다.

AI와 자동화 기술이 특정 작업을 인간보다 효율적으로 수행할 수 있게 되면서, 많은 저숙련 및 중숙련 일자리가 위협받는다. 제조업, 창고 관리, 운송, 고객 서비스 등 다양한 분야에서 기계와 소프트웨어가 인간의 역할을 대체할 것이다. 예를 들어 자동화된 체크아웃 시스템과 로봇이 창고에서 상품을 정리하고 배송하는 등의 역할을 맡음으로써, 전통적인 매장 직원이나 물류 직원의 필요성이 줄어들고 있다. 이렇게 되면 AI와 기술을 효과적으로 활용할 수 있는 고숙련 노동자는 더 많은 기회와 더 높은 임금을 얻을 가능성이 높지만, 저숙련 노동자는 상대적으로 수요가 적은 일자리에 머물게 되어 소득 격차가 벌어질 수 있는 것이다.

4) 법적·윤리적 문제

AI가 생성한 콘텐츠의 저작권 문제, AI 의사결정 과정에서의 편향성 및 차별 문제 등 다양한 법적, 윤리적 이슈가 발생할 수 있다.

저작권 침해는 가장 큰 논란거리다. AI 생성 콘텐츠는 적절한 승인이나 귀속 없이 저작권이 있는 자료를 사용하고 있는데 문제의 소지가 있다. 콘텐츠 복제와 관련해서, AI는 저작권이 있는 저작물을 복제할 수 있어 지적재산권에 대한 법적 분쟁이 발생할 수 있다. 몇몇 저자 그룹은 2024년 AI 훈련에 자신의 텍스트를 사용하는 것에 대해 집단 소송을 제기했다. 여기에는 초특급 베스트셀러 작가인 존 그리샴John Grisham과 '왕좌의 게임' 작가 조지 마틴George R.R. Martin부터 전 아칸소 주지사 마이크

허커비_{Mike Huckabee}까지 다양한 작가가 참여했다. 시각 예술가, 음반 출판사, 스톡 사진 제공업체 게티이미지_{Getty Images} 및 뉴욕타임스를 포함한 저작권 보유자도 유사한 소송을 제기했다.

편견과 차별 문제도 심각한 위협이다. 우선 알고리즘 편향이다. AI 시스템은 학습 데이터에 기반하여 결정을 내리므로, 데이터에 내재된 편향이 AI의 결정에 영향을 줄 수 있다. 이는 성별, 인종, 나이 등에 따른 차별을 초래할 수 있으며, 이러한 차별은 채용, 대출 승인, 법 집행 등 다양한 분야에 영향을 미칠 수 있기 때문이다. 따라서 AI 시스템의 편향을 식별하고 수정하는 메커니즘의 개발이 중요하다.

이러한 사회적 위협을 해결하려면 강력한 규제, 윤리적인 AI 개발 관행, 대중의 인식, 생성형 AI의 부정적인 영향을 완화하기 위한 지속적인 연구 등 다각적인 접근 방식이 필요하다.

2024년 초 다보스에서 마이크로소프트 공동 창립자인 빌 게이츠는 블룸버그와의 인터뷰에서 생성형 AI 도구를 사용하면 "악당이 더 생산적일 것"이라고 예측했다(Bloomberg, 2024.1.17.). 귀 담아 들을 얘기다. 그래서 생성형 AI에 대한 글로벌 규제는 어떻게 이루어지는지 살펴본다.

글로벌 규제는
제대로 준비되고 있는가?

1. 향후 10년간 인류에게 두 번째로 큰 위협이 될 AI

2024년 1월 세계경제포럼WEF은 '글로벌 위험 보고서Global Risk Report 2024'에서 급속한 기술 변화, 경제적 불확실성, 지구 온난화, 갈등을 배경으로 향후 10년 동안 우리가 직면할 수 있는 가장 심각한 위험 10가지를 선정하여 발표하였다. 10대 위험 중 5개가 기후와 생태계 교란 등 환경 문제였다. 기술적 요인으로 인한 위험은 3가지를 꼽았는데 그 3개는 모두 인공지능으로 인한 위험이었다. 잘못된 정보와 허위정보, AI 기술의 어긋난 결과, 사이버 범죄와 불안정.

<세계경제포럼이 선정한 10대 위험>

순위	분류	위험 요인
1위	환경	극단적 기후 상황
2위	환경	지구 생태계의 치명적 변화
3위	환경	생물다양성 손실과 생태계 붕괴
4위	환경	천연자원 위기/자원 전쟁 위험
5위	AI	잘못된 정보와 허위 정보
6위	AI	AI 기술의 어긋난 결과
7위	전쟁	비자발적 이주
8위	AI	사이버 범죄와 불안정
9위	사회	사회적 양극화
10위	환경	환경 오염

EU 고위 AI 전문가 그룹AI High-Level Expert Group은 AI에 의해 제기되는 위험과 위협의 범위를 다음과 같이 정의하고 있다.

- 금지된 AI 관행, 예를 들어 의식을 초월한 잠재의식 기술을 통해 사람을 조작하거나 특정 취약 집단을 착취하거나 압도적이고 억압적인 선택, 생체 인식 시스템 또는 예측 치안을 조작하는 행위
- 제3자 사전적합성 평가 대상 제품의 안전 부품으로 사용되는 AI 시스템 등 고위험 AI 시스템의 고의적 조작 또는 오

작동

- 인간이 AI 시스템과 상호작용한다는 사실을 인지하거나 요청하고 검증할 수 있는지 확인하지 않는 은밀한 AI 시스템
- 악성 행위자가 악용할 수 있는, 높은 복잡성으로 인한 알고리즘 결정 시스템의 보안 취약성
- 인간의 개입 없이 누가, 언제, 어디서 싸울지를 결정하는 인지 능력을 갖춘 치명적인 자율 무기 시스템

생성형 AI 규제의 필요성을 감지한 전 세계 주요 국가들은 글로벌 차원에서 이러한 문제를 관리하기 위한 규제 프레임워크를 개발하고, 정책을 입안하고 있다.

2. 세계 최초로 AI 규제에 시동을 건 EU

유럽연합EU는 세계 최초로 'AI 규제 법안'인 '인공지능법AI Act'을 채택했다. 2021년 4월 21일 유럽연합 집행위원회에서 제안한 이 법안은 2024년 3월 13일 유럽 의회를 통과했으며, 2024년 5월 21일 EU 이사회에서 만장일치로 승인되었다. 이 법은 유럽에서 개발되고 사용되는 AI가 인간 중심적이고 신뢰할 수 있는 AI의 활용을 촉진하고 유해한 영향으로부터 건강, 안전, 기본권 및 민주주의를 보호하는 것을 목표로 한다.

인공지능법은 AI 시스템을 위험도에 따라 금지된 AI 시스템, 고위험

AI 시스템, 제한적 위험 AI 시스템, 최소 위험 AI 시스템 등 4가지로 분류하여 서로 다른 규칙과 의무를 부과한다.

1) **허용할 수 없는 위험:** 인간 행동을 조작하는 AI 애플리케이션, 공공 장소에서 실시간 원격 생체 인식(예: 얼굴 인식)을 사용하는 애플리케이션, 사회적 점수(개인적 특성, 사회경제적 지위 또는 행동에 따라 개인을 순위 매기는 것)에 사용되는 애플리케이션이 포함된다.

2) **고위험:** 건강, 교육, 채용, 중요 인프라 관리, 법 집행 또는 사법에 사용되는 AI 시스템들은 품질, 투명성, 인간의 감독 및 안전 의무의 적용을 받으며, '기본적 권리 영향 평가'를 시장에 출시되기 전과 수명 주기 내내 받아야 한다. 챗GPT 와 같은 생성형 AI도 이 범주에 포함되었다.

3) **제한된 위험:** 이 범주의 AI 시스템은 투명성 의무가 있어 사용자에게 AI 시스템과 상호작용하고 있다는 사실을 알리고 정보에 입각한 선택을 할 수 있도록 한다. 이 범주에는 예를 들어 이미지, 사운드 또는 비디오(딥페이크와 같은)를 생성하거나 조작할 수 있는 AI 애플리케이션이 포함된다.

4) **최소 위험:** 이 범주에는 예를 들어 비디오 게임이나 스팸 필터에 사용되는 AI 시스템이 포함된다. 이러한 시스템은 규제되지 않으며 회원국은 임의로 추가 규정을 부과할 수 없다.

이 법에 따라 '금지된 AI 시스템'을 시장에 출시하는 경우 3천5백만 유로(약 5백억 원) 또는 직전 회계연도 전 세계 매출액의 7% 중 더 높은 금액을 벌금으로 부과한다. '고위험 AI 시스템'과 '제한적 위험 AI 시스템' 관련 의무를 위반하는 경우에는 최대 1천5백만 유로(약 2백20억 원) 또는 직전 회계연도 전 세계 매출액의 3% 중 더 높은 금액을 벌금으로 부과하는 등 구체적인 벌칙 규정을 마련하고 있다.

서방 주요 7개국G7은 생성형 AI가 제시하는 도전과 기회에 대한 공동 대응을 발전시키기 위해 협력하고 있다. AI 기술의 잠재력을 인식한 G7은 회원국 간의 혁신과 협력을 촉진하면서 윤리적, 경제적, 안보적 문제를 해결하는 응집력 있는 정책을 만드는 데 집중하고 있다.

2023년 5월 히로시마에서 열린 G7 회담에서 G7 정상들은 '히로시마 AI 프로세스'를 론칭했다. 이 이니셔티브는 AI 거버넌스를 포괄적으로 다루는 것을 목표로 하며 AI가 윤리적이고 투명하며 책임 있는 방식으로 개발되고 사용되도록 보장하는 데 중점을 둔다. 또한 거버넌스, 공공 안전 및 인권 문제는 글로벌 수준에서 해결하며, 이를 위해 AI 거버넌스 프레임워크의 상호 운용 가능한 글로벌 표준 개발을 촉구했다. 이때 오픈AI가 국제원자력기구IAEA와 같은 국제 AI 규제 기관을 만들자고 제안했고, 안토니우 구테흐스 유엔 사무총장이 공감을 표시하였다. 리시 슈낙 영국 총리는 국제기구를 런던에 유치하겠다며 적극적인 태도를 표명하여, 조만간 UN 산하의 전문기관이 설립될 것으로 예견된다.

3. 생성형 AI의 기술적 리더 미국의 움직임

미국 정부의 생성형 AI에 대한 선제적 대응은 다양하다. NIST(국립표준기술연구소)는 2023년 1월 26일 '인공지능 위험 관리 프레임워크AI RMF' 버전 1.0을 발표했다. 이는 조직이 신뢰할 수 있고 책임감 있는 AI를 설계하고 관리할 수 있는 멀티 도구이다. 미국과 다른 나라 지도자들이 AI의 가능성과 문제를 해결하기 위한 정책을 개발함에 따라 이 프레임워크는 진화하는 미국의 AI 정책에 일관성을 보장하고 AI 정책 및 개발에 대한 지속적인 국제 논의에 기여할 것이다.

2023년 3월 30일 AI RMF의 구현 및 국제 조정을 촉진할 신뢰할 수 있고 책임 있는 AI Resource Center를 NIST 산하 조직으로 출범시켰고, 미국 대통령 과학기술자문위원회PCAST는 생성형 AI에 대한 작업 그룹을 발족했으며, 미국 의회는 AI에 관한 국가 안보 위원회를 창설하는 등 발빠른 움직임을 이어가고 있다.

대통령 과학기술자문위원회는 2023년 8월 1일까지 AI의 미래 위협에 대한 미국 국민들의 다양한 아이디어를 수집하는 재미있고 우리나라도 배울 만한 조치를 취했다. 그 내용은 아래 질문들을 포함한 다양한 집단지성의 아이디어로 촘촘한 그물망을 만들겠다는 취지이다.

1. 설득력 있는 이미지, 오디오 및 텍스트를 대규모로 쉽게 생성할

수 있는 시대에 검증 가능하고 신뢰할 수 있는 정보에 대한 안정적인 액세스를 어떻게 보장할 수 있습니까?

2. 특정 콘텐츠가 확실한 출처에서 나온 것인지 어떻게 확신할 수 있습니까?

3. 시민의 믿음과 이해를 조작하기 위해 악의적인 행위자가 AI를 사용하는 것을 어떻게 가장 잘 처리할 수 있습니까?

4. AI가 생성한 허위 정보를 탐지하고 대응하기 위해 어떤 기술, 정책 및 인프라를 개발할 수 있습니까?

5. 민주주의의 초석인 대중의 참여가 AI가 생성한 잡음에 묻히지 않도록 어떻게 보장할 수 있습니까?

6. 과학, 정치, 산업 및 교육 지도자를 포함한 모든 사람이 AI가 생성한 잘못된 정보, 사칭 및 조작을 식별하는 데 필요한 기술을 개발하도록 어떻게 도울 수 있습니까?

오픈AI의 CEO인 샘 알트만은 2023년 5월 16일 미국 상원 청문회에 참석해 위원들 앞에서 AI 관련 증언을 했는데, 자신의 회사와 구글, 마이크로소프트와 같은 빅테크 기업 내부에서 점점 더 강하게 제기되고 있는 AI 기술 규제 필요성에 대해 대체로 동의했다. "이 기술이 잘못되면 상당히 문제가 될 수 있다고 생각합니다. 그리고 우리는 그것에 대해 목소리를 내고 싶어요. 우리는 그런 일이 일어나지 않도록 정부와 협력하고 싶습니다"라고 언급했다.

다른 사람들은 알트만과 오픈AI가 좀 더 조심스럽게 움직이기를 원한다. 과거 오픈AI의 공동 창업자였던 일론 머스크는 수십 명의 기술 지도자, 교수 및 연구원들과 함께 "사회와 인류에 대한 심각한 위험"을 이유로 오픈AI와 같은 AI 연구소가 가장 강력한 AI 시스템의 훈련을 최소 6개월 동안 중단할 것을 요구하는 서한에 서명했다.

2023년 7월 21일 백악관은 AI 상위 7개 기업을 불러서 사용자 보호를 위한 일련의 포괄적 규정 서약을 추진했다. 아마존, 앤트로픽Anthropic, 구글, 인플렉션Inflection, 메타, 마이크로소프트 및 오픈AI 등 7개사는 모두 AI로 인해 발생하는 많은 위험을 해결하기 위한 백악관의 일련의 요청에 동의했다. 요청에는 사이버 보안에 대한 투자, 식별 연구, 콘텐츠가 AI로 생성되면 사용자에게 알려주는 새로운 워터마킹 시스템 등이 포함되었다. 바이든 대통령은 "사회에 도움이 되고 우리의 가치와 공유 가치를 유지하는 안전하고 신뢰할 수 있는 기술을 개발하기 위해 미국인에 대한 근본적인 의무를 이행하는 데 도움이 될 것"이라고 기대했다.

4. 디지털 권리장전을 발표한 대한민국

2023년 9월 25일, 한국은 디지털 심화 시대에 맞는 국가적 차원의 기준과 원칙을 제시하고, 글로벌 시장을 선도할 보편적 디지털 질서 규범의 기본 방향을 담은 헌장을 공개했다. 디지털 권리장전에는 글로벌 디지털 모범국가 목표를 제시한 우리나라가 디지털 시대의 새로운 질서를 주도하겠다는 뜻이 담겼다.

디지털 권리장전은 배경과 목적을 담은 전문과 함께 6장, 28개조가 담긴 본문으로 구성되는데 제1장에 규정된 5가지 기본 원칙에 대해 알아보자.

1) **디지털 환경에서 자유와 권리 보장:** 디지털 사회는 인간의 존 엄과 가치에 대한 존중을 기본으로 하며, 모든 사람은 디지털 환경에서의 자유와 권리를 보장받아야 한다.

2) **공정한 접근과 기회의 균등:** 디지털 사회에서 경쟁과 혁신의 기회는 누구에게나 공정하게 보장되어야 하며, 디지털 혁신 의 혜택은 공동체가 함께 향유하여야 한다.

3) **안전과 신뢰 확보:** 디지털 사회에서 디지털 기술과 서비스는 개인과 사회의 안전에 위협이 되지 않도록 신뢰할 수 있어야 하 고, 디지털 위험에 대비하는 수단과 절차가 마련되어야 한다.

4) **디지털 혁신의 촉진:** 디지털 사회는 디지털 기술의 지속적인 발전과 이를 활용한 혁신을 장려하며, 개인의 자율적이고 창 의적인 활동을 통해 디지털 혁신이 창출될 수 있도록 토대가 마련되어야 한다.

5) **인류 후생의 증진:** 디지털 사회에서 국가는 디지털 기술이 인 류의 후생 확대와 국가 간 디지털 격차 해소에 기여할 수 있 도록 보편적 가치와 상호 신뢰를 기반으로 국제사회와 연대 하여야 한다.

생성형 AI에 대한 규제 접근 방식은 서로 다른 문화적, 법적, 정치적 맥 락을 반영하여 전 세계적으로 다양하다. 일부 국가에서는 시민의 권리를 보호하기 위해 엄격한 규제 체계를 강조하는 반면, 다른 국가에서는 혁신 과 윤리적 사용 촉진에 중점을 둔다. 공통 목표는 생성형 AI의 이점을 활용하는 동시에 위험을 완화하는 것이다. 생성형 AI가 계속 발전함에 따라 규제 프레임워크는 새로운 과제와 기회를 해결하기 위해 조정될 가능성이 높다.

1. 자유와 권리 보장
- 디지털 접근의 보장
- 디지털 표현의 자유
- 디지털 다양성 존중
- 개인정보 접근·통제
- 디지털 대체수단 요구
- 디지털 근로·휴식 보장

2. 공정한 접근과 기회의 균등
- 공정경쟁의 촉진
- 디지털 자산의 보호
- 디지털 리터러시 향상
- 데이터 접근 보장
- 사회 안전망 강화

디지털 공동번영사회
디지털 혁신을 추구하면서도, 그 혜택은 모두가 정의롭고 공정하게 향유하는 사회

3. 안전과 신뢰의 확보
- 디지털 기술의 윤리적 개발과 사용
- 디지털 위험 대응
- 디지털 프라이버시 보호
- 건전한 디지털 환경 조성
- 아동·청소년의 보호

4. 디지털 혁신의 촉진
- 디지털 혁신활동의 자유
- 디지털 규제 개선
- 디지털 혁신 지원
- 디지털 전환에 따른 갈등 조정

5. 인류 후생의 증진
- 지속가능한 디지털 사회
- 국가 간 디지털 격차 해소
- 디지털 국제규범 등을 위한 협력

〈디지털 권리장전(대한민국 정책브리핑)〉